撰写成员（按拼音首字母排序）：

曹雅婷　邓雅媚　邓羽茜　甘　泉　甘樟桂　郭润语　黄晶茜
孔楚利　赖玺滟　李楚昭　连雨璐　廖宸婕　刘佳怡　刘子奕
倪溪阳　谢紫香　谢仲寒　袁　玥　张采薇　张晓斐　郑柯欣
郑尹婷　郑跃平　钟俊妹

中山大學 中国公共管理研究中心
CENTER FOR CHINESE PUBLIC ADMINISTRATION RESEARCH, SUN YAT-SEN UNIVERSITY

中山大學 政治与公共事务管理学院
SCHOOL OF GOVERNMENT, SUN YAT-SEN UNIVERSITY

公共治理的数字化转型

DIGITAL TRANSFORMATION OF PUBLIC GOVERNANCE

需求导向的服务创新

郑跃平 等 著

社会科学文献出版社
SOCIAL SCIENCES ACADEMIC PRESS (CHINA)

目 录

第一章　技术演变下的治理转型 …………………………… 1
　一　技术发展：治理转型的重要依托 ……………………… 1
　二　治理转型：需求导向的服务创新 ……………………… 10

第二章　政务服务的数字化建设
　　　　——探索与不足 …………………………………… 16
　一　线上服务"窗口"
　　　——政府网站的建设与发展 ………………………… 17
　二　便捷高效"掌上办"
　　　——移动政务的演进与创新 ………………………… 37
　三　便民服务"总客服"
　　　——政务热线的转型与探索 ………………………… 70
　四　数字化渠道"再升级"
　　　——智能政务服务的融合与应用 …………………… 97

第三章 技术发展与服务创新的归属点
　　——立足公众，回应关切 …………………………… 123
　一 公众对数字政府的认知、使用与评价 ……………… 124
　二 隐私的风险及其应对 ………………………………… 180

第四章 结论 ……………………………………………… 223
　一 技术发展与治理转型：需求导向下的服务创新 …… 223
　二 需求导向下的政务服务数字化建设：成效显著，仍待
　　 提升 ………………………………………………… 224
　三 回归公众需求：公众对数字政府的认知、评价与隐私
　　 担忧 ………………………………………………… 226
　四 展望未来：从关注技术到重视管理和数据 ………… 227

参考文献 ………………………………………………… 229

第一章 技术演变下的治理转型

一 技术发展：治理转型的重要依托

（一）技术变迁：从电子化、网络化到数字化、智能化

20世纪90年代以来，在新公共管理运动背景下，西方发达国家将电子政务作为克服政府在管理和服务方面弊端的有效方法予以推进，实现了从简单的网上信息发布到处理复杂事务、从政府内部技术系统重组到建立适应外部关系的政务系统的突破。

在我国，电子政务这一概念于20世纪90年代中后期被引入，随后近30年时间，作为政府改革的重要途径与战略方向，得到了各级政府的高度重视并落实于政策实践。其中，信息技术是电子政务发展的基础，是扩大电子政务应用范围、实现政务服务信息化和智能化的关键工具。随着数字信息技术的革新突破，我国顺应时代发展趋势，不断丰富优化电子政务形态以解决现实的复杂问题、满足民众的政务服务需求，促进了电子政务多维度的创新升级。回顾近30年电子政务发展过程，其正在从电子化、网络化走向数字化、智能化，我国不断将技术的创新发展应用于政策实践，让技术发展持续释放价值与能力，促进了电子政务内涵的丰

富以及现实成果的持续突破。

1. 电子化和信息化：提升政府内部办公效率

在电子政务发展早期的政府信息化阶段，计算机技术还没有得到普及，信息化基础设施相对薄弱，政府对于信息技术的应用也尚未形成统一概念，技术在政府管理中的应用主要体现在政府内部数据的计算和信息化方面。在20世纪70年代后期到80年代初，中国政府在电力、地震、气象、地质、人口等领域开始应用计算机辅助科学计算。从1984年开始，国务院先后批准经济、金融、铁道、电力等十多个关系到国家经济命脉的国家级信息系统建设。1986年，国务院批准建设国家经济信息系统。等到"七五"时期，已有43个部委建立了信息中心，中央政府安装的大中型计算机已经超过1300台、微机有3万余台，数据库约170个（翟云，2018）。

总体来看，这一阶段政府信息技术的应用重点在于政府内部信息化工程与基础设施建设，以"办公自动化"和"部门信息化"为具体表现形式。

2. 网络化：助力信息发布与共享

1993年，政府启动"三金工程"，即金卡工程、金关工程、金桥工程，试图建立覆盖全国的经济信息网。1994年4月20日，中国国家计算与网络设施工程（NCFC）通过美国Sprint公司接入Internet的64K国际专线开通，中国正式接入了国际互联网。这一时期，在国有企业的推动下，基础设施、骨干网络和基础网络不断建设和完善布局。及至1999年，中国科技网（CSTNET）、中国公用计算机互联网（CHINANET）、中国教育和科研计算机网（CERNET）、中国金桥信息网（CHINAGBN）以及中国联通公用计算机互联网（UNINET）五大骨干网络已初具规模（翟云，

2018）。

在政府层面，随着信息基础设施的布局和互联网的建设发展，自1999年起掀起了"政府上网"的新热潮。如上所述，在电子化和信息化阶段，主要关注政府内部办公的自动化和信息化，以"办公自动化"和"部门信息化"为两大核心关键词。而在此阶段，"网络化"成为主要的关注重点，信息基础设施建设和网络建设成为核心命题，呈现以网络为主导的技术特征。相对于之前电子化阶段更强调对于政府信息的处理和内部的传播而言，网络化阶段则更强调信息的发布和应用，更注重信息传递的规模大小和范围广度（陈建功、李晓东，2014）。

在实践层面上，"政府上网"的范围也在不断扩大。2001年，政府网站建设已从中央层面不断延伸至乡镇级政府，各级政府逐步开始了基于政府网站的新尝试，运用政府网站发布信息，甚至提供少量的服务。

在这一阶段，政府致力于建设"两网一站四库"，通过网络技术完善政府内网、外网及政府门户网站，接入信息发布与交流的功能，推动信息公开和政务透明。通过计算机技术建立人口、法人单位、空间地理和自然资源、宏观经济四个基础数据库，促进信息资源的开发、整合与应用。此外，随着"三金工程"建设取得阶段性成果，越来越多的项目逐渐被纳入"三金工程"系列。2002年8月，《中共中央办公厅 国务院办公厅关于转发〈国家信息化领导小组关于我国电子政务建设指导意见〉的通知》（中办发〔2002〕17号）下发，把"金字工程"提到前所未有的新高度，明确提出"要加快12个重要业务系统建设"，业务系统信息化建设范围进一步扩大。

从"三金工程"到"两网一站四库十二金"，中国初步建立了电子政务建设的基本框架，政府部门着眼于信息基础设施建设和重要行业信息化工程，并通过建立政府门户网站拓宽信息发布平台，为电子政务的长远发展打下了重要的基础。但是，整体来看，在这一阶段，政府网站的功能仍较为单一，呈现明显的Web 1.0特征，即只关注信息的单向传播，用户更多扮演着被动的信息接受者这一角色。

3. 数字化与智能化：赋能政府服务与治理

移动互联网、大数据和人工智能技术的发展，为政府治理提供了更为丰富的技术工具。移动端的突飞猛进、海量数据的积累以及人工智能技术的快速发展，不断拓宽政府治理的边界，推动其从信息化、网络化迈入了数字化和智能化的发展阶段。与之前电子化和网络化阶段不同的是，这一时期政府的核心目标从提高内部办公效率、注重单向的信息发布，转向了重视数字化技术如何有效赋能政府服务和治理，更多重视需求导向和公民视角，不断推动数字政府建设。

（1）移动政务的发展：赋能政民互动与服务供给

提供优质高效的政务服务是政府不断发展和变革的不竭动力，随着移动互联网及相关技术的创新发展，政府的电子政务建设重点逐渐从单方面的信息发布向双向政民互动及提供无缝衔接的政务服务转变，作为电子政务子集的移动政务、"互联网+"工程等建设项目逐渐衍生发展。

和基于PC端的传统电子政务不同，在移动应用场景之中，移动政务利用手机、PDA及其他移动和无线设备，通过无线接入基础设施为政府工作人员、社会组织和公众提供信息和服务，通过海量数据的分析准确识别并预测公共需求，在服务的及时性和互动性、个性化信息提供、空间延展性、低成本等方面有明显优势。移动政务的兴起代表着电子政务在大数据时代的战略转型,从基于经验的传统模式转向数据驱动的精准模式。

在此背景下,各级政府部门逐步通过政务客户端和以支付宝、微信为代表的第三方平台向公众提供便捷的信息和服务,充分利用第三方平台的技术优势为公众提供多元化的服务,内容涵盖新闻资讯、社交、理财、交通等多个领域。从基础的娱乐沟通、信息查询,到交易、网络金融,再到教育、医疗、交通等公共服务,移动互联网塑造了全新的社会生活形态。

与此同时,互联网、大数据、云计算、人工智能等新工具、新技术平台的出现,为政务服务建设提供了新的可实现路径。以数字化、网络化、智能化为核心技术,推动了政府治理模式的变革创新,有效促进了互联网与政府公共服务体系特别是政务服务的深度融合,加快了"互联网+政务服务"模式创新进程。政府依托信息技术努力促进数据的互通、部门的协同、服务的创新,围绕群众需求,基于"问题导向、创新服务"这一基本原则,打破空间的隔阂和数据的壁垒,从而有利于提高政务服务质量与效率。"互联网+"新业态下的智慧城市建设更是将智能化技术作为重要支撑,强调以人为本、公众参与、社会协同的开放创新空间的塑造以及公共价值与独特价值的创造,从而为政务服务赋能、为城市赋能,实现人与人、人与社会、人与城市、人与自然的和谐相处。

(2)大数据与数字化:数据支撑的政府治理

近年来,随着"数字中国"发展战略的提出,数字政府建设成为电子政务发展的重要方向。数字政府立足于推进治理现代化,在顶层设计上依循数据范式,强调在业务架构上日益趋向于平台化模式以实现"对数据的治理",从而对数字信息技术水平提出了更高的要求。当前，网络技术、数据分析技术与智能联结技术发展迅速，5G网络、云计算、人工智能、区块链等新兴技术提高了信息数据的传输速度及处理能力，有效提高了信息资源的利用效率并丰富了人类的生产资源，提升了多领域、多产业的智能化水平，为数字政府平台化建设提供了有力的支撑环境。

一方面，5G技术为海量数据的传输提供了坚实的支撑。当前，网络信息技术成为全球科技竞争的制高点，而5G又是制高点上的必争之地，世界各国竞相超前部署、加快发展。[①] 在我国，5G正以超乎想象的速度到来，5G商用正在加速推进，5G产业在标准、产品、终端、安全、商业等各领域已经准备就绪。目前，中国已正式进入5G商用时代，5G技术在智慧政务方面有颇多应用。凭借5G高网速、低时延以及广连接的技术优势，结合超高清视频、VR/AR等技术，可提升智慧政务远程服务水平与用户体验能力，提高政务服务水平与能力。目前，我国5G基站超过了142万个，到2022年底，我国5G基站总数将达到200万个。[②]

与此同时，政府鼓励以行业需求为导向，深入推进"5G+工业互联网"应用场景示范，开展"5G+医疗健康"和"5G+智慧教育"试点，促进5G技术的深入应用，为民众提供更加优质的体验。[③] 在此号召下，华为作为5G的先行者，在技术研发和标准制定上取得突破，率先推出了业界标杆5G多模终端芯片巴龙

[①] 《5G产业被置国家战略 需求旺盛》，https://www.sohu.com/a/205427464_99947626，最后访问日期：2022年9月16日。

[②] 《2022年5G基站总数有望超200万》，https://www.most.gov.cn/zzjg/jgsz/zdzxb/zdzxb-gzdt/202205/t20220518_180713.html，最后访问日期：2022年9月16日。

[③] 《工信部：扎实推进5G网络建设 今年新建5G基站60万个以上》，https://economy.gmw.cn/2022-02/28/content_35551440.htm?from=uluaire，最后访问日期：2022年9月16日。

5000，能够极大地提升数据流动的广度、深度，是电子政务发展创新的重要基础设施和助推器。

另一方面，大数据和云计算赋能海量数据的快速分析。在大数据时代背景下，随着亿万级海量数据的涌现，大规模数据的存储、联通共享、快速处理与分析成为城市数字化转型中的重要一环，数据仓库、大数据分析与云计算等技术进一步融合，能够助力政府内部冲破数据孤岛，有效提高政府的数据治理能力和协调合作能力。并且，数据分析技术的进步为政府进一步了解群众需求、提供精准化服务提供了可能。当前，在大数据领域，我国大数据核心技术研发加速突破，产业不断成熟，持续向经济运行、社会生活等各应用领域渗透；[1] 同时，我国的云计算技术也呈现良好发展态势，在产业规模、技术研发和应用落地等方面均有所体现，阿里巴巴、腾讯、华为等国内云计算服务商在重视参与建设开源生态的同时，也积极进行自主研发，技术生态愈来愈完善，技术成果也不断丰富，[2] 为电子政务的转型升级提供了技术支持。

(3) 智能化：智能链接技术助力内外协同

当前，电子政务的发展更加注重与外部环境的沟通与连接，这意味着社会数字化转型背景下政府自身组织架构、运行模式、内外部关系的巨大变革。智能链接技术的发展为政府实现内外部信息沟通、数据链接、组织协同等提供了重要支撑。在政府内部，通过区块链网络可以实现结构化数据的共享，实现数据确认、安全加密、多方安全计算，联通政府各部门之间的"数据孤

---

[1] 《CNNIC 第 43 次调查报告：大数据发展情况》，http://www.cnnic.net.cn，最后访问日期：2022 年 9 月 16 日。

[2] 《CNNIC 第 43 次调查报告：大数据发展情况》，http://www.cnnic.net.cn/，最后访问日期：2022 年 9 月 16 日。

岛"，推动部门上下层的数据实现互联互通，为实现政府信息与数据的交叉共享、政府数据的全流程存储、全生命周期管理提供了安全可靠的环境；① 在政府外部，物联网技术通过射频技术感应物体上植入的芯片来获知其具体信息，可实现社会系统与物理系统的全方位整合，为决策者精准决策提供有力工具。

人工智能技术通过建设"眼、脑、手、脉"齐备的智能协同系统，让城市能感知、会思考、可进化、有温度，实现一体化智能协同。② 区块链技术则通过打造职责为根、目录为干、数据为叶的"目录区块链"系统，打通数据共享经脉，以实现政府与各社会主体间"协同共享，高效可信"③，促进数据资源的高效安全流通。

（二）重心变化：聚焦便捷服务与精准治理

在电子化和信息化阶段，如果用两个关键词来概括的话，那就是"办公自动化"和"部门信息化"。在这一阶段，政府关注的是信息化技术如何能够提高内部办公的效率。而网络化阶段的关键词可以说是"政府上网"和"PC端"，主要是基于政府网站的单方面、单向的信息发布。

及至数字化和智能化阶段，政府的核心关注点更聚焦于如何利用多样的数字化技术，更大程度上实现服务的便捷化和治理的精准化。在这一时期，更强调技术对于政府服务和治理的赋能，

---

① 《知乎：5G 专网+区块链：打造智慧政务"安全与信任的基石"》，https://zhuanlan.zhihu.com/p/445708854，最后访问日期：2022 年 9 月 16 日。
② 《感知一栋楼，联接一条街，智能一个区，温暖一座城》，https://mp.weixin.qq.com/s/CUA6Vk4T_vG0KpUZFa4CaA，最后访问日期：2022 年 9 月 16 日。
③ 《发展有速度，科技有温度：数字之城北京的"表"与"里"》，https://mp.weixin.qq.com/s/XUGRWhGxTJmIUB7GrNSGXg，最后访问日期：2022 年 9 月 16 日。

更加重视双向互动、公民视角和需求导向。

具体到政务服务方面,可以具体概括为两方面:一是通过政务服务数据化实现"数据多跑路,群众少跑腿";二是通过政务服务智能化实现"百姓按需点单,政府自动出菜"。

1. 政务服务数据化:数据多跑路,群众少跑腿

作为最大的数据保存者,政府拥有海量的数据,这些数据在政务服务中发挥着重要的作用。一方面,政务服务数据化有助于理顺服务环节,推动服务申请、受理、办理、办结等各环节的顺利流转(石亚军、程广鑫,2020),让数据流动代替民众跑腿。另一方面,通过挖掘和分析海量政务数据,政府能够有效识别不同群体、不同个体的多元化服务需求,从民众真正的需求出发,进一步提升政务服务的个性化和精准性。

2. 政务服务智能化:百姓按需点单,政府自动出菜

人工智能、大数据、云计算等新兴技术体系的发展为政府提供了更为智能化的数字工具,与之前依托于互联网推动政府信息化建设的传统电子政务有所不同,"数字政府"的建设与转型应当直接面向更为智能化的数字环境(黄璜,2020)。政府应当通过对人工智能技术的应用提高服务和治理能力。人工智能在政务服务供给方面有着巨大的潜能,对政务服务有着解放、分解、取代和增强等功能(刘晓洋,2019)。一方面,智能工具的应用有助于实现政务服务供给的自动化和自主化。通过智能核算、智能研判等,真正实现"7×24"服务全天候、不间断的业务受理。另一方面,通过挖掘与分析海量用户行为数据,智能技术能够实现对用户的精准画像,从而提供"一对一,千对千"的个性化服务。

二 治理转型：需求导向的服务创新

（一）治理体系中的政务服务创新：重要性与价值

1. 政务服务创新：治理体系的重要内容

政务服务是政府治理的核心，服务型政府建设是治理能力与治理体系现代化的必然要求。政务服务供给是政府最基本和最重要的职责之一，自登哈特夫妇提出"新公共服务理论"之后，政府"服务提供者"这一角色受到越来越多的关注和重视（郭俊华，2020）。随着人民生活水平的提高，公众对于政府服务提出了更高的要求，如何推动政务服务创新、提高政务服务供给的质量和效率，从而提升人民群众的满意度和获得感，成为政府关注的一项重要议题。

自党的十八大以来，建设人民满意的服务型政府已经成为我国政府建设的核心目标，国家出台了一系列政策来创新服务形式、提升服务效能。2014年初，根据《国务院关于促进信息消费扩大内需的若干意见》（国发〔2013〕32号）和《国务院关于印发"十二五"国家战略性新兴产业发展规划的通知》（国发〔2012〕28号）精神，国家发展改革委等12部门联合发布了《关于加快实施信息惠民工程有关工作的通知》（发改高技〔2014〕46号），国家发改委等12部门发布了《关于同意深圳市等80个城市建设信息惠民国家试点城市的通知》（发改高技〔2014〕1274号），正式开始推进信息惠民国家试点城市建设，旨在加快提升公共服务水平和均等惠普程度，探索信息化，以优化公共资源配置、创新社会管理与公共服务的新机制和新模式。

2015年，国务院办公厅出台的《关于简化优化公共服务流程方便基层群众办事创业的通知》（国办发〔2015〕86号）提出，要依托"互联网+"，促进办事部门公共服务互相衔接，加快推进部门间信息共享和业务协同，切实解决群众"办证多、办事难"问题。

特别的，2016~2019年，"互联网+政务服务"4次被写入国务院《政府工作报告》。李克强总理在《2016年政府工作报告》中指出，要"大力推进'互联网+政务服务'，实现部门间数据共享，让居民和企业少跑腿、好办事、不添堵"，正式提出"互联网+政务服务"这一概念，并将其确定为"互联网+"行动两项重点之一。自此以后，中央高度重视"互联网+政务服务"工作，围绕"互联网+政务服务"建设、发展、管理等方面出台了一系列政策文件。2016年4月，《国务院办公厅关于转发国家发展改革委等部门推进"互联网+政务服务"开展信息惠民试点实施方案的通知》（国办发〔2016〕23号）为"互联网+政务服务"的发展指出了明确的方向。其中，明确提出推进以实现政务服务"一号一窗一网"为主要任务，并拟在80个城市进行试点，逐步向全国推广；强调深入实施信息惠民工程，构建方便快捷、公平普惠、优质高效的政务服务体系，"为公众提供多渠道、无差别、全业务、全过程的便捷服务"，体现了我国"互联网+政务服务"建设围绕群众需求，基于"问题导向、创新服务"这一基本原则，力求切实增强政务服务的主动性、精准性、便捷性，提高为群众办事的满意度。

2016年9月发布的《国务院关于加快推进"互联网+政务服务"工作的指导意见》（国发〔2016〕55号）和2017年1月发布的《国务院办公厅关于印发"互联网+政务服务"技术体系建

设指南的通知》（国办函〔2016〕108号）进一步细化了"互联网+政务服务"的落地实施方案，强调推进"互联网+政务服务"对加快转变政府职能、提高政府效率、激发市场活力具有重要意义，标志着我国"互联网+政务服务"进入全面推进阶段。

2018年出台的《进一步深化"互联网+政务服务"推进政务服务"一网、一门、一次"改革实施方案》（国办发〔2018〕45号）就加快推进政务服务"一网通办"和企业、群众办事"只进一扇门""最多跑一次"等做出部署，提出要进一步推进"互联网+政务服务"，加快构建全国一体化网上政务服务体系，推进跨层级、跨地域、跨系统、跨部门、跨业务的协同管理和服务。至此，全面深化"互联网+政务服务"改革与发展的政策布局逐步形成。

2. 政务服务数字化驱动治理的数字化转型

新技术的发展为政务服务创新提供了新的工具和可能性，数字政府建设成为推动政务服务改革和完善治理体系的一次重要契机（郭俊华，2020）。在中央政策的指引下，地方政府纷纷应用大数据、人工智能等新兴技术推动政务服务改革，驱动服务渠道走向数据化、智能化，重塑服务流程与管理机制，进一步促进政务资源整合和服务集成，推动政务服务走向便捷化、智能化、集成化和精准化。政务服务数字化已然成为治理数字化的一个重要组成部分，对于整个政府、社会和公众发挥着重要价值。

第一，政务服务数字化助力服务型政府建设，是治理数字化的核心。电子政务、"互联网+政务服务"等政务服务信息化建设是建设人民满意的服务型政府的重要途径。在数字技术融入政务服务前，我国政务服务受阻于信息与技术困难，公众与企业法人办事需要在多部门间"折返跑"，政务服务满意度低、政务服务效能低。而技术的快速发展为政务服务发展提供了新的方法与路径，驱动服务型政府建设。一方面，政务服务信息化建设有效冲破了信息壁垒，有助于构建全流程一体化的在线政务服务平台。另一方面，在数字技术融入政务服务提供的背景下，"一网通办""一窗受理"等政务服务建设涌现，大大简化了政务办事流程，驱动着政府流程再造，有效提升了政务服务效能，助力建设人民满意的服务型政府，推动治理能力与治理体系现代化建设。

第二，政务服务数字化提升政务办公效能，促进治理数字化转型。互联网、5G、物联网、人工智能等新一代信息技术的作用和价值正在政务服务领域不断凸显，为政府治理提供了更高效的工具。政府门户网站、在线政务服务平台建设可以使政府更加高效地提供信息和服务，移动办公平台极大地提升了政府办公效率，传感技术与设备在政务服务的应用让政府可以更加全面、及时地感知环境、发现问题。网络信息技术的快速发展，为政府公共服务供给提供了新的方法与路径，互联网连接着公共部门与公众、社会，以及部门之间的数字接口，可推动实现政府治理从单向管理到双向互动、从单方主导到社会各主体协同治理的转型发展。同时，随着数字技术在政务服务中的应用，政务服务数字化为政府治理提供了新的视角，孕育出一批数字化治理平台与治理手段。全国多省区市积极探索建设大数据平台、"城市大脑"等数字化政府治理平台，优化地方政府的管理、服务和决策模式，建设数据说话、数据决策的新型政府。

第三，政务服务数字化驱动中国进入数字时代，为数字中国打下基础。"十四五"规划提出，我国需要激活数据要素潜能，推进网络强国建设，加快建设数字经济、数字社会、数字政府，以数字化转型整体驱动生产方式、生活方式和治理方式变革，以迎接数字时代的到来。近年来，企业和社会的数字化进程不断深入，信息技术与数字技术已经渗透到社会生产生活的各个角落。在中国进入数字时代的进程中，政务服务数字化在数字中国建设中处于核心地位，在促进数字经济、建设数字社会、打造数字生态中起到关键的引领作用。政务服务数字化联通部门间"信息孤岛"，促进各政府部门之间与政府和社会之间信息互联互通。同时，政务服务数字化要求政府职能转变，促进政府、社会与市场协同，赋能营商环境优化。数据融通互联赋能多主体协同模式。政务服务数字化驱动数字政府建设，带动数字经济与数字社会建设，最终实现中国治理数字化转型。

（二）政务服务创新：从供给侧到需求侧

在过去，政务服务的提供主要从供给侧出发，而由于政府和公众之间存在着一定的信息不对称，这导致政府在服务提供的时候，很难完全从公众真实的需求出发，难以真正满足每位公民对于政务服务的需求。需要明确的是，政务服务的真正受众是每位公民。若政府基于自身立场出发提供的政务服务不能满足民众的真实需求、政府主导的政务服务供给方式不能满足公众多元化的公共服务需求，这将导致一定程度上的资源的无效和错配，政府提供的不是公众真正想要的，公众想要的政府未能提供（陈水生，2017），公众满意度不高、获得感不强。供需不匹配逐渐成为政务服务提供面临的一个亟待解决的问题，为服务型政府的建设带来了一定的挑战。

要解决这些问题，就要真正把握公众的需求，推动服务理念和视角的转变，从供给侧的视角转向需求侧，实现政务服务与公众需求的有效匹配和衔接，真正做到个性化、精准化的服务供给。

而大数据、云计算和人工智能等技术的发展使政府真正了解公众需求、实现精准化服务供给成为可能。在大数据时代，政府、企业、个人的行为和活动都被以数据的形式记录下来，整个社会的数据量急剧增长，一个数据"爆炸"的时代来临。作为最大的数据保存者，政府拥有海量的信息和数据。这些政务数据来源于政府、企业、社会组织和个人，涵盖了交通、环保、教育、医疗等不同领域。海量多元的政务数据中包含着丰富的信息，在政务服务和政府治理中发挥着重要的作用。通过对于海量政务数据的挖掘和分析，政府能够有效识别不同群体、不同个体的多元化服务需求，形成用户画像，可进一步提升政务服务的个性化和精准性。

回顾过去近30年的时间，随着技术发展的突飞猛进，电子政务逐渐从电子化、信息化、网络化走向了数字化和智能化。在数字化和智能化阶段，移动互联网、大数据、云计算和人工智能技术的发展，为政府治理提供了更为丰富的技术工具，提升了政府服务和治理的效能。特别的，与之前电子化和网络化阶段不同的是，这一时期政府的关注重心由政府内部导向（通过电子化提高内部办公效率）、供给侧视角（通过PC端进行单向的信息发布）转向了重视需求导向和公众视角，重视数字化技术有效赋能政府服务和治理，提供公众真正想要和真正需要的服务，从"政府上网"发展到"服务上网""业务上网"。

基于以上内容，本书以服务为核心主题，以需求导向为基本视角，以技术的发展变迁作为时间脉络，以数字化和智能化作为现阶段的技术背景，关注和深入探讨如下核心问题：在治理的数字化转型的大背景下，服务创新是否能够很好地回应和满足公众的需求，是否取得了真正意义上的创新和突破。

第二章 政务服务的数字化建设
——探索与不足

随着服务需求的不断升级以及数字化建设的逐步深入，政务服务平台演变出线上和线下两大维度，囊括政府网站、移动政务、政务热线、政务服务大厅四大平台。其中，政府网站、移动政务和政务热线这三个重要的"互联网+政务服务"渠道是我国推进需求导向的政务服务数字化转型和服务创新的重要抓手。在推进平台服务向政府网站、移动政务、政务热线等多元化服务渠道延伸的基础上，2021年"十四五"规划强调我国将提高数字化政务服务效能，全面推进政府运行方式、业务流程和服务模式数字化、智能化。在技术创新驱动与政策引导下，我国政务服务不断探索新技术、新理念、新模式，形成了依托政府网站、移动政务、政务热线三大渠道向纵深发展，以"政务服务智能化"为数字化转型方向的发展格局，努力打造服务型政府和整体型政府。

本章将通过梳理及分析政府网站、移动政务、政务热线三大渠道的发展历程和智能化转型的创新实践，探讨需求导向下的政务服务数字化转型发展经验和现存问题，以为政务服务继续向纵深发展和数字化服务渠道的再升级提供建设性建议。

一 线上服务"窗口"

——政府网站的建设与发展

(一) 研究背景

1. 政府网站建设的发展历程

我国政府网站建设工作的开展已有20余年的历史，主要有三个发展阶段。

一是初步启动期。1998年，"青岛政府信息公开网"正式建立，标志着我国第一个严格意义上的政府网站的诞生。次年，"政府上网工程"启动大会在京举行，自此开启了我国政府网站建设的序幕。之后，我国的政府网站快速发展，普及率逐渐提高。截至2006年，我国各级政府网站的总体拥有率已达到85.6%（赵建青，2007）。在此阶段，各地区、各部门的政府网站已初步建成，普及率迅速提高，省级政府网站基本实现全覆盖，县级政府网站覆盖率也显著提升，为今后的政府网站建设打下了坚实的基础。

二是服务升级期。2008年颁布的《国务院办公厅关于施行〈中华人民共和国政府信息公开条例〉若干问题的意见》强调，政府网站不仅提供简单行政办事服务，还要提供教育、医疗卫生与交通出行等多领域便民服务。此后，我国的政府网站建设重心逐步转向服务质量提升和服务业务的细化与拓展。自2011年后，《关于深化政务公开加强政务服务的意见》等文件陆续出台，进一步强调要按照便利民众的要求，完善政务服务（刘佩，2019）。在这一阶段，各级政府网站的服务水平不断提升，服务内容逐渐丰富，功能也逐渐完善。整体来看，我国政府网站建设拓宽了服务群体与业务范围，为公众提供了更高质量的电子政务服务。

三是"互联网+"政务期。自 2014 年以来，我国推出了一系列关于"互联网+政务服务"的政策，开始推进资源集约化、服务广泛化、流程一体化、制度规范化、公众参与化、监管常态化的政府网站建设。例如，2016 年，国务院发布了《关于加快推进"互联网+政务服务"工作的指导意见》，与智慧城市建设、大数据监管和政务信息资源共享等方面的系列文件共同形成了全面深化"互联网+政务"改革与发展的政策布局；2018 年，国务院办公厅印发了《进一步深化"互联网+政务服务"推进政务服务"一网、一门、一次"改革实施方案》，进一步深化"互联网+政务服务"改革。在"互联网+政务服务"的理念下，政府通过整合各级政府网站、推动各级网站信息互联互通等方式，打造高效、规范的政府网站集群，实现网站资源共享（刘佩，2019）。同时，在这一阶段，大数据等新兴技术的兴起为提升政府网站服务质量带来了新的契机，政府开始运用大数据等技术，进一步融合政府信息资源，简化办事流程与提升办事效率。如贵州省依托"云上贵州"平台，探索大数据政务服务价值，进一步推进"互联网+政务服务"工作。不仅如此，人工智能等新兴技术也逐渐被应用于政府服务提供过程，助力政府网站服务质量提升。随着新兴技术的发展与服务理念的更新，我国政府网站建设的方向不断向前推进，建设内容也在不断迭代，从而为公众带来更加便捷且高效的政府网站服务。

2. 政府网站建设的价值

政府网站作为政府部门对外提供政务服务的重要窗口，对政府与公众有诸多积极意义。第一，政府网站能帮助公众办理具体事项，提高政府办事效率。政府网站能使公众更加便捷地接触到政府信息，甚至足不出户就能办理事务。而优化后的线上事务办理流程也能提高政府办事效率，提升政府服务水平。第二，政府网站有助于推动政务公开与实现政府治理能力现代化。政府网站是政府信息的重要发布渠道，各国都将政府网站建设作为推动政务公开与实现政府治理能力现代化的重要工作内容（郑跃平、Schachter，2014）。第三，好的政府网站有助于树立良好的政府形象。公众对政府网站的使用会影响其对政府透明度的感知水平，从而影响公众对政务服务能力的评价（Porumbescu，2017），好的政府网站对政府形象塑造有积极作用。不仅如此，我国政府网站在推进政府管理创新等方面也发挥了重要作用。

3. 政府网站建设存在的问题

目前，我国政府网站建设及其电子公共服务供给也面临许多问题与挑战。首先，许多政府网站的用户体验有待提升，部分政府网站难以满足公众多元化的服务需求，同时存在用户与政府网站交互体验较差等问题。其次，线上服务的功能与内容有待优化，线上服务的覆盖面相对有限，许多服务对实体大厅的依赖性较强。许多政府网站的信息更新较慢，可用性较弱，且政府网站的信息公开缺乏标准化与规范化限制。此外，各地方政府网站的发展水平不一、政府网站建设呈现显著差异等也是我国政府网站建设所面临的重要问题（李健、张锐昕，2017）。

（二）研究问题

在"互联网+政务服务"深入推进的背景下，政府网站的发展现状如何？其是否能够回应和满足公众的线上政务服务需求？在数字化技术的推动下，公众使用政府网站的体验是否得到了提升？当下，政府网站建设仍存在什么不足？未来应当如何创新发展，才能提升线上服务质量？这些都是我们要研究的问题。

（三）研究方法

1. 评估指标

本研究从用户需求角度出发，在借鉴国内外网站评估理论与经验的基础上，结合我国政府网站的相关政策和发展现状，围绕需求满足与过程体验两个维度对政府网站建设情况进行评估。

本研究构建的评估指标体系包括需求满足与过程体验两个一级指标，下设6个二级指标以及16个三级指标，尽可能从用户需求角度对政府网站建设效果进行全面评估（见图2-1）。

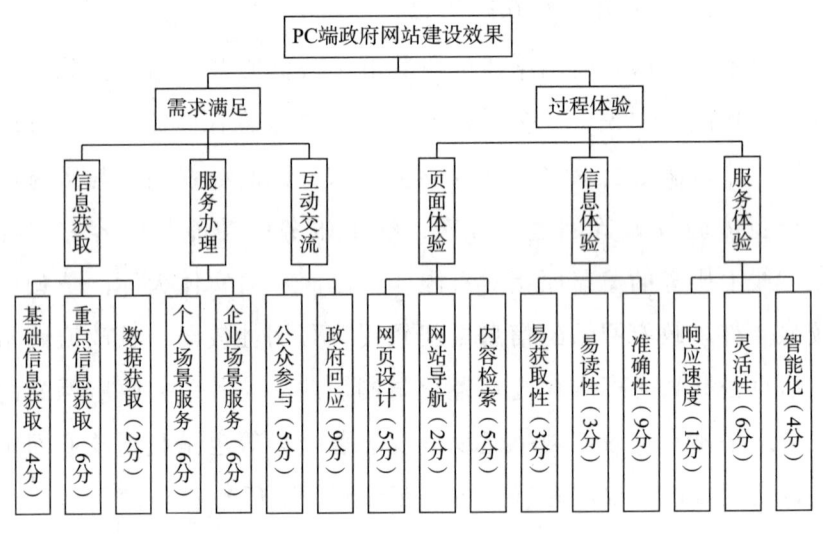

图2-1 政府网站建设评估指标体系

2. 评估范围

本研究选取36个重点城市作为评估对象（见表2-1）。市级政府是中央政策的重要传递节点，具有承上启下的功能定位，更是政府网站建设的重要主体，因此本研究选取市级政府网站作为主要的评估对象。本研究的评估范围覆盖中、东、西部地区，行政级别包括直辖市、副省级城市、省会与首府，从而使评估样本更具代表性，能较好地反映我国政府网站的建设现状。

表 2-1 PC 端政府网站选取

城市	PC 端政府网站	城市	PC 端政府网站
上海	https://www.shanghai.gov.cn	沈阳	http://www.shenyang.gov.cn
北京	http://www.beijing.gov.cn	哈尔滨	http://www.harbin.gov.cn
重庆	https://www.cq.gov.cn	长春	http://www.changchun.gov.cn
广州	https://www.gz.gov.cn	大连	https://www.dl.gov.cn
深圳	http://www.sz.gov.cn	昆明	http://www.km.gov.cn
天津	http://www.tj.gov.cn	南宁	https://www.nanning.gov.cn
武汉	http://www.wuhan.gov.cn	石家庄	https://www.sjz.gov.cn
成都	http://www.chengdu.gov.cn	厦门	https://www.xm.gov.cn
杭州	http://www.hangzhou.gov.cn	南昌	http://www.nc.gov.cn
南京	http://www.nanjing.gov.cn	太原	http://www.taiyuan.gov.cn/
郑州	http://www.zhengzhou.gov.cn	乌鲁木齐	http://www.urumqi.gov.cn
西安	http://www.xa.gov.cn	贵阳	http://www.guiyang.gov.cn
济南	http://www.jinan.gov.cn	兰州	http://www.lanzhou.gov.cn
青岛	http://www.qingdao.gov.cn	呼和浩特	http://www.huhhot.gov.cn
合肥	http://www.hefei.gov.cn	海口	http://www.haikou.gov.cn
长沙	http://www.changsha.gov.cn	银川	http://www.yinchuan.gov.cn
福州	https://www.fuzhou.gov.cn	西宁	http://www.xining.gov.cn
宁波	http://www.ningbo.gov.cn	拉萨	http://www.lasa.gov.cn

3. 评估方法

本研究根据上述评估指标体系，通过模拟公众使用 PC 端政府网站的方式，对网站的服务效果进行评估测试。

在正式评估前，研究小组通过预测试与组内讨论的方式，统一指标体系的具体赋分标准。在正式评估时，采用交叉测试的方式，确保数据的客观性与准确性，尽量减少测试误差。

正式评估由两轮测试组成。在第一轮测试中，每座城市由两人单独进行评估与打分。打分完成后，第三人对所有城市的两组打分情况进行对比，并标注差异项。当某城市的评分差异项超过总体评估指标数量的10%时，该城市将被标记，并被放入第二轮进行全部指标的重新测试。在第二轮测试中，被标记的城市将再次进行全部指标的交叉测试，而第一轮中的差异项将由两人进行重新测试，确定差异项分数，若两人评分仍存在差异，则集体讨论决定最终打分情况（见图2-2）。

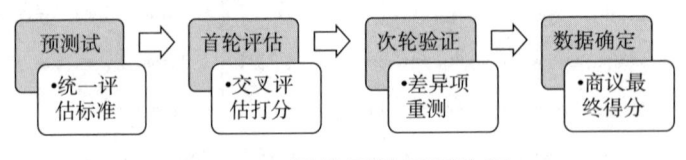

图2-2 评估质量保证流程

（四）研究发现与讨论

1. 研究发现

（1）整体建设概况

我国政府网站建设经过20多年的发展，经历了从初步启动期到服务升级期再到"互联网+"政务期的发展变化，实现了从政府网站基本覆盖到线上政务服务高质量发展的飞跃，政府网站建设趋向规范化、一体化、便利化、智能化。从评估结果来看，目前我国政府网站建设整体水平较高，但各地呈现明显的发展差异。

本研究从用户需求角度构建了评估指标体系，其中包括需求满足与过程体验两项一级指标。为了便于比较分析，本研究将36个被测试城市政府网站建设的指标评估分数分别除以对应指标设置分值，得到各指标的得分率。

①政府网站建设纵向水平差异

以总得分率为基础，综合差分趋势情况，本研究认为在得分率92%、84%、67%的节点上，差分结果相对显著，可以作为政府网站建设纵向发展水平的分界点。根据以上三个节点，可将政府网站建设的评分得分率从高到低划分成四个梯队。这种划分能够更加直观地了解当下政府网站建设的整体情况，体现不同政府网站的建设差异。

整体来看，大多数城市的政府网站建设水平处于第二梯队以及第三梯队，北京、杭州、深圳、上海在第一梯队中名列前茅，引领政府网站的建设与发展。其中，从各梯队的平均得分率数据来看（见图2-3），第一梯队的城市政府网站整体发展良好且各方面建设较为均衡；第二梯队的城市在服务体验上得分率较低，线上政务服务的便捷性、多元性、智能性均有待进一步加强；第三梯队除了在过程体验方面的建设较弱之外，在服务办理方面也相对表现欠佳，无法充分识别民众或企业的办事需求，线上业务的集约化建设水平有待提升；第四梯队的城市政府网站整体建设水平较低，突出表现在信息体验和服务体验方面的得分率偏低，反映出该梯队的信息化建设滞后，难以满足公众需求以及难以给公众带来良好的线上政务服务体验，亟须改进。

以地区为划分类型，东部地区城市的政府网站建设水平相对较高，较多分布在第一、第二梯队，少数城市政府网站建设相对落后，处于第三梯队末尾以及第四梯队。值得一提的是，中西部地区在政府网站建设中发展后劲十足。以贵阳为例，其网站建设水平处于第一梯队，发展速度超越多数东部地区城市，数字化服务发展表现良好。

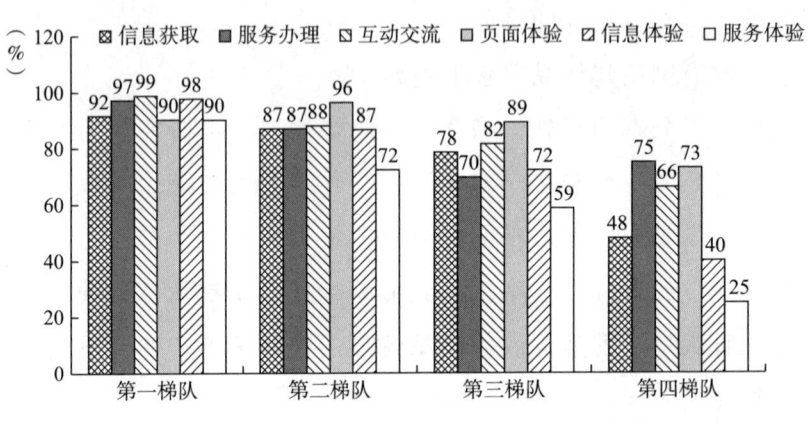

```
各梯队城市二级指标数据：
第一梯队：信息获取92，服务办理97，互动交流99，页面体验90，信息体验98，服务体验90
第二梯队：信息获取87，服务办理87，互动交流88，页面体验96，信息体验87，服务体验72
第三梯队：信息获取78，服务办理70，互动交流82，页面体验89，信息体验72，服务体验59
第四梯队：信息获取48，服务办理75，互动交流66，页面体验73，信息体验40，服务体验25
```

图 2-3　各梯队城市二级指标平均得分率

②政府网站建设横向类型差异

以上分析表明，当前我国政府网站建设呈现纵向水平上的梯队建设差异，为进一步探讨横向类型上不同城市政府网站建设的发展差异，前者设为横轴且以80%为原点，后者设为纵轴且以77%为原点，构建二维坐标系。从坐标轴来看，在过程体验得分率77%以上的城市中，需求满足得分率80%以上的城市有13个，80%及以下的有10个，而在过程体验得分率77%以下的城市中，需求满足得分率80%以上的城市有5个，80%及以下的有8个。36个重点城市政府网站在需求满足方面的平均得分率略高于过程体验，反映出当下政府网站在满足公众需求方面建设相对更优，在过程体验上的建设相对较弱。

以地区为划分类型，从坐标轴两侧的城市分布情况来看，东部地区的城市政府网站相对集中于需求满足坐标轴的右侧，这也表明了，东部城市的政府网站相对更注重需求满足方面的建设。

具体来看，多数处于第一、第二梯队的城市的政府网站在需求满足和过程体验上的建设相对较为均衡，呈现"强需求满足强过程体验"的特点，而处于第四梯队的城市政府网站呈现需求满足和过程体验建设均较弱的情况。此外，27.78%的城市政府网站呈现"弱需求满足强过程体验"的特点；13.89%的城市政府网站呈现"强需求满足弱过程体验"的特点，包括部分东部地区的城市，如南京、海口等。这反映出不同城市在政府网站建设方向上的发展差异。

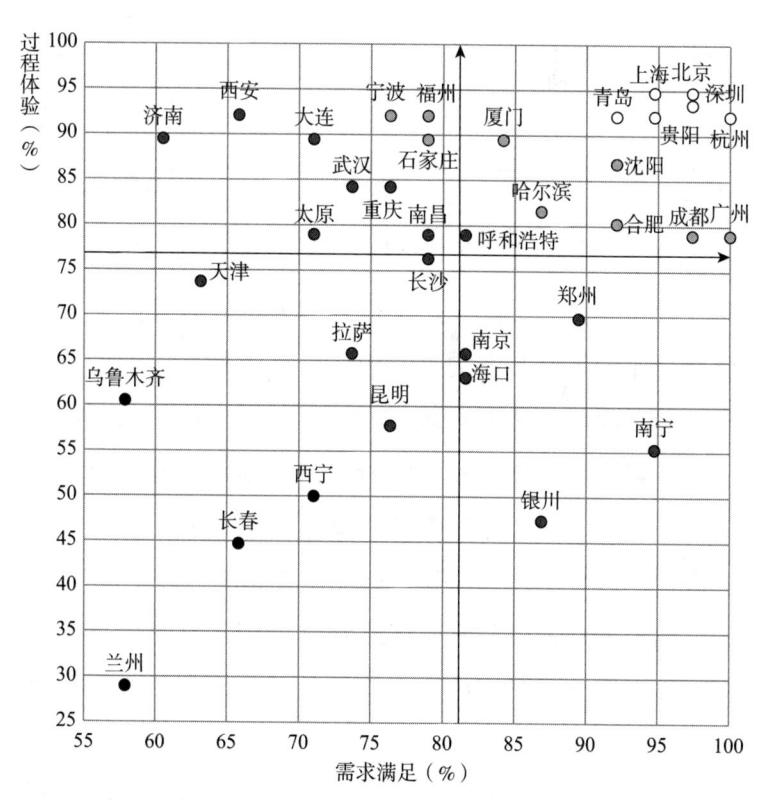

图2-4 被测试城市一级指标得分率坐标

（2）具体建设情况

①信息获取：信息提供覆盖面不足，数据开放功能待完善

从信息获取的整体平均得分率来看，政府网站基本上能够提供

各地政策文件等相关基础信息，但在与公众需求更为密切相关的重点信息和数据提供上较弱，得分率仅为73.6%与63.9%（见图2-5），难以充分满足公众的重点信息获取需求和数据获取需求。

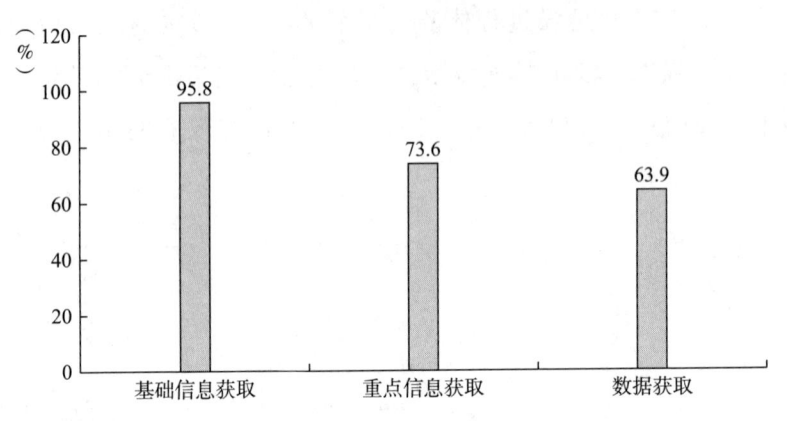

图2-5　信息获取方面三级指标平均得分率

参考近几年政府工作报告中提到的公众普遍关心关注的民生问题以及企业发展重心问题，其中，疫情防控作为当前政府的重要工作，具有较高关注度；医疗、教育、住房保障是公众关注的热点话题；就业创业以及减税降费关系市场活力和经济发展，也较受关注。因此，本次评估涉及的重点信息领域包括常态化疫情防控、医疗、教育、住房保障、就业创业、减税降费六个领域。

评估结果发现，当前政府网站在重点信息整合以及提供领域上存在偏倚，受众面更广的重点信息领域的信息提供更充分。例如，常态化疫情防控、医疗、教育和住房保障四类涉及广泛人群的重点民生领域的得分率较高，而就业创业和减税降费两项涉及特定人群的领域的得分率则偏低，反映出当前政府网站的信息提供覆盖面不足（见图2-6）。这背后可能是由于，政府在网站建设的过程中，其注意力会更多分配到受众面更广、公众更为需求的领域中，从而出现信息提供不均衡、覆盖面不足的问题。

第二章 政务服务的数字化建设

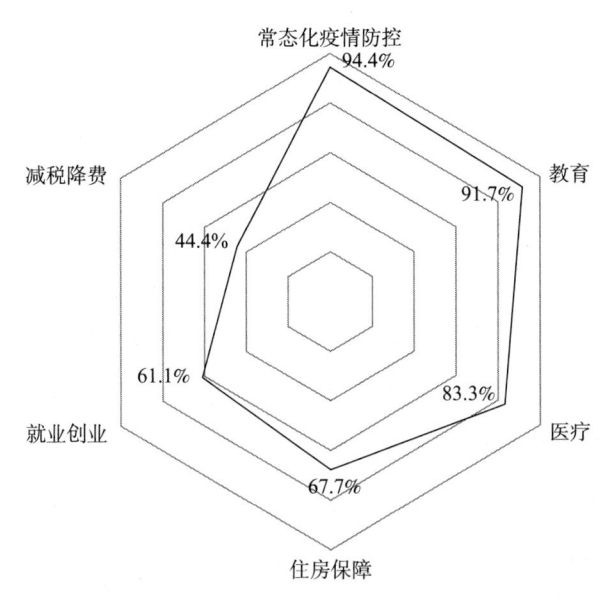

图 2-6 不同重点信息领域的平均得分率

值得注意的是，部分中西部地区城市政府网站在重点信息领域获取上的得分超越了多数东部地区经济与技术较为发达的城市。例如，拉萨在重点信息领域提供这项指标上得分达到满分，这可能与其近些年来，加快政企合作步伐，开展拉萨市政务共享交换和办公协同平台等项目，积极推动"数字拉萨"建设有关。

在数据提供方面，虽然我国地方政府数据开放平台建设情况逐年向好，但当前在数据开放功能设计上存在便捷度低等问题，有待进一步优化。本研究发现，约36.1%的城市的政府网站没有对开放的数据按领域或场景进行分类，公众无法按照类型便捷地查询或获取所需数据。同时，仅有约63.9%的城市的政府网站能够实现外链，可跳转到相应的数据开放平台，可见，整体外链功能不足。因此，参考《中国地方政府数据开放报告》，政府有必要进行平台优化，提供覆盖数据集的高级检索功能，推进数据的分级分类开放，对数据集标注不同的开放类型和属性，以便社会开发利用。①

②服务办理：整体水平较高，服务提供具有差异

本研究以服务办理维度下的"个人场景服务"和"企业场景服务"两个三级指标的得分率作为坐标轴，构建二维坐标系（见图2-7）。整体来看，其一，36个重点城市的政府网站中有18个的"个人场景服务"和"企业场景服务"两项指标得分率是一致的，这表明从服务办理来看，50%的城市政府网站在"个人场景服务"和"企业场景服务"的提供方面表现均衡。其二，评估结果表明，在服务办理不均衡的政府网站中，有一半城市的政府网站优于提供"企业场景服务"，另一半则恰好相反，这反映出不同城市的政府网站在服务提供上的侧重点有差别。

此外，从得分率来看，约36%的城市的政府网站在服务办理指标上获得了满分，整体服务办理表现出色。以地区为划分类型，表现优异的城市多位于数字化能力良好的东部地区，例如，北京、上海、广州、深圳、杭州等，这些城市的政府网站均能够顾及不同群体的需求，并提供相应的服务。值得注意的是，少数西部地区城市的政府网站在"个人场景服务"与"企业场景服务"提供上交出了亮眼的成绩单，例如，成都、南宁、贵阳、银川等城市的政府网站在服务办理成效上优于部分东部地区城市的政府网站，能较好地满足公众服务办理需求。

③互动交流：政府整体透明度、参与度偏低，地区表现差异较大

在互动交流方面，本次评估主要关注政府的及时性、参与度和透明度三个方面。其中，及时性主要看政府网站中"留言/信

---

① 《中国地方政府数据开放报告》，http://ifopendata.fudan.edu.cn/report，最后访问日期：2022年9月20日。

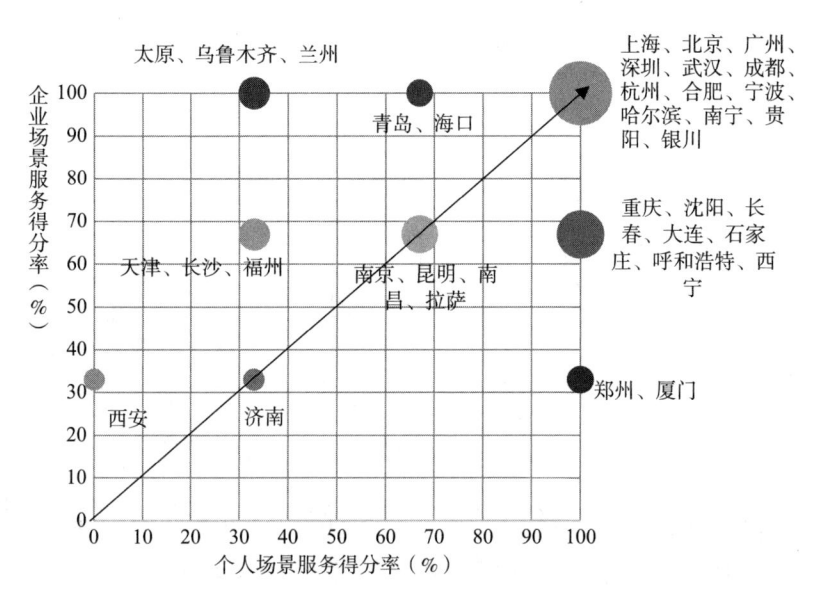

图 2-7 服务办理三级指标得分率坐标

件公开是否及时更新"以及"是否及时回复网民咨询";参与度主要是将政府"是否定期开展在线访谈"纳入考量;透明度主要是将"留言/信件是否公开留言/写信时间、答复时间、答复单位、答复内容"和"能否及时反馈征集调查结果"纳入测评。

可以看到(见图 2-8),整体上各地政府网站在互动交流中呈现及时性较高,透明度次之,参与度较低的特点,其中,透明度、参与度的平均得分率分别达到 75.0%、72.2%,均不足 80.0%。这背后反映出当前政府需要及时、主动地公开公众留言、意见反馈和调查结果等内容,以提高政府公信力,并积极推动在线访谈的开展,以推动政民实时互动。

以地区为划分类型可以发现,不同政府网站在互动交流上具有较大的差异,不同地区政府网站建设的侧重点不同。在及时性方面,中部地区城市政府网站表现相对较好,更注意公开的时效性。在透明度方面,西部地区城市政府网站表现相对较好,能够

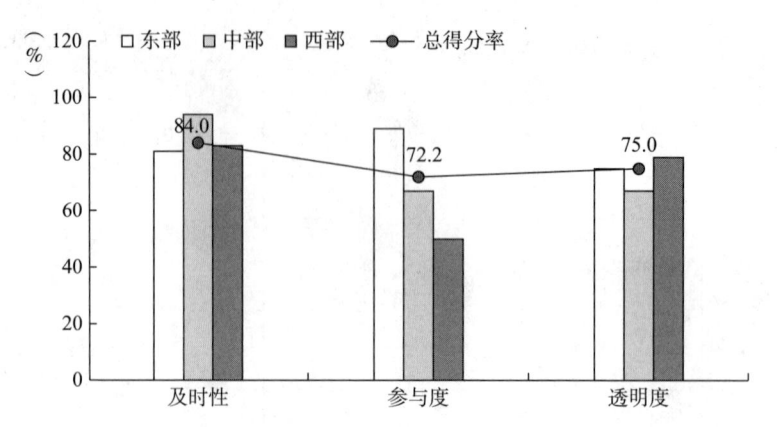

图 2-8 不同地区的互动交流三级指标平均得分率及总得分率

较详细地公开留言/写信时间、答复时间、答复单位及答复内容。在参与度方面，相对于前两个指标，不同地区城市政府网站的差异体现得非常明显，东部地区城市政府网站在参与度上表现优秀，反映出东部地区城市政府网站相对更侧重参与互动，推动政民实时互动。

同时，东部地区城市政府网站在及时性和透明度建设上较弱于西部地区城市，有待加强，这也进一步说明在政府网站的互动交流建设上，各地区存在差异，各地区城市政府网站建设的侧重点及成效有所不同。

④页面体验：页面美观性建设优于便捷度建设

整体来看，目前，政府网站在页面体验方面表现较好，平均得分率约为90%。这背后也反映出，在20多年的发展中，政府网站的页面建设作为一项基础性任务，政府对其重视程度较高，总体完成情况较好。

然而，从具体指标得分率来看，政府网站的网页设计平均得分率（95.6%）高于网站导航（90.5%）和内容检索（82.8%）的平均得分率（见图2-9）。这背后反映出，当前政府网站建设相对重视页面的展示，页面美观性较好，而在与公众线上服务获取息息相关的便捷度方面相对不足。这也再次反映出，部分政府网站的页面设计相对较好，需进一步从用户需求的角度出发，在网站导航和内容检索方面不断优化。

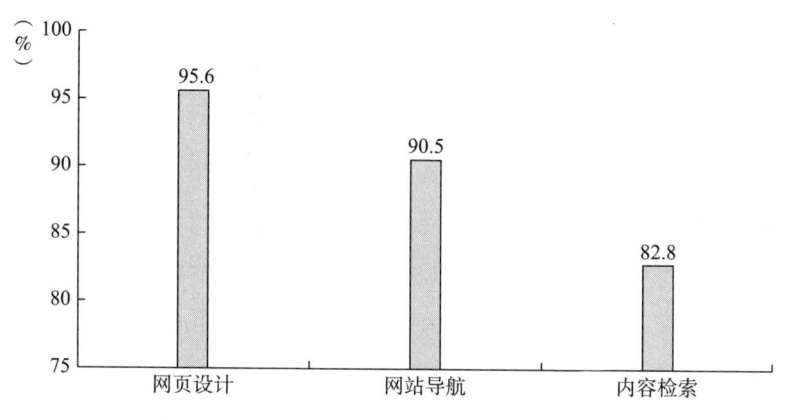

图 2-9 页面体验三级指标平均得分率

⑤信息体验：信息可视化建设优于信息获取建设

从整体来看，如图 2-10 所示，政府网站在信息体验建设上，易读性的总得分率（92.58%）明显高于易获取性（67.59%）和准确性（74.07%）。这反映出我国政府网站在信息体验上，信息可视化呈现的建设相对优于信息获取中方式和内容的建设，政府网站能够通过表格、图片、视频、音频等多种方式直观地呈现网站内容，但在公众便捷、高效且准确地获取到所需信息方面略显不足。

其中，以地区为划分类型，在易获取性和准确性方面，东部地区城市政府网站得分率相对较高，西部地区的得分率相对较低，这从侧面反映出东部地区城市政府网站信息建设的水平相对较高，更注重信息的易获取性和准确性。在易读性方面，西部地区城市政府网站的得分率略高于东部，更能直观呈现网站信息，这也反映出东、中、西部地区城市政府网站在信息功能上的建设略有差异。

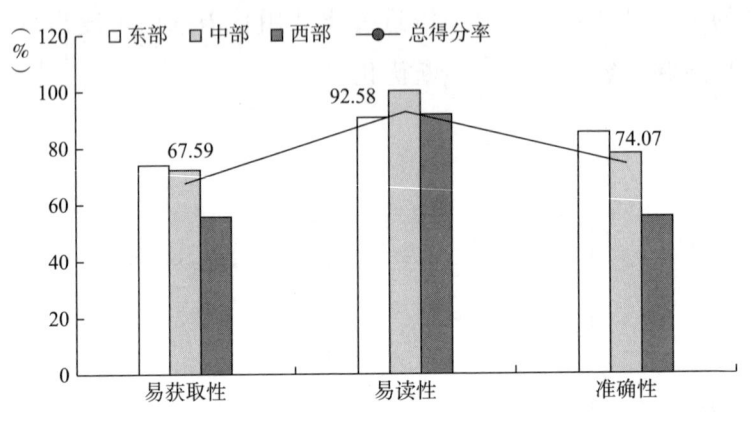

图 2-10 不同地区具体指标平均得分率与总得分率

⑥服务体验：对特殊群体关照不足，智能化应用效果不佳

整体上，当前政府网站的服务体验建设水平相对较低，平均得分率仅为 63.51%。其中，在服务体验方面，政府网站除响应速度较快外，其在灵活性和智能化方面的建设相对滞后（见图 2-11）。这反映出，当前政府网站在服务功能的人性化、智能性设计上仍有较大的提升空间。

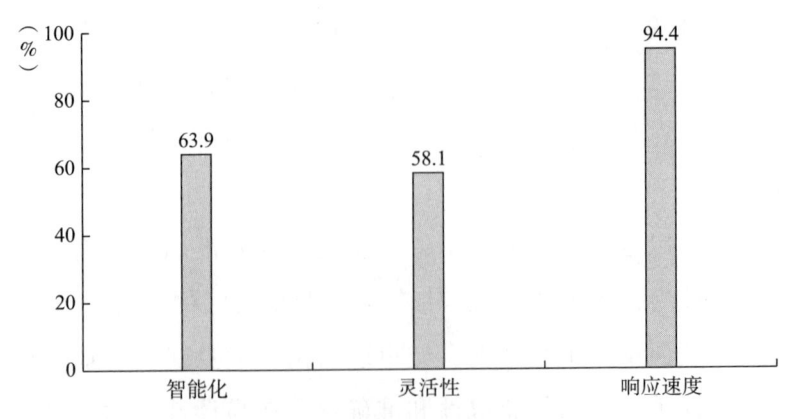

图 2-11 服务体验整体得分率

其中,在灵活性建设方面,当前政府网站的适老化建设仍存在较多不足。研究发现,绝大多数重点城市政府网站网页端建设并未重视老年群体的使用需求,仅有约28%的政府网站有"长者助手"功能。同时,部分设置"长者助手"功能的城市政府网站,如上海、广州等东部数字化水平较高的城市的政府网站,还存在字体过小、颜色过浅、位置不一等问题。这表明,当前政府网站人性化考虑不足,未能从老年群体的角度设计"长者助手"功能。因此,如何以老年用户的使用需求为导向进行适老化建设,是未来打造老年友好型政府网站的题中之义。

在智能化方面,虽然有3/4的城市政府网站提供了智能问答功能,但在实际测试中发现,智能问答的平均准确性得分率仅达到60.19%,且部分城市政府网站的智能问答流于形式,存在"一问三不知""牛头不对马嘴"等问题。这背后反映出,当前政府网站的智能化应用整体效果不佳,难以有效回应和满足公众的服务需求。

2. 建设存在的问题

经过二十多年的发展,当前政府网站建设虽然取得了很大的进步,但从用户需求的角度来看,整体建设水平仍有较大的提升空间。主要体现在线上服务覆盖面较窄以及政民互动能力有待提升等方面。在此基础上,以公众使用体验为导向,当前政府网站在过程体验方面的建设也不佳,难以给公众带来良好的服务体验感受。具体来说,存在的问题包括以下几个方面。

(1) 整体建设水平有待提升,难以有效满足多元需求

当前,在"互联网+政务服务"的发展背景下,政府网站建设已进入相对成熟的阶段,大多数城市的政府网站建设都达到了合格水平。然而,尽管整体上政府网站能够满足公众的服务需求,但仅能

够满足提供政策文件等基础信息需求。大多数政府网站对于公众多样化需求的关注不够，无法满足公众更高层次的深度服务需求。

（2）政府信息、业务等资源有待整合

信息获取、业务办理是公众使用线上政务服务的重要内容，也是政府网站建设的重心之一。当前，政府网站建设进入集约化阶段。然而，在整体建设中，多数政府网站存在信息整合不充分、业务上线不足等问题，线上服务的覆盖面有待扩大。例如，在信息公开上，政府网站基本上能够提供相关基础信息，但是在与公众需求更为密切相关的重点信息和数据提供上较弱，无法满足不同群体的多元需求，同时在重点信息聚合方面上线不足。政府网站对于减税降费、就业创业等受众面较小的领域信息提供不足，不利于公众便捷高效地获取所需信息。在业务办理上，部分城市的政府网站在个人与法人业务上线方面存在较大的差异，不利于满足多元主体的多样化需求。

（3）线上政民互动能力有待加强

政府网站是政民互动的一个重要渠道，当前在发展中，部分城市政府网站的回应能力仍有较大的提升空间，主要体现在部分城市政府网站的透明度不高、回应能力不强和民众参与程度不高两个方面。一方面，政府整体透明度不高与政府回应能力不强。尽管不同政府网站在政民互动方面的建设具有不同的侧重点，但总体而言政府推动信息公开的积极性不高，与民众互动交流的能力不足。另一方面，公众参与程度不高。政府网站仍需加强对民众互动参与渠道的建设。研究调查发现，部分城市政府网站的在线访谈频次不高甚至流于形式，且征集调查结果反馈不及时。这既不利于及时回应社会公众的基本诉求，也不利于民意的有效聚合，在一定程度上影响了政府决策的民主性、科学性。

（4）整体服务体验不佳，技术功能有待优化

从用户体验的角度来看，我国政府网站在无法满足公众需求的基础上，整体服务体验也不佳，还存在较大的提升空间。主要体现在以下两个方面。一方面，公众的信息获取便捷性不足，获取的渠道较为单一化，内容质量也有待进一步提高。部分政府网站仍然存在加载时间过长、信息可视化程度不高、网站页面设计杂乱等问题。另一方面，政府网站的便捷功能设计较差，智能化和人性化服务功能供应不足。例如，在信息检索上，部分政府网站的搜索引擎无法支持错别字纠正和模糊检索等功能，检索结果"差强人意"。嵌入的智能问答功能的问答能力较弱，无法精准满足用户需求。在适老化改造上，政府网站的适老化功能建设有待进一步加强，较少城市政府网站的"长者助手"功能能够有效迎合长者的使用逻辑。

3. 总结与展望

二十多年来，政府网站建设取得了很大的成绩，成为政府提供政务服务的重要平台，在信息公开、线上办事服务、公众参与交流等方面发挥了重要作用。当前，政府网站在服务覆盖面、服务规范性、服务便利度等方面都有了极大的提升，接下来，为进一步提高政府网站的服务水平和服务质量，政府网站要从多个方面发力。

（1）加强顶层设计，坚持需求导向

目前，政府网站整体建设水平有待提升，对于用户多元化需求关注不足。因此，政府应以用户需求为导向，一方面，加强顶层设计，为政府网站建设提供宏观方向指导，突出用户需求的优先地位，以用户需求为中心扩大服务覆盖面、优化服务体验，另一方面，制定战略规划，提高政府网站建设的前瞻性和可持续性，按照便民要求，完善政府服务，切实满足公众线上政务服务

需求，提升公众使用政府网站的过程体验感。

（2）深入融合政府信息资源，提升业务资源集约化水平

目前，政府线上信息公开程度仍有待提高，办事服务的覆盖面仍有待扩大，政府应以公众需求为导向，推动政务服务转型。因此，一方面，政府应当积极构建大数据平台，集中提供分布于不同部门的信息，推进跨地域、跨层级、跨部门的政务信息资源融合，并依托大数据平台，推动各类政府信息和公共数据的互联开放共享，促进政府网站信息建设多样化、系统化、全面化。另一方面，政府应当加快推进各类服务事项上线，提升业务资源集约化水平，优化服务场景，协同发展个人业务和法人业务，实现常用办事服务事项全覆盖。

（3）加强与公众的沟通互动，提升"政民互动"水平

信息技术的发展扩展了公众政治参与的渠道，公众的参与积极性不断提高，也对政府的回应能力提出了要求。目前，从调查结果来看，部分城市的政府网站在回应性上仍有较大的提升空间，亟须提高信息公开的透明度以及民众的参与程度。因此，为进一步推动"政民互动"，政府既需要加强政民互动沟通渠道建设，加强与公众的沟通互动，也需要及时公开公众的意见反馈，通过快速且高质量的回应增强民众意见反馈及建言献策的意愿，进一步发挥政府网站作为沟通渠道的作用。

（4）拓宽服务获取渠道，浏览过程提质增效

针对整体服务体验不佳的问题，政府网站建设需要通过技术优化、适应互联网发展变化和公众使用习惯来提高政府网站内容发布质量，并对政务信息进行再加工和再创作，通过数字化、图表、音频视频等可视化的形式提高政务信息发布的比例，增强内容吸引力；及时更新网页，创新网页设计，优化政府网站页面布

局，做到科学合理、层次分明、重点突出。

（5）优化智能化搜索功能，精准供应人性化服务

针对过程体验感较差的问题，政府网站建设应充分利用云计算、大数据等相关技术，优化政府网站搜索功能，提升政府网站页面在搜索引擎中的收录比例和搜索效果，对网站用户的基本属性、历史访问页面内容和时间、搜索关键词等行为信息进行大数据分析，研判用户的潜在需求，结合用户需求来定制信息，主动为用户推送关联度高、时效性强的信息或服务；以用户为中心，根据用户真实需求调整搜索结果排序，多维度、分类展现相关内容，聚合相关信息和服务，实现"搜索即服务"；根据用户群体特点和需求，围绕残疾人、老年人等特殊群体获取网站信息的需求，不断提升信息无障碍水平。

二 便捷高效"掌上办"
——移动政务的演进与创新

（一）研究背景

1. 移动政务的发展历程

移动互联网的发展及相关技术的创新不仅推动了移动互联网技术在商业领域的应用，而且使得公众对政务服务的需求发生了结构性变化，并且驱动移动互联网技术在商业领域的应用、经验和模式向移动政务领域"移植"推广，推动移动政务渠道多样化、服务便捷化、高效化，有效提升了政府数字治理能力。移动政务发展至今经历了三个阶段，不同的阶段有其各自的特点与阶段性任务，其建设的目的与最终产出也各不相同。

一是移动政务1.0阶段。在这一阶段，实现了政务服务向移动端的转换。许多产品只是单纯地从PC端移植到移动端，比如将政府服务网直接移植到移动端而产生的政府服务网APP。在有限提升政务服务移动性的同时，也带来了服务功能不全、碎片化与割裂化严重等问题。

二是移动政务2.0阶段。在功能持续增强的同时努力实现形态上的整合。随着手机功能的增强和移动技术的不断发展，各部门得以不断提升移动政务治理和服务水平，但随着业务的发展和应用场景的增多，以APP为代表的应用载体越来越"臃肿"，运营成本不断增加，用户体验却难以得到有效提升。更麻烦的是，经济社会发展推动了跨部门协同履职场景的爆发式增长，在传统技术手段的藩篱内，各级政府只能通过行政命令强制统合下级部门应用，努力实现移动政务入口和服务功能的集成。虽然区域性、层级性、碎片化的政务载体得到一定程度的整合，但被整合部门（大多在基层）在移动政务领域提供个性化服务或因地制宜进行治理的能力受到影响（或该能力被严重限制）。整合的主导部门也会发现，短暂的大一统并未带来政府服务和治理水平的显著提升，反而构建了更新更大的壁垒。

三是移动政务3.0阶段。小程序的"开放"和"克制"，及其背后数字政府体制机制和建设模式的深刻变化与演进，让移动政务走入了整体协同时代。建立在"技术兼容"之上的"需求兼顾"，使得"高效服务""精准治理""科学决策"的"整体政府"落地成为可能。通过后台数据的统一交换和前端小程序的灵活跳转，政府治理体系中"条"和"块"的内部，以及彼此之间，可以在保持个性化发展的同时，跨层级、跨部门、跨地区、跨业务、跨系统实现政府服务和治理的"整体性供给",跨界而不破界成为常态和自然。政府各部门的数字化履职积极性被最大限度调度起来,公众和企业前所未有地感受到了政府的温暖,享受到了改革的红利。尤其是,从近两年国家政务服务平台小程序和政务服务"跨省通办"的快速发展可以看出,如果没有小程序及其背后的大平台,"整体性供给"几乎是不可能完成的任务。

移动政务发展形成了两种形态,一是依托政府自建客户端(APP),二是依托第三方平台提供政务服务,如微信、支付宝及其他小程序上搭载的政务服务等。政府更是不断加强统筹整合,推动碎片化的移动政务服务走向"一站式",实现"需求兼顾"和"技术兼容",完善服务以满足需求,充分提升服务便捷性与服务质量(见图2-12)。

图2-12 "粤省事"小程序页面

2. 我国移动政务服务的发展优势

（1）移动政务服务发展的政策指导

近年来，国家层面的相关政策文件为移动政务服务的建设提供了指导和良好的政策环境，成为其快速发展的重要推动力，引导中央到地方的实践和创新。2016年至今，国务院相继发布了多个指导性的政策文件。2016年4月，国务院办公厅下发《关于转发国家发展改革委等部门推进"互联网+政务服务"开展信息惠民试点实施方案的通知》，同年9月，国务院发布《关于加快推进"互联网+政务服务"工作的指导意见》，从政务信息化工程的基础设施建设开始，重视政务信息共享、信息安全和电子政务平台等建设，逐步推动体系完善的"互联网+政务服务"的发展。在移动互联网迅速发展的背景下，2018年6月，国务院办公厅发布《进一步深化"互联网+政务服务"推进政务服务"一网、一门、一次"改革实施方案》（国办发〔2018〕45号），同年7月，国务院发布《关于加快推进全国一体化在线政务服务平台建设的指导意见》，通过"推进政务服务'一网、一门、一次'改革"等支持移动政务建设，全方位推进移动互联网健康有序发展，推动政务服务向"两微一端"等拓展延伸。从全球现有的研究来看，快速发展的移动政务在许多国家已经起到了引领作用。

（2）移动互联网技术的快速发展

2021年7月发布的《中国移动互联网发展报告（2021）》显示，截至2020年底，我国已经建成全球最大的5G网络，建成5G基站71.8万个，覆盖全国地级以上城市及重点县市，同时蜂窝物联网用户数迅速增长，迈入5G时代。中国移动互联网走上国际舞台，移动互联网应用开发和发展速度进入世界前列，移动商务、移动支付、共享经济等新兴业态快速发展，移动互联网服务逐步向移动化、智慧化、多样化、个性化的方向转变。支付宝等移动支付应用推广到从东南亚到欧洲的数十个国家，支付宝依托其平台优势和应用生态的完整性，发展成为融合了支付、生活服务、政务服务、社交、理财、保险、公益等多个场景与行业的开放性平台。我国移动互联网技术近年来获得了较快发展，部分领域在全球处于领先地位，为移动政务的健康发展提供了技术和服务支持。

（3）移动互联网广泛的用户基础

移动互联网技术的提升吸引了海量用户。根据中国互联网络信息中心发布的数据，截至2021年6月，我国网民规模达10.11亿人，互联网普及率达71.6%，其中手机网民达10.07亿人，占比进一步提升至99.6%。[1] 在2020年，我国在线政务服务用户规模达8.43亿人。[2] 我国移动互联网拥有较广的覆盖面，移动政务应用已经具备了良好的用户基础，为移动政务服务的发展提供了重要的支撑。此外，2021年我国农村网民规模达2.97亿人，占网民整体的29.4%；城镇网民规模达7.14亿人，占网民整体的70.6%。[3] 在农村和偏远落后地区，以及对于年龄较大、对新生事物接受能力较低的人群，移动互联网使用成本低、易操作的特点大大降低了使用门槛，提升了他们的服务体验和便捷性，促使农村电商、电子支付、网上购物等移动互联网服务不断快速发展。城乡移动互联网网民结构不断优化，农村地区

---

[1]《第48次中国互联网络发展状况统计报告》，中国互联网络信息中心，http://www.cnnic.cn/NMediaFile/old_attach/P020210915523670981527.pdf，最后访问日期：2022年12月29日。

[2]《CNNIC发布第47次〈中国互联网络发展状况统计报告〉》，http://www.cnnic.cn/n4/2022/0401/c136-5287.html，最后访问日期：2022年12月29日。

[3]《第48次中国互联网络发展状况统计报告》，中国互联网络信息中心，http://www.cnnic.cn/NMediaFile/old_attach/P020210915523670981527.pdf，最后访问日期：2022年12月29日。

和年龄较大的网民群体规模在不断扩大。与 PC 端的传统互联网相比，移动互联网的覆盖范围更广，服务人群更多，良好的用户基础和不断优化的用户结构促进了我国移动互联网的快速健康发展。

(4) 我国移动政务发展的政企合作模式

阿里巴巴、腾讯等互联网企业拥有强大的用户基础和技术创新能力。在国家相关政策的指导下，政府和互联网企业的深度合作促进了我国移动政务的发展。蚂蚁金服旗下的支付宝与多个城市进行深度合作，水费、电费等支付实现非现金化，公众可对政府效能进行网上评价，涉及交通出行、线下消费、医疗社保、政务服务等多个领域。一些地方政府敢于尝试和创新，善于学习和合作，浙江、江苏、贵州等地已与阿里云达成政务云合作，提升了政务服务水平。以"支付宝+政务服务"为代表的政企合作促进了资源整合及优势互补，提升了政府的服务水平和效率，推动了我国移动政务服务的创新发展。

3. 我国移动政务服务的发展和水平提升

移动政务的进一步发展和水平提升需要建设者重新审视移动政务发展的理念及其存在的问题，继而明晰移动政务的建设思路及水平的提升方向。

(1) 移动端是否要"优"于 PC 端和线下

移动端政务服务的发展极大地提升了政务服务的质量、便捷度及民众满意度，但是这些成就使得政务服务的数字化转型发展走入了一个误区，认为移动端要"优"于 PC 端和线下。实际上，移动端、PC 端及线下作为两种不同的政务服务提供渠道各有特点和差异化优势，不同的服务渠道在不同的应用场景中有各自优势，如线下政务大厅一对一人工办理对于电子化、数字化信息接受程度较低的老年人等群体而言更为友好,而PC端相对于移动端更适合烦琐申请、表格的填写。移动端作为渠道之一自然也是优劣势并存,需要进一步细分服务场景,并与更加合适的服务渠道相结合,才能更进一步提高民众在办理政务服务过程中的体验感和满意度。

(2)"一站式"是不是"终点站"

在现实中,移动政务横向和纵向的整合仍存在诸多阻碍,且形态上的强制整合虽然实现了移动政务入口和服务功能的集成,但是效果不理想。在强制性的形态整合下,服务路径设计不合理,出现"门好进"但"路难找"的现象,服务体验自然不尽如人意。从移动政务的建设现状来看,多个部门、复杂场景、交叉职能完全整合为"一站式"难以实现,"一站式"与"分部式"将长期并存。各部门需要在考虑自身需求基础上保留自己的客户端或应用,以因地制宜地提供个性化服务,而平台整合也应该遵循"小区思维"而非"街区思维",只有这样才能实质性解决碎片化问题,最大化提升政府的数字治理能力。

(3)跨层级统筹面临阻碍

跨层级政务服务平台和渠道的整合面临重重阻碍。目前跨层级统筹效果不佳,统筹过程存在诸多困难,出现多平台并存的现象,未来移动政务是否统筹发展仍有待讨论。第一,统筹逻辑存在分歧。一种逻辑为各级政府通过行政命令强制促使统合形成,另一种逻辑则通过提升移动政务的建设能力或效果从而促进跨层级平台的集成和统合。第二,存在需求导向层面的矛盾。管理部门重视数据及其包含的治理指导和政策意义,而基层部门则更侧重业务,以为民众提供优质、高效的政务服务。第三,基层部门存在对部门自主性的担忧,跨层级统筹一定程度上削弱了基层部门在业务开展过程中的自主性。未来需要兼顾不同层级部门信息化建设的内在需求，形成整合的有效"内生驱动力"。

(二) 研究问题

在技术快速发展的背景下，移动政务经历了三个发展阶段，形成了政务客户端 APP 和第三方平台两种形态。为更好地发挥移动政务的服务功能，需要在移动通信技术的支撑下兼顾公众的服务需求和政府的治理需求，从而进一步提升服务质量，推进服务型政府和整体型政府的建设。

基于此，本研究提出"移动通信技术创新发展下移动政务进行了哪些数字化转型的探索和实践，仍存在哪些困境与不足，又当如何进一步转型发展"这些核心问题。围绕这些核心问题，本研究关注以下具体问题。

第一，移动政务客户端和基于第三方平台的政务服务发展现状如何？

第二，各地进行了哪些政务服务数字化的探索和实践？取得的成效如何？

第三，我国移动政务服务发展面临着怎样的困境和挑战？仍存在哪些不足？

第四，我国移动政务进一步数字化转型发展的趋势如何？

(三) 研究方法

首先，为厘清我国移动政务服务的发展现状，本研究基于 2018 年全国 70 个大中城市"政务客户端"及以"支付宝"为代表的"第三方平台"的移动政务服务，分析政务客户端和第三方平台两种政务服务形式的服务数量、类别及城市分布，并基于重点城市、中小城市的服务现状进行对比分析。

其次，为进一步了解公众对移动政务服务的使用和评价，研究于2018年11月对东北、华北、华中、华东、华南、西北、西南等地区的30个代表性城市开展电话问卷调查，每个城市100份，总计3000份。问卷内容涉及被调查者对政务客户端和第三方平台这两大移动政务服务渠道相关服务的了解、使用情况以及对服务质量、使用性、便利性、总体满意度、未来使用意愿等方面的评价。

最后，通过分析移动政务服务数字化转型创新实践案例，如支付宝等第三方平台搭载的移动政务服务、移动政务小程序等典型案例，梳理我国移动政务发展的优势与特点，总结成功案例的建设思路与经验，形成我国移动政务数字化转型升级可借鉴、可推广的发展模式。

（四）研究发现与讨论

1. 基于政务客户端的移动政务服务发展现状

据统计，截至2018年12月，全国70个大中城市共计提供了534个政务客户端，与2017年相比增长了3.9%。[1] 在类别分布方面，交通和综合类的客户端数量分别位居第一和第二，合计占比超过了一半，不同类别的政务客户端占比差异明显（见图2-13）。

同时，不同城市在提供的政务客户端数量方面差异明显。北京和上海的政务客户端数量同为30个，并列第一且明显多于其他城市。宁波、杭州、成都、深圳、南京等城市的政务客户端数量也都超过了20个。政务客户端数量不足5个的城市有30个，占比为42.9%，与2017年相比降低了10个百分点，政务客户端发

---

[1] 《〈移动政务服务报告（2018）——重构与智慧〉发布》，https://mp.weixin.qq.com/s/bKdnvAs2AlGjHSCRkc6MxQ，最后访问日期：2022年12月28日。

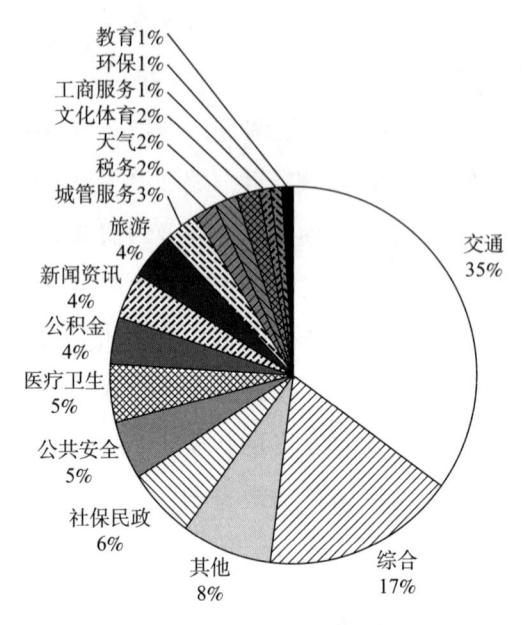

图 2-13　政务客户端的类别及分布（2018 年）

展的广泛性得到提升。

　　统计结果显示，政务客户端的总下载量为 5051.37 万次，平均下载量为 10.08 万次。与 2017 年底数据相比，总下载量增长了 34.5%，平均下载量增长了 30.9%，增长幅度较为明显。同时，不同类别政务客户端的下载量差异明显。公积金、交通以及社保民政类政务客户端的平均下载量位列前三，其中公积金类政务客户端的平均下载量超过了 30 万次（见表 2-2）。医疗卫生、税务、环保等类别的政务客户端的平均下载量较低。与 2017 年底数据相比，公积金、社保民政、公共安全、旅游、工商服务、教育、城管服务等类别的政务客户端的平均下载量有不同程度的增长；而综合、天气、医疗卫生、税务、环保等类别的政务客户端的平均下载量则出现了下滑。

表 2-2　不同类别政务客户端的平均下载量及同比变化（2018 年）

类别	平均下载量（次）	变化	类别	平均下载量（次）	变化
公积金	308655	大幅上升	新闻资讯	25871	持平
交通	190368	持平	工商服务	23103	大幅上升
社保民政	68285	上升	教育	16722	大幅上升
综合	54671	下降	城管服务	10830	大幅上升
公共安全	47734	上升	医疗卫生	6885	下降
旅游	38367	上升	税务	2818	下降
天气	31425	下降	环保	2242	下降

2. 移动政务的创新与探索：基于第三方平台和小程序的政务服务

（1）基于第三方平台的移动政务服务："支付宝+政务服务"

①支付宝的平台优势和特点

蚂蚁金服旗下的支付宝，自 2004 年成立以来致力于提供"简单、安全、快速"的支付解决方案，并不断优化服务应用场景，已经发展成为融合了支付、生活服务、政务服务、社交、理财、保险、公益等多个场景与行业的开放性平台，助力传统商业和公共服务升级。支付宝 2018 年的活跃用户数超过 7 亿人，当年第一季度在我国第三方移动支付市场中所占份额达到了 53.76%。从全球发展来看，支付宝也已经覆盖到除中国大陆以外的 38 个国家和地区。截至 2018 年 11 月 28 日，支付宝全球用户数已经超过 9 亿人，在国内的活跃用户中，70% 的用户使用 3 项及以上支付宝的服务，服务范围进一步扩大，拥有良好的用户基础。[1]

---

[1] 《2018年支付宝活跃用户超7亿》，https://finance.sina.com.cn/roll/2018-11-02/doc-ihmutuea6439350.shtml，最后访问日期：2022 年 12 月 28 日。

在支付宝和各地政府的合作努力下，基于蚂蚁金服研发的人脸识别系统等技术支撑，2018年，电子居住证、电子营业执照、电子身份证、电子户口簿、电子行驶证，甚至电子结婚证，都能通过支付宝领取。2018年4月电子身份证和2018年9月电子结婚证首次亮相支付宝，一上线就引发了社会各界人士和公众的广泛关注。和支付宝合作试点电子身份证的城市超过20个，累计有1000万用户领取。同时，在实现"一网通办"政策指导下，政务服务以小程序形式入驻支付宝，各地和支付宝在"一网通办"上的合作正在加速落地。江苏省、福建省、海南省海口市政府的"一网通办"小程序相继入驻支付宝，为"支付宝+政务服务"带来创新和提升

②"支付宝+政务服务"的基本情况

截至2018年9月，全国已有442个城市（含县级市和省直辖县）通过支付宝平台提供移动政务服务，相比上年增长了21.4%。表2-3是"支付宝+政务服务"数量排名前20的城市列表，广州市"支付宝+政务服务"提供的服务数量最多，在支付宝上搭载了126项政务服务；深圳、武汉、杭州、上海等4个城市"支付宝+政务服务"提供的服务数量也超过了100项；佛山、温州、北京、东莞等14个城市在支付宝上搭载了超过80项及以上政务服务。这些城市多分布在东南沿海地区，其他主要包括中部的武汉及郑州，以及西部的西安。在省份方面，广东省有7个城市进入前20；浙江省有6个城市入围；湖北、山东、河南、江苏、陕西等省份各有1个城市进入前20；直辖市上海和北京分列第5位和第8位。

表2-3 "支付宝+政务服务"服务数量排名前20的城市(2018年)

排名	城市	省份	政务服务数量	排名	城市	省份	政务服务数量
1	广州	广东	126	11	青岛	山东	87
2	深圳	广东	121	12	郑州	河南	84
3	武汉	湖北	111	13	嘉兴	浙江	83
4	杭州	浙江	108	14	苏州	江苏	83
5	上海	上海	108	15	西安	陕西	82
6	佛山	广东	98	16	珠海	广东	82
7	温州	浙江	94	17	惠州	广东	81
8	北京	北京	92	18	中山	广东	81
9	东莞	广东	90	19	金华	浙江	80
10	宁波	浙江	88	20	绍兴	浙江	79

基于服务提供和使用拟合出的渗透系数显示,杭州、郑州、三沙位列前三。数据显示,长三角地区依旧是"支付宝+政务服务"渗透度最高的区域,上海市和浙江省渗透系数明显高于其他省级行政区。同时,东南沿海地区在"支付宝+政务服务"方面有着较高的整体水平,中部地区也取得了明显进步,郑州、武汉、西安等城市的渗透系数排在全国前列。西部和东北地区的渗透系数整体要低于东部和中部地区。

2018年,全国398个城市在支付宝平台上搭载的政务服务数量继续大幅度增长,平均增幅为40.12%。2018年,"支付宝+政务服务"数量增长数据显示,石嘴山、三沙、中卫三个城市的政务服务数量增幅达到甚至超过100%,吉林省白山市的增幅也超过50%。值得注意的是,2018年,中西部城市增长明显。在中西部地区,宁夏和新疆地区的增长比较明显。在东部省份中,2018年,海南和福建表现出强劲的增长势头。从数量增长的空间分布来看,中部西部地区许多城市增幅明显,2017年增幅明显的华东地区2018年增长趋于平缓。

③"支付宝+政务服务"发展成效：助推政务服务的"重构"与"智慧"

第一，"重构"：重构服务流程和政府运作，打造服务型、整体性政府

首先，重构服务流程，打造服务型政府。"支付宝+政府服务"的模式促进政府重构服务流程，提升服务效率和服务质量，回应民众便捷化、高效化的服务需求。同时，改变传统以政府为主导的政务服务模式，形成政府与公众之间平等、合作的新型互动关系，推进服务型政府建设。

一是完善信息采集及认证流程。移动互联网的发展完善了基于移动电子设备的信息采集和认证流程，在保证便捷、高效的同时也保证了个人信息的安全性。在当前移动互联网技术迅速发展的支持下，支付宝通过电子身份证、手机刷脸认证等方式，快速、便捷地进行信息采集和认证。此外，当前支付宝"刷脸支付"和"刷脸验证身份"已经应用于多个领域，在公积金提取、养老金领取资格认证与领取、使用电子证件和坐地铁等方面都突破了以往的模式，简化了政府相关部门的工作流程，给公众带来了高效和便利的政务服务体验。二是完善政务服务获取及证件办理流程。移动互联网重构了政务服务获取和证件办理流程。公众可以随时随地使用移动设备在政务客户端和第三方平台进行相关政务服务的获取、证件办理的线上预约或线上直接办理。与传统线下政务服务大厅直接获取服务相比，这打破了时空限制，更加高效便捷。此外，电子居住证、电子营业执照、电子身份证、电子户口簿、电子行驶证，甚至电子结婚证，都能通过支付宝领取。三是提升交易和缴费便捷性。移动互联网的发展推动了政府

交易和缴费平台建设，逐步建立统一的缴费平台。公众更多地可以通过线上渠道进行缴费，通过绑定银行卡或借助支付宝等方式，快速、便捷地完成缴费工作。2018年4月，全国统一的电子社保卡发行，目前已有杭州、深圳等多个城市的参保人员可以通过在支付宝首页搜索"城市名+社保卡"并"刷脸"认证享受到许多便捷服务。四是信息及证件的储存和使用。2018年4月17日，由公安部第一研究所可信身份认证平台（CTID）认证的"居民身份证网上功能凭证"首次亮相支付宝。公众借助电子身份证就可完成以前必须出示实体身份证才能办的事项，借助移动设备便可以快速进行身份核验，无须携带证件，大大节约了时间、交通等成本，且大大提高了信息安全性。

其次，重构政府部门协作，打造整体性政府。"整体性政府"试图形成注重政府整体价值和绩效的文化和哲学，改变碎片化的政府功能分化，重塑政府结构。它强调合作与协调的责任体系和激励机制，推动跨越组织界限的工作方式，努力提升政府能力和绩效，满足社会公众的需求，更好地服务于经济和社会发展。移动互联网技术的发展推进了同级政府部门间和各地各级政府间的协同整合，助力整体性政府建设。

一是形成部门间数据共享。政务平台可以对不同类别的服务信息进行收集分类。政务服务在实现流程透明化、规范化、高效化的同时也实现了追溯和分析。阿里云创新性地使用"数据中台+业务中台"的双中台技术，使得创新业务快速落地、政务服务实现全局智能。大量数据共享及时，通过开放平台统一汇聚到资源库中，公众在不同平台录入的信息可以应用于其他平台，减少信息的重复提交，简化了政务服务流程，推动了政府各部门的协作和交流。二是提升整体性政府水平。移动政务服务平台要求服务的简化和整合，促进不同部门、不同利益主体及碎片化工作内容的整合。2018年7月，国务院印发《关于加快推进全国一体化在线政务服务平台建设的指导意见》，提出要在2022年底前全面实现"一网通办"。在政策推动下，各地和支付宝在"一网通办"上的合作，正在加速落地。继2018年6月江苏省政府推出全国首个支付宝小程序后，8月31日，福建省、海南省海口市的"一网通办"小程序同时入驻支付宝。移动应用小程序的建设为整体性政府水平提升搭建了平台，有利于实现政务服务的集中化，有利于部门职能边界的划清及职责体系的明确和完善。

第二，"智慧"：技术和数据是基础设施，推动智慧政务和智慧城市建设

"智慧城市"应运而生，以一种更智慧的方法，利用新一代物联网等技术来改变政府、企业和人们相互交往的方式，提高城市运行效率。当前移动互联网的发展，从技术和数据两个层面推动政府、市场和社会等不同主体的智慧化，进而推动"智慧城市"建设进程。在技术层面，"智慧城市"可加强各主体对内和对外的连接沟通，提高信息交流和服务提供的效率，使其能够对需求做出快速、智能的响应；在数据层面，"智慧城市"可提供丰富的决策依据，提升各主体自身能力和城市运行的水平。

一是智慧政府。在技术层面，移动互联网为政府部门运作提供了有效的技术手段，提升了政府部门间以及政府与其他社会主体间的连接性，实现了服务的便捷化、智能化。政务客户端和支付宝等第三方应用为政府完善信息提供和服务流程提供了便捷的渠道，为提升政民互动搭建了高效的平台。同时，移动互联网相关技术的嵌入，提升了政务服务智能化水平。"智能客服"采取标准化的问答和人工服务相结合的方式，使得低效率、高成本的

劳动力得到解放。支付宝国际领先的生物识别与人脸识别技术为政府服务的创新和智慧化提供了巨大支持,已广泛用于公积金查询和提取、社保查询、电子证件、养老金领取资格验证、医院就诊等民生服务方面。例如,深圳市人社局通过与支付宝、芝麻信用的合作,在全国率先推出了养老金领取资格刷脸认证。在数据层面,移动政务发展中产生的大量数据蕴含着巨大的价值,推进政府运作和决策从经验驱动向数据驱动转变,从而可以实现服务精细化以及决策、监管精准化。一方面,政府内部可借助移动互联网技术开展日常工作,如何通过手机应用进行签到、工作汇报和反馈,并使之成为工作人员绩效考核和晋升的数据依据,从而提升了政府高效运作的能力;另一方面,能够完善对外服务和监管,为政府个性化定制的政务服务供给提供数据支持,推动决策及监管更加精准,使精细的服务更加符合公众需求。公交公司借助阿里巴巴的云计算技术,联通了公交车行驶数据、支付宝扫码数据、高德导航数据,研发出了一套公交数据大脑,据此设计的公交线路,其运行效率有了明显提升,乘车人数有了明显增加,部分线路日均乘车人数增长超过400%。可见,数据反馈并影响了政府决策,推动了智慧政府建设。

二是智慧公众。在技术层面,移动政务"以公众需求为中心",代表了更高层次的政务服务理念,强调了服务的"主动选择"和体验优化。公众成为政务服务的主动选择者,可以根据自身需要随时随地(anytime and anywhere)获取服务,公众参与和政民互动变得更加有效,服务获取的主动性和体验感得到了提升。2018年,支付宝与南京市政府的合作,使民众可以像网购一样对政府效能进行评分,这为公众表达自身诉求提供了有效渠道,推动公众和政府进行线上线下的双向互动。在数据层面,移动互联网技术支撑个体的精细化管理和决策。公众在获取服务的过程中汇集了海量基于个体偏好的个性化数据，推动公众进行科学管理和决策，使生活更加智慧。例如，生活中经常用到的电子地图服务，结合公交、路况等信息数据，为公众出行提供了最短路线、最快路线规划，公众生活的选择、决策和管理变得更加精细。

三是智慧城市建设运行。在技术层面，移动互联网将不同主体连接在一起，推动城市高效、智慧运作。移动端是城市运行中主体间连接互动的基础平台。我国手机网民规模巨大，移动互联网影响着公众工作、生活的方方面面。随着电子支付的发展及其应用领域的不断扩大，支付宝等平台集合了政务和城市服务，成为连接各主体的纽带。移动端的便捷、高效特点为城市"互联网＋"生态体系的构建奠定了良好基础，推动了城市主体的互动连接，推动了城市的智慧运行。在数据层面，移动互联网发展带来的海量数据有助于对个体和组织进行信用评估，助力社会信用体系建设和智慧城市建设。以芝麻信用的免押金信用服务为例，其作为覆盖面较广的移动端信用认证，应用于多个行业，涵盖酒店、租房、民宿、租车、共享单车等十大行业。信用体系的构建降低了用户使用多种服务的门槛，也减少了多个行业的成本和运作风险，推进了社会服务效率的提升，促进了和谐社会与智慧城市的建设。以支付宝电子证件为例，严格的信用认证体系和广泛的应用领域，在推进基于数据的智慧城市建设的同时，也保证了信息的安全，提升了市民的服务体验感。

（2）小程序推动移动政务步入整体协同时代

①小程序本身具有的特点

从使用的角度看，"用完即走"的小程序与政务服务"低频刚需"的特点高度契合。政务服务门类多、事项杂，对于群众和企业而言，除了少部分高频事项，大部分服务事项的使用频率并不高，却是不可或缺的刚性需要。小程序"用完即走"的特点契合了政务服务"低频刚需"的使用特点，其与二维码的先天融合契合了政务服务"线上线下一体化"的内在要求。同时，小程序的"开放性"打破了传统APP的移动端入口壁垒，为后台的技术整合消除了外部阻碍，同时让服务和治理的下沉水到渠成。

从建设的角度看，"技术兼容"、"需求兼顾"的小程序驱动移动政务迈向了新的阶段。"技术兼容"指小程序及其背后的大平台建设，在技术上为一体化政务服务的打造提供了有力的支撑，有效整合了用户触达渠道，打破了数据壁垒，促使政务服务和治理从碎片化走向一体化，为"需求兼顾"夯实了基础。"需求兼顾"则在"技术兼容"基础上实现了两个方面的突破。一是服务获取者的需求兼顾。小程序便捷、灵活、高效的特性拓宽了移动政务内容的覆盖面，兼顾了不同人群、不同领域的需求。不仅如此，小程序依托巨型流量入口实现了精准、高效的用户触达，凭借适合快速场景化服务的特性实现了线上线下服务的衔接。二是服务提供者的需求兼顾。借助小程序的联通能力，政府部门可以打造统一入口，兼容而非兼并下级部门的移动应用，跨界而不破界，联通各个部门，实现整体政府内的"需求兼顾"。

②小程序驱动移动政务场景创新

小程序轻便、灵活、开放的特性，符合移动互联网时代高效服务和精准治理的整体政府建设的内在要求，成为移动政务触达各领域、各群体、全场景的有力工具。根据不同的服务对象与所涉及的不同领域，可将政务小程序分为服务民生（to C）、服务企业（to B）、服务政府治理（to G）与服务社区管理/治理（to S）

四大类。依托独特的技术支持，小程序能有效发挥便捷性、承载性、扩散性、经济性、发展性和安全性六大特性。通过在民生、企业、政府、社区四大领域中的实践与建设，展现出多重优势，驱动移动政务创新发展。

第一，在服务民生（to C）方面：服务办理便捷化与服务建设一体化

一是服务办理便捷化，实现"用完即走"与"场景化服务"。小程序具有"用完即走"的特点，公众无须下载即可使用。这项核心特质降低了低频类服务的使用门槛，与政务服务的特性十分契合，既提高了政务服务的便捷性，又降低了用户负担。不仅如此，与面向应用的 APP 相比，面向场景这一特性也使得小程序更加高效、便捷与多元。更适合快速场景化服务的小程序，不仅能满足用户更多的需求，实现政务服务的灵活、便捷，还能通过扫码等方式将许多政务场景中原本烦琐的线下服务对接到线上，实现线上与线下的融合，进一步推动政务服务办理的便捷化。例如新冠肺炎疫情期间，为助力常态化疫情防控，国家政务服务平台小程序针对"核酸检测"这一场景，联合国家卫生健康委推出了"核酸和抗体检测结果查询"服务，并将核酸和抗体检测结果信息纳入"防疫健康信息码"服务。通过扫码等方式，公众可以更方便、更快捷地查询本人7天内做过的核酸及抗体检测结果。

二是服务平台建设一体化，"一网通办"与"一码通行"全面铺开。3.0阶段的移动政务平台建设愈加深化，"小程序＋大平台"的建设模式有效助力全国一体化在线政务服务平台建设，成为服务民生"一网通办""跨省通办""一码通行"的有力推手。在"一网通办"方面，广东省大力推行数字政府"指尖计划"，创新推出"粤省事"便民小程序，覆盖包括公安、人社、民政、

教育、税务及公共服务等领域，有效助力政务服务"一网通办"。在"跨省通办"方面，国家政务服务平台自2019年上线以来，自上而下着力打破跨地区、跨部门、跨层级数据壁垒，推动更多政务服务事项实现更大范围的"一网办""跨省办""异地办"。在"一码通行"方面。腾讯助力国家政务服务平台推出"防疫健康信息码"服务，有效促进了健康码"互通互认"和"一码通行"的实现，为精准疫情防控提供了有力支撑。根据中国互联网络信息中心发布的第47次《中国互联网络发展状况统计报告》，新冠肺炎疫情防控期间，全国一体化政务服务平台推出的"防疫健康码"累计申领近9亿人，使用次数超过400亿人次，支撑全国绝大部分地区实现"一码通行"。

第二，在服务企业（to B）方面：政企互动便捷化与惠企服务精准化

一是政企互动更加便捷而高效。一直以来，打造政企沟通"零距离"模式都是政府提供全面、精准、及时的惠企服务的关键前提。与政务APP等传统平台相比，小程序凭借其"用完即走"的特性降低了企业用户的使用负担，使得政企沟通如与微信好友聊天一样高效、便捷。如为帮助深圳企业在疫情危机中寻找发展的机会，为复工复产保驾护航，"深i企-精准服务企业"平台于2020年3月正式上线。通过"深i企"小程序的"企业诉求响应"功能，企业只需通过微信的小程序入口填报诉求信息，对应职能部门便能第一时间对收到的诉求进行研究处理，为企业提出诉求、政府了解诉求和回应诉求、企业实时查看处理进度提供了便利，有效提高了政企沟通的效率，成为涉企政务小程序的一大亮点。目前，疫情防控进入常态化，"深i企"也实现了模式转换，在原有的基础上，使命由推动疫情后的复工复产，深化为进一步健全政企沟通机

制、构建亲清政商关系和优化营商环境。

二是惠企服务进一步完善、精准。由于企业服务领域广、问题多、需解决事项杂、周期长，移动政务的企业服务在发展中存在难以解决的矛盾，即难以兼顾精准服务和完善服务之间的矛盾。政务小程序推动政府主动发现企业潜在需求，推出具有针对性的相应功能，提供完善而精准的惠企服务。与传统政务平台相对有限的联通性相比，前端的小程序提升了惠企服务获取的便捷程度，后端的大平台完成了不同层级、不同部门的数据整合与兼容，二者紧密结合为企业提供覆盖其全生命周期的统一渠道贴身服务。例如，为了在小程序平台内接入金融服务、人才招聘服务、法律纠纷服务、资金申报服务等功能，"深i企"与深圳市人社局、深圳市住建局、金融机构、采购中心、律师事务所、深圳市发改委专项资金申报平台等机构和平台进行了联通。依托云技术，小程序能够实现精准、即时、大量的信息收集，并借助云服务实现海量的数据存储。这些营商大数据能够支撑政府部门在服务企业过程中进行服务跟踪、企业发展跟踪，并主动提供企业发展、企业风险防范等精准服务。再如，"粤商通"提出"四个基于"以为企业精准推荐个性化服务，即基于办事频率推荐热点业务、基于所属地区推荐"专区服务"、基于企业标签匹配政策和基于当前位置推荐政务大厅。通过对企业集中诉求的统计和智能推荐算法，政务小程序能够为企业提供专属的产业政策与资讯，从而实现更有针对性的精准服务。

第三，在服务政府治理（to G）方面：结构赋能与数据赋能

一是结构赋能推动流程再造与内外协同。实现部门内数据共享和部门间协同，是政府推动数字治理的重要目标。在以往政务APP建设的过程中，各个地方政府、各个部门之间存在着严重的数据壁

垒，使得全国范围内的数据收集和共享难以实现，工作的标准化和规范化更无从谈起。在"小程序＋大平台"模式支持下，业务牵引和数据赋能推动政府部门履职流程再造，实现跨地区、跨部门、跨层级的协同，从而有力推动了整体政府建设。例如，腾讯云助力建设全国政务服务平台，打造全国"一网通办"总窗口。目前，国家政务服务平台小程序已经对接了浙江、江苏、广东、上海、重庆、安徽、山东、四川、贵州等省份的政府的网上办事窗口，实现了全国各地、各部门政务服务的轻松切换。此外，广东"数字政协"平台也是结构赋能的优秀案例。腾讯云支持建设的广东"数字政协"平台，为人民群众与政协委员搭建了一个全天候、无障碍的沟通平台，在全国率先构建了三级政协组织与政府协同的新模式。通过"粤政易"政务微信与"粤省事"微信小程序的互通联动，政协委员可以与界别群众开展常态化的双向交流互动，广泛传播党的主张和协商达成的共识，协助党和政府做好协调关系、理顺情绪、化解矛盾的工作；也可以收集社会各界关注的问题和界别群众的利益诉求，转化为议案或社情民意信息，上升为政协组织协商议政、民主监督的课题，把凝聚共识工作做得更深、更细、更实，让政治协商从远在"庙堂"之上，落到百姓日常生活之中。

二是数据赋能，小程序助力社会民生数据普查。小程序"技术兼容"和"需求兼顾"的特点，可以高效地连接政府、公众两端协同的应用场景，在后端大平台的极强算力和先进算法的支持下，可以提升全社会层面的数据汇聚工作效率。第七次全国人口普查是我国首次使用电子化方式进行的全民普查工作。由腾讯云联合企业微信提供核心技术支持，充分运用互联网、云计算、大数据和人工智能等信息技术和资源，为实现普查数据处理全流程电子化、网络化和信息化，适应普查业务流程变革，拓展数据采集报送方式，探索基础设施服务模式,服务基层普查机构,开发人口数据应用价值,确保普查数据处理工作顺利完成做出了贡献。两端融合有效地连接了 700 万名普查工作人员和 14 亿全国人民。电子采集的方式将登记时间缩短到 20 分钟以内,很大程度上降低了后期数据录入、处理的难度。

第四,在服务社区管理/治理(to S)方面:服务整合与服务一体化

一是全方位服务整合,助力政务服务下探延展。在社区服务方面,小程序强大的整合能力能使社区空间上的全方位服务实现整合。社区内部服务涉及民生的各个方面,服务种类繁多。小程序在服务整合上的优势和"需求兼顾"特点能够直击这一痛点。前端通过小程序统一公域和私域流量入口,后台基于标准化平台整合或对接社区服务相关方的应用系统,可结合社区服务监管体系的建设,从而实现社区内甚至区域内全方位服务整合。同时,传统政务服务的范围从以往的政务服务大厅拓展到了街道办与社区,实现了下探式的充分延展,完成了政府与社区的有效对接,真正让群众"少跑腿"、数据"多跑路"。

例如,腾讯云未来社区小程序实现了社区公共服务与便民服务的相结合,为居民提供了高效、便捷的一站式社区服务。在相关的小程序上,居民不仅可以获取报修服务、物业缴费、一键开门、投诉建议等便民服务,也可享受由社区提供的社区议事、社区投票等社区服务。目前,腾讯云未来社区小程序已在超过 13000 个小区落地,惠及 1000 万社区居民。疫情期间,腾讯云未来社区小程序还整合了疫情地图、疫苗专区、出行防疫政策查询等一系列便民功能,助力智能防疫。腾讯云未来社区充分实现了社区服务与政务服务的高效集成,推动了政务服务向社区空间的

下探式延展。

二是服务、治理一体，赋能多元治理。在社区治理方面，小程序用户多、量级轻、易用性等特征使其成为触达用户的最佳工具，有效助力政府推进"治理与服务一体化"，成为加强社区多元协作、赋能社区治理的"法宝"。社区作为居民主要的生活场所，对于隐私性、安全性、服务性、保障性等有着极高的要求，传统刚性行政治理模式面临落地难题。"服务与治理一体化"建设提供了新的社区治理范式，在为社区提供一体化便捷服务的过程中，可收集一线服务和治理的堵点、卡点，以及百姓的真实诉求，通过合理、合法分析服务提供过程中产生的数据，助力实现精准、高效、科学的社区治理。

腾讯云未来社区致力于构建社区服务与社区治理融合发展的创新模式。湖州市吴兴区人民政府联合腾讯云未来社区打造了社区服务应用矩阵。一方面，助力社区治理信息化建设升级，推动社区治理智能化、精细化发展；另一方面，整合居民生活服务、商业服务与政府治理服务，让居民感受到不出门就能办事的便利。目前，腾讯云未来社区已在湖州市吴兴区近300个小区上线，覆盖人口超过30万人。此外，腾讯云未来社区助力北京马连洼街道打造未来社区多元共治版，通过社区管理、宣传通知、基层自治、公共服务四大功能版块，深度链接基层工作者和当地居民。同时，腾讯云未来社区通过信息化手段、数字化工具提升了社区的数字化服务水平。综上，在社区，小程序的发展进一步密切了政府、社区、企业和居民之间的联系，进一步加强了多元主体之间的协作，赋能社区治理，让治理走向多元。小程序的出现，使得其他主体能够有效触达每一个市民个体，真正将不同主体联系起来。构建社区治理平台，构建社会主体多元协作机制，让社会治理多元主体真正联动起来,将服务和治理深入居民生活,高效触达、深度参与。

3. 公众对移动政务服务的使用和评价

(1) 公众对于政务客户端的使用及评价

调查结果显示,2018年公众对政务客户端的了解、使用和评价水平相比2017年有了明显提升。有44.43%的被调查者从未使用过政务客户端,比2017年的66.47%有了明显下降。经常用和几乎每天都用的被调查者占比为15.46%,比2017年有了明显提升。在不同类别的政务客户端中,"时政新闻"、"交通"和"天气"等的使用率均超过40%,位列前三,明显高于其他类别。公众对"环境保护"、"文化体育"和"工商服务"等类别的客户端使用较少,使用率不到20%。

具体到各个维度评价中,除政务服务的质量和信息安全总体信任度外,2018年政务客户端的用户评价与2017年相比都有所提高。2018年有51.65%的用户认为政务客户端提供的服务质量较好,比2017年下降5个百分点。在信息安全信任度方面,2018年有45.77%的被调查者表示信任,比2017年的47.42%略有下降。其他方面,2018年有65.09%的用户认为政务客户端使用方便;有73.91%的用户认同政务客户端的便利性;相比2017年的56.56%,2018年有60.65%的被调查者对政务客户端提供的服务总体表示满意。未来有意愿继续使用政务客户端的用户比例也超过了七成(见图2-14)。

(2) 公众对第三方平台政务服务的使用及评价

调查结果显示,公众对第三方平台搭载的政务服务的使用和评价水平均高于政务客户端。接近四成的调查对象经常或几乎每天使用此类移动政务服务,明显高于对政务客户端的使用频次。在服务内容方面,被调查者主要通过第三方平台获取时政新闻、

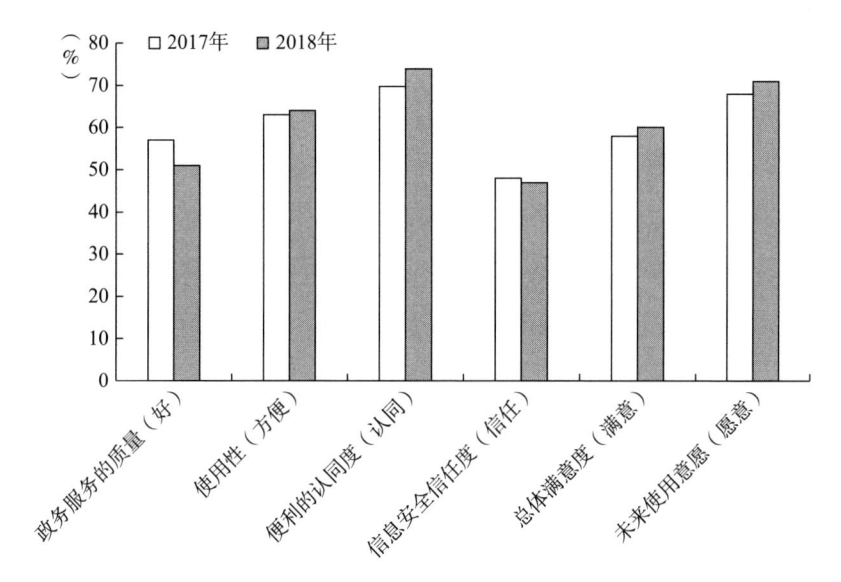

图 2-14 公众对政务客户端的评价（2017~2018 年）

交通和天气这三类信息。此外，相比于政务客户端，第三方平台在医疗卫生、旅游、工商服务等类别的政务服务提供中有明显优势，被调查者选择这些政务服务时多倾向于使用第三方平台。

在评价方面，2018 年有 62.19% 的被调查者认为第三方平台搭载的移动政务服务的质量较好；有 80.47% 的被调查者认为第三方平台搭载的政务服务使用起来比较方便；有 79.84% 的被调查者认同第三方平台搭载的政务服务的便利性；有 50.46% 的被调查者对第三方平台的信息安全保障抱有信心；有 67.67% 的被调查者对第三方平台上的政务服务总体感到满意，并且有 79.21% 的被调查者在未来愿意继续使用此类平台上的政务服务（见图 2-15）。

（3）两类平台之间的对比

在获取政务服务的内容方面，公众均倾向于选择第三方平台搭载的政务服务，两种渠道在时政新闻、医疗卫生、旅游、工商服务等方面的差距尤为明显。与此同时，公众对第三方平台上移

公共治理的数字化转型

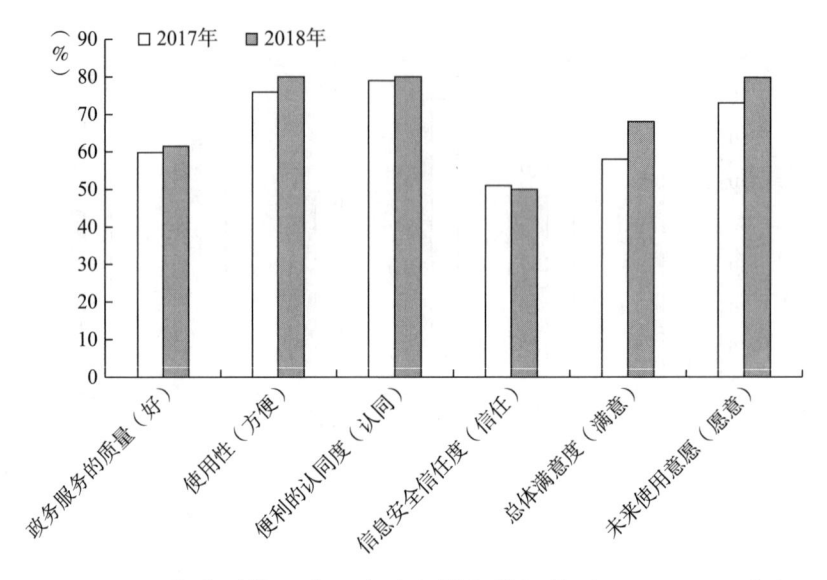

图2-15 公众对第三方平台政务服务的评价（2017~2018年）

动政务服务的使用频次明显高于政务客户端。数据显示，经常使用第三方平台搭载的政务服务的比例为37.9%，明显高于政务客户端的15.46%（见图2-16）。

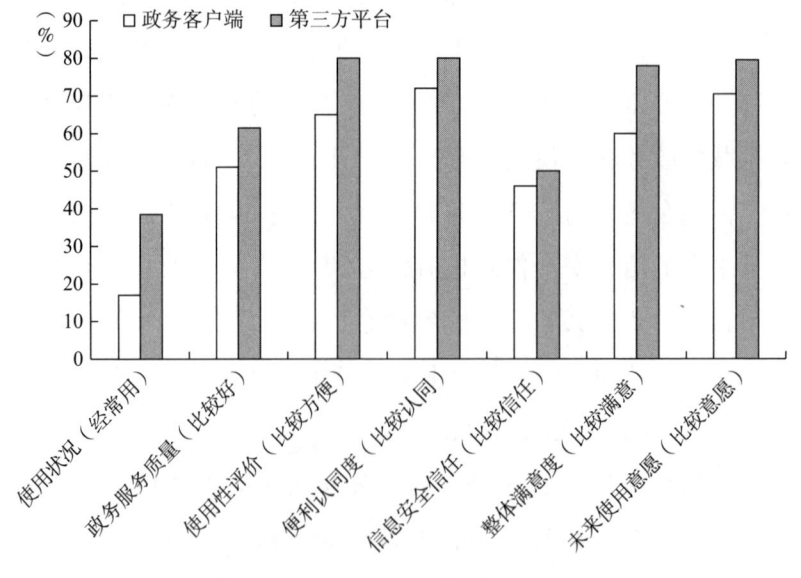

图2-16 两种移动政务服务渠道对比

在评价方面，虽然公众对第三方平台提供的移动政务服务的评价与对政务客户端的评价整体差别不大，但公众对第三方平台的各项具体评价水平普遍要比对政务客户端的高。而且，在公众对其中几个维度的评价上，对第三方平台的评价水平要明显高于政务客户端。例如，有62.19%的被调查者认为第三方平台搭载的移动政务服务质量较好，有高达80.47%的被调查者认为第三方平台搭载的移动政务服务比较方便使用，而对于政务客户端，这两项的比例分别为51.65%和65.09%。

此外，公众对第三方平台提供的移动政务服务的信息安全信任度也要高于政务客户端，有50.46%的被调查者认为第三方平台能够有效保护他们的信息安全，略高于政务客户端的45.77%。同时，被调查者对第三方平台提供的移动政务服务的未来使用意愿（79.21%）也比使用政务客户端的意愿更为强烈（71.15%）。

4. 移动政务服务面临的困境和挑战

（1）理论方面存在困境

移动端和PC端的政务服务没有形成有效协同，带来政务服务的碎片化和割裂性，不利于服务便捷性的提升。这在一定程度上源于移动政务服务相关理论的不完善，缺乏有力的理论支撑。当前对移动政务的讨论不够充分，相关理论不够完善，理论上的不足制约了移动政务服务实践领域的发展，需要进一步深入探究移动政务服务领域的相关理论。

移动政务已经迈入3.0阶段，政务客户端和第三方平台两种形态的渠道并存，不同的渠道各具特点和优势，适合不同的服务场景，需要重新审视不同渠道的特点，进一步提高民众的服务体验和满意度。另外，加强信息化的稳定持续性建设需要理顺服务供给者与使用者之间的关系，充分理解和考虑不同层级、部门的建设需求，实现需求兼顾。

(2) 建设思路不够清晰

目前，地方政府的政务客户端建设仍以政府部门单独分散建设为主，未改变条块分割的现状，功能单一且建设不规范，移动政务供给呈现碎片化。同时，由于政务客户端日常维护和更新不足，对用户长期使用产生了负面影响。基于第三方平台的移动政务服务主要集中于信息查询和在线缴费等"轻服务"，证件办理、互动交流等深度服务供给不足，发挥的作用还比较有限。此外，大平台建设仍有完善空间，全国一体化政务应用不够丰富。一方面，"一站式"并非"终点站"，物理上的端口整合并没有实质性解决碎片化问题，公众体验感不佳；另一方面，跨层级整合面临困境，没有很好地兼顾不同层级部门信息化建设的内在需求，没能形成整合的有效"内生驱动力"。

这在一定程度上与当前地方政府对移动政务的建设思路、定位尚不清晰，缺乏顶层设计和规划有关。移动政务的进一步发展需要厘清建设思路，指导和支撑移动政务的建设和发展。第一，以"链接"的思路摆脱"整合"困境。行政链接是技术链接的基础，首先要打通部门间行政壁垒，进而通过技术的标准化、规范化来链接当前多元化的移动政务服务渠道和平台。第二，从"一站式"走向"网络化"，不能仅仅停留在服务接入、入口的"一站式"整合，更要关注服务"过程"体验的规范化，进一步提升移动政务的发展质量。

(3) 政府的数字治理能力有待进一步提升

地方政府对移动互联网及相关技术的认识和应用能力需要提升。移动互联网及相关技术的快速发展促使各级政府部门通过政务服务客户端或第三方平台来提供在线政务服务。然而，实践层面存在的问题反映出地方政府对移动互联网及相关技术的认识和应用能力仍旧不足。需要进一步借助移动互联网技术简化政府内部的工作流程，推进行政审批改革，加快政府职能转变，建设服务型政府。

与此同时，地方政府需要提升对大数据及人工智能等技术的理解和使用能力。移动互联网产生的海量数据所蕴含的巨大价值还有待挖掘。对政府而言，这些数据有助于推动政务服务的精细化、决策和监管的精准化，从而进一步改进政府内部的运作方式。但目前来看，有些政府部门对数据价值、大数据及人工智能理解和应用能力有限，政务数据开放水平不高、跨部门数据共享不畅，部门间"数据孤岛"现象依旧严重，因而制约了数据价值的发挥以及政府治理的转型。

（4）合作机制需进一步完善

与传统电子政务不同，基于移动互联网的移动政务服务更强调"以用户需求为中心"。这就需要政府部门重构服务流程，提升部门之间的信息数据共享以及协同能力，从而提升服务效率并改善服务体验。近几年，随着支付宝、微信等产品逐步形成完整的"生态"，体现出较强的平台优势。同时，强大的技术能力使得这些平台具有强大的交互能力以及安全性，为政务服务提供了良好的环境和技术支撑。此外，这些平台涵盖国内多个城市，为城市之间的政务信息共享及合作提供了标准和高效的平台。政府部门需要与这些互联网企业或第三方平台进行合作，从而充分利用这些平台的优势来提升服务的便捷性及改善使用体验。

5. 总结与展望

（1）我国移动政务服务正在实现"弯道超车"，成为全球移动政务服务发展的引领者

过去十年间，我国移动互联网快速发展，相关技术得到创新和突破，商业领域的技术应用积累了丰富的经验并培养了广泛的

用户，这为我国移动政务服务的快速发展奠定了良好的基础、提供了良好的环境。同时，技术向移动政务领域的推广和应用使得政务服务便捷化、精确化和安全性大大提升，从而提高了用户体验感和满意度。政府数字治理能力的提升和国家层面的政策引导，成为我国地方政府移动政务服务发展的重要推动力。政企合作是我国移动政务服务发展探索中的重要特色，促使移动互联网、大数据、人工智能等新技术与政务服务深度融合，实现了移动政务服务的跨越式发展。与PC端的传统互联网时代不同，在移动互联网阶段，我国的移动政务服务建设实现了"弯道超车"，在理念、实践、模式等多个方面成为引领者，为全球的移动政务服务发展提供了新的思路和可借鉴案例。

（2）移动互联网对政务服务的"重构"作用将进一步凸显，助力服务型政府建设

移动互联网的发展，重构了政府的服务流程和政府部门间的协作方式，有助于打造服务型、整体性政府。在完善服务流程方面，移动互联网技术优化了信息采集及认证方式、简化了政务服务信息获取及证件办理的程序、提升了交易和缴费的便捷程度。与此同时，移动互联网技术优化了部门间数据共享的方式，促进了政府部门间的协作。随着移动互联网技术的进一步发展，其与政府部门的结合也将更加紧密。新技术和政府之间将实现深入融合，在政府管理、服务、监管等多个方面发挥重要的作用，体现在对服务、审批流程的再造和对部门协同治理的优化等多个方面。这将推动政府部门的创新和改革，提升服务型政府的建设水平。

（3）移动政务所"汇聚"的数据将推动智慧政务和智慧城市建设

迈入大数据时代后，数据的分析和应用将助推政府的服务、

管理及决策模式由"经验驱动"转型为"数据驱动"。移动政务的发展，除了成为政务服务和政民互动的重要平台之外，也将进一步"汇聚"富有价值的数据，支撑政府更好地识别公共需求及问题，实现治理的精准化，推动国家治理体系和治理能力的现代化建设。与此同时，人工智能技术的嵌入提升了服务的智能化水平，"刷脸"等"黑科技"的应用在提升移动政务安全性的同时也优化了服务获取的体验，提升了智慧政务的整体水平。政府、市场和社会之间的互动是城市发展的推动力。移动互联网的发展推动不同主体之间的"高效连接"，大数据和人工智能技术的应用将进一步推动不同主体的服务和决策迈向精准化，从而提高城市在经济、科技、教育、医疗、交通等多个领域的效率和"智慧"性，推动智慧城市的建设和发展。

（4）小程序的广泛应用使得移动政务服务发展进入整体协同时代

政务客户端建设逐步规范化和标准化，"第三方平台+政务服务"将走向智慧化和智能化。在过去几年的探索当中，政务客户端的建设积累了丰富经验，但也反映出多种问题，例如碎片化严重，"重建设、轻运营"，缺乏官方标识，服务不够规范，等等。同时，不同类别政务客户端的建设在过去几年间逐步分化，服务质量差、公众使用频次低的政务客户端持续性发展动力不足。因此，政务客户端将逐步调整，提升其建设的规范化和标准化水平，提高服务质量和效率。"第三方平台+政务服务"在过去几年间体现出了自身特点和优势。在支付宝、微信等完整的服务生态及较强的连接性支持下，服务内容更加完善，服务便捷性有了很大提升。随着人工智能技术的嵌入，这些服务将逐步走向智慧化和智能化。移动政务小程序具有"用完即走"的特点，其广泛运用实现了政务服务的"整体性供给",依托"技术兼容"实现"需求兼顾",不仅提升了服务效率和服务体验感,也使得精准治理、科学决策得以实现,建设服务型政府和整体协同的政府。

(5)"一站式"移动政务服务广泛建成,未来将走向"网络化"并使"链接"服务规范化

目前,"一站式"服务已成为承接服务型政府建设的服务供给主导模式。近年来,随着"互联网+政务服务"的兴起,"一站式"政务服务的建设得以迅速发展。"最多跑一次""不见面审批""一网通办""只进一扇门"等改革促使各部门碎片式的政务服务转变为"一站式"的政务服务。得益于移动互联网技术的发展和第三方平台的支撑,我国"一站式"移动政务服务发展迅速。虽然当前在技术支撑、数据共享、部门协同、服务流程等多个方面还存在困难,但近两年已有了较为明显的创新和突破。正如整合后的政务服务大厅、12345政府服务热线、政府网站等一样,移动政务只有迈向"一站式"移动政务服务,才能真正有效发挥作用并体现其价值。未来"一站式"将进一步走向"网络化"。"一站式"将兼顾公众对政务服务的需求及不同层级部门的信息化建设需求两个维度,依托第三方平台的技术创新和应用,推动移动政务领域的数字化转型探索,通过技术兼容"链接"多元化的服务渠道,进而提高移动政务服务过程的规范化程度和提升公众服务体验。

三 便民服务"总客服"

——政务热线的转型与探索

(一)研究背景

1. 政务热线的发展历程:从1.0阶段到4.0阶段

经过约四十年的发展,政务热线在不断探索的过程中从1.0

阶段逐步迈向了 4.0 阶段，实现了规范化、标准化，并开始向数字化和智能化转型（见图 2-17）。

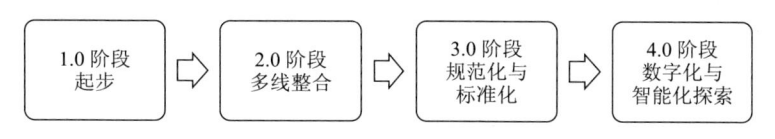

1.0 阶段　　　2.0 阶段　　　3.0 阶段　　　4.0 阶段
起步　　　⇒　多线整合　⇒　规范化与　⇒　数字化与
　　　　　　　　　　　　　　标准化　　　　智能化探索

图 2-17　政务热线的发展历程

1.0 阶段：起步。1983 年，沈阳市设立市长热线，成为我国政务热线约 40 年发展历程的起点。在发展初期，以部门为主的政务热线逐步兴起，但政务热线规模较小、功能单一，主要用于受理群众投诉举报，事项受理范围较为局限。地方主导、功能单一、资源分割是中国政务热线设立初期的主要特点。

2.0 阶段：多线整合。1999 年杭州市设立 12345 政府服务热线。同年，国家信息产业部在《关于启用全国统一的政府热线电话号码"12345"的通知》中确定将 12345 作为各地方政府"政府服务热线"的统称。热线整合后，实现政务热线受理规范化、办理流程化和服务高效化成为各地政府着手探索的新方向，政务热线逐步实现了标识、网络、人员、设备、机构、场所等要素的规范统一。

3.0 阶段：规范化与标准化。热线整合后，政府开始探索政务热线受理规范化、办理流程化和服务高效化。国家标准委于 2016 年和 2017 年分别发布了《政府热线服务评价》和《政府热线服务规范》，为各地热线标准化建设提供了科学指导。

4.0 阶段：数字化与智能化探索。近年来，大数据和人工智能技术的兴起，为政务热线向数字化和智能化转型提供了新机遇。各地热线开始强化技术支撑，探索从传统的履行接听、录入、转派和督办等职能的"呼叫中心"转变为强调数据采集、管理、分析和应用的数据中心。同时，各地热线开始探索将智能化技术嵌入政务热线的服务与运营中,打造具有地方特色的智能化建设方案。在此阶段,热线服务渠道得到了拓展,公众除了传统的电话渠道,还能够通过微信、网页、APP 等新的互联网渠道获取政务服务。

2. 政务热线的角色定位:政务服务"总客服"

(1) 便捷高效的服务平台

政务热线直接面向企业和群众,是反映问题和建议、推动解决政务服务问题的重要民生/企业诉求快速响应渠道。与其他服务渠道相比,政务热线的重要价值和优势在于其具有求助便捷性、沟通充分性和受众普惠性。在规范化和标准化建设的基础上,政务热线能够借助大数据、人工智能等新技术进行系统优化、资源整合和流程再造,快速汇集民生诉求。

政务热线拥有其他相关政府部门的政策条款和规范性解读等信息,通过信息的及时更新,能够为公众提供一般性咨询以及政策解读的服务,是公众/企业获取咨询信息与政策解读窗口。通过一个号码提供服务,政务热线能够避免多头管理和信息失真,可落实办理单位责任,提升群众服务体验。

近年来,国家加快转变政府职能,深化"放管服"改革,持续优化营商环境。政务热线作为企业服务体系中的"总客服"以及政企之间的"桥梁",具有重要的经济与市场价值,是优化营商环境的企业服务平台。

在"互联网 + 政务"时代,政务热线能够向公众提供便捷高效的数字化和智能化服务,帮助应对服务需求增长与资源有限之间的张力问题,提高政府部门的问题解决能力,改善公众的服务体验。与传统网络问政相比,政务热线具有更强的回应性,拓展了公众表达的范围和政府回应的深度(赵金旭、王宁、孟天广，2021）。同时，数字化和智能化技术丰富了政务热线的受理方式，能够满足企业和群众个性化、多样化的需求。

（2）协同治理的重要枢纽

党中央、国务院高度重视加快服务型政府建设。政务热线直接面向企业和群众，能够提供便捷的咨询和投诉服务，是政务服务问题解决的重要渠道和政务服务体系的重要节点。

协同治理是打造整体性政府的关键，协同治理能力的提升也是治理能力现代化建设的重要内容。协同治理需要政府部门在制度、管理、技术、信息、数据等方面实现有效协作，提高治理的精准性与有效性。政务热线作为"窗口性"部门，是公众诉求的"入口"和政府服务的"出口"，直接面向企业与群众，连接公众与各层级和各业务部门，是政务服务体系的重要节点与效能提升的中心。作为协同调度中心，政务热线具有明显优势，有助于政务服务问题的及时反映与解决。

提升政府行政效能，是建设服务型政府的必然要求。提升数字政府效能是推动政府治理流程再造和模式优化的重要方面。依托数据驱动的智慧治理模式，政务热线可以对服务的全流程实现有效监督，并获得公众诉求信息和各部门服务的直接反馈，从而可为行政效能监督提供依据。同时，政务热线为政府效能提升提供支撑：一方面，政务热线的智慧治理模式有助于统筹各部门的信息，打破部门壁垒，提升行政效率；另一方面，政务热线挖掘政务服务痛点，为政府部门和承办单位提供精准化的政务服务改进意见和建议，支持各部门优化服务设计，有效改善政府管理与决策，推动实现绩效管理优化、管理决策精准化、治理现代化。

公众参与和共治是推动国家治理体系和治理能力现代化的有效路径，有助于提高政务服务水平，建设人民满意的服务型政府，不断增强人民群众的获得感、幸福感、安全感。作为政民互动的重要枢纽，依托数据优势和自身求助便捷性、沟通充分性与受众普惠性等特点，政务热线进一步畅通了政府与企业和群众的互动渠道，通过获得公众对各政府部门和承办单位服务的直接反馈，实现了对服务全流程的有效监督，是提高公众参与和多元主体协同的重要渠道。

（3）智慧治理的有力支撑

作为政府连接人民群众、倾听民众声音、回应民生诉求的便捷渠道，政务热线直接面向企业和群众，因其政民互动的便捷性、诉求响应的及时性和问题解决的有效性，越来越受到民众的欢迎（孟天广、黄种滨、张小劲，2021）。其所采集的数据中蕴藏着真实性强、可靠性强、覆盖面广、时效性强的社情民意信息。政务热线坚持便民高效和专业支撑相结合，利用相关数据，识别公众需求，从个体到群体、从区域到整体，绘制相对应的需求及问题"画像"，发展成为政府感知公众需求和城市运行的"传感器"，帮助政府更精准地了解社会治理和政务需求的痛点，推进治理精细化、精准化。

数据驱动的智慧治理是集数据采集、存储、管理、分析、应用等于一体的整体性系统建设。与其他政府部门相比，政务热线拥有准确、实时、全面的公众需求和诉求数据，为深入开展热线信息共享和大数据分析提供了海量基础数据支撑。

与传统的治理模式相比，智慧治理强调政府决策从"经验驱动"转型为"数据驱动"。政务热线把大数据、人工智能等现代科技与社会治理深度融合，汇集了城市运行和社会治理的第一手数据，从诉求者类型的画像描述、诉求内容本身的"哨型"分类以及存在问题根源的深入分析三方面，对原始数据的价值、关联性和反映的问题进行有效挖掘与深度揭示，加深了政府部门对于人民诉求规律的认识与理解，起到了决策辅助的作用（孟天广、黄种滨、张小劲，2021）政务热线能够为及时发现社会问题、分析原因及形成机制、寻求解决方案、进行突发事件预警等提供重要的参考依据，在城市发展规划、突发事件预警、应急管理辅助、社会治理创新与决策辅助等方面发挥着基础性的作用。

3. 政务热线转型发展面临的机遇

（1）政务服务创新战略部署取得了新进展

2020年9月，国务院发布了《国务院办公厅关于加快推进政务服务"跨省通办"的指导意见》发布，提出要依托全国一体化政务服务平台和各级政务服务机构，打通业务链条与数据共享堵点，推动更多服务事项"跨省通办"。这一全国一体化政务服务体系建设的突破性进展预示着政务服务体系互联互通的发展趋势，对政务热线的服务协同与数据共享能力提出了更高要求。2021年1月，首部政务热线发展专项指导意见《国务院办公厅关于进一步优化地方政务服务便民热线的指导意见》发布（见图2-18）该意见的出台体现了国家对政务热线在政务服务体系建设中的地位与角色的重视，其具体内容也为政务热线的数字化转型和升级提供了明确的政策指引，对于政务热线完善管理机制、提升服务水平、促进政民互动、增强人民群众获得感与幸福感具有重要意义。

（2）治理体系与治理能力现代化建设的新要求

对于政府而言，国家治理体系和治理能力现代化意味着需要促进政府服务能力、决策能力、执行能力、监管能力的与时俱进，这要求政府部门充分运用新兴技术提升政府效能和治理能力。2021年7月发布的《中共中央 国务院关于加强基层治理体系和治理能力现代化建设的意见》提出，要加强基层智慧治理能

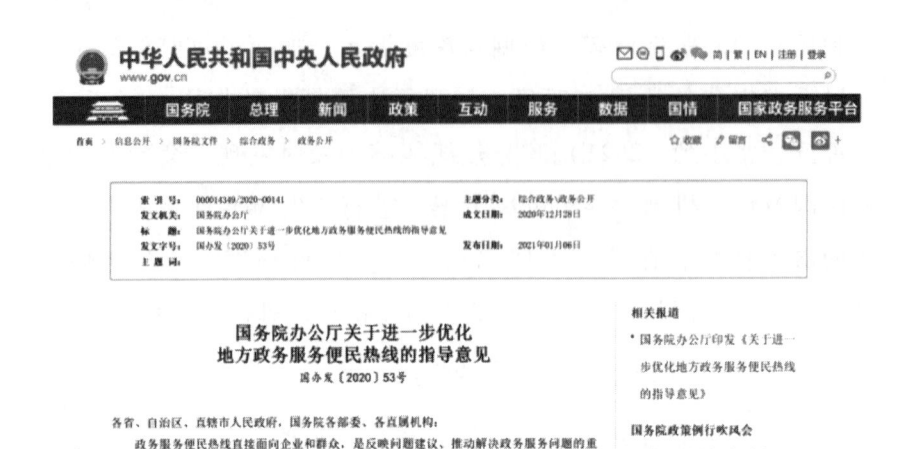

图 2-18 《国务院办公厅关于进一步优化地方政务服务便民热线的指导意见》内容一览

力建设,做好规划建设,整合数据资源,拓展应用场景。在基层智慧治理能力建设中,政务热线是使用成本与使用门槛最低的政务服务渠道,能够以最快速度收集民情、回应民意,对于增强政策宣传、民情沟通、便民服务效能具有重要意义。

(3) 数字政府建设带来了新需求

近年来,数字政府建设逐步成为政务热线数字化、智能化转型和实现数据治理的动力来源。作为政务服务体系的重要节点,政务热线所汇聚的海量数据一方面能够推动政府部门数字化转型,建立更适应数字时代治理模式的组织架构,另一方面能够为数据挖掘与应用提供资源支持,为政府部门实现科学决策和精准治理提供数据参考。因此,中央和地方政府全面推进数字政府建设将对政务热线效能提升提出更高要求,促使政务热线利用数字技术提高组织运行效率、提升服务质量与体验、赋能政府管理与决策。

(4) 技术创新和发展提供了新工具

近年来,随着大数据技术应用效果的广泛传播,各地政府部门逐步培养起数据治理理念，并借助大数据技术建立起一体化政务服务平台，为打破数据孤岛、实现一网通办、推进协同治理提供了新动能。与此同时，基于人工智能技术的智能语音、图像识别等功能也逐步被应用于政务服务、城市治理等多元化场景中，有效支撑起政府管理的加强与政务服务效能的提升，对于实现智慧治理意义重大。

4. 政务热线的服务取向转型面临挑战

（1）快速增长的服务需求挑战着政务热线的运营和服务能力

随着政府服务热线的发展，热线越来越需要达到"接得更快、分得更准、办得更实"的标准。近年来，政务热线的便捷性及有效性得到了社会的广泛认可，这进一步激发了公众通过政务热线获取服务的积极性。如今，各地政务热线的服务需求保持着快速增长的态势，这给政务热线的运营和服务带来了巨大的外部压力。而目前政务热线服务能力和效率有待提升，承载的服务量远远没有达到峰值，服务效率亟待提升。此外，政务热线还存在市民满意度不高的问题，这也对政务热线的运营和服务能力提出了更高要求。

（2）低效的管理机制难以为政务热线的服务提供有效支撑

政务热线低效的管理机制影响着热线服务效率和质量的提升，制约着政务热线的转型发展。一方面，近年来公众对政务热线服务效率和质量的要求迅速增加，但是政务热线机构负担重、组织运行效率低下、内部管理精细化不足、话务服务效率不高、督办问责机制不够完善等问题仍然存在，这种有待提升的内部管理和运营服务水平难以满足公众需求。另一方面，作为连接公众与政府的枢纽，政务热线需要和不同层级的部门协同处理公众的问题，但是当前政务热线与其他部门的协同机制不够完善，协作能力不足，协同性知识库建设机制不完善，热线受理与后台办理的衔接性有待提高,这也导致了工单流转和处理效率不高。部门间的职责分配和工作协调问题影响着跨部门、跨地区问题的解决,难以为政务热线的服务效率和质量提升提供有效支撑。

(3) 数据治理能力不足阻碍着良好社会治理格局的构建

政务热线有待提升的数据治理能力制约着数据价值的发挥,不利于构建良好的社会治理格局。政务热线在日常运营过程中所积累的数据具有很强的真实性、即时性和代表性,但是这些高质量数据未能得到充分的利用。首先,政务热线的数据收集、管理和应用能力有限,未能充分挖掘数据价值、发现热线运营和服务过程中存在的问题,因而缺乏足够的能力来推动资源的更合理配置和服务事项、服务流程的优化创新。其次,政务热线与其他部门间的数据共享和业务合作水平不足,阻碍着数据的流通与分析应用,无法为其他部门进行科学决策和精准治理提供有效帮助。最后,政务热线数据的开放程度不足、隐私保护能力有限,这不利于政府最大限度地借助社会力量挖掘数据价值,推动多元主体协同共治格局的形成,同时,还可能会在数据开放过程中面临着隐私泄露等问题,从而损害公众的个人权益。

(4) 新方向、新动向把握能力弱制约着政务热线服务的拓展

随着《优化营商环境条例》的施行,发挥政务热线服务企业的作用成为热线服务的重要新动向。《优化营商环境条例》对推进全国一体化服务平台建设、精简行政许可、优化审批服务、建立政企沟通机制等方面进行了规定。然而,目前政务热线在助力营商环境优化方面缺少清晰思路,服务企业能力薄弱。由于涉企政策涵盖面广、涉及部门多,政策专业性强、门槛高,且具有属地性强、调整变化快、利害攸关等特点,政务热线在服务于优化营商环境方面受到较大挑战。政务热线需要承担起企业与政府之间的桥梁

功能，但是在涉企服务座席的规划和调整、商事登记转向、知识库的建立和完善、热线部门与涉企部门的协作联动、在数据层面绘制企业"画像"等方面，政务热线部门尚面临较大挑战。

（二）研究问题

在大数据和人工智能时代，更好地发挥政务热线实际价值和服务效能，需要政务热线部门立足于自身定位和功能特点，把握人工智能和大数据等新技术带来的机遇，进一步深化改革，提高数据治理水平，推动数据价值的充分挖掘，从而促进运营管理和服务效率的提升。基于此，本研究提出"大数据和人工智能时代政务热线的现状如何，又当如何转型发展"这一核心问题。围绕该问题，本研究关注以下具体的问题。（1）我国各城市政务热线的发展基础如何？（2）各城市话务服务现状如何？（3）各城市政务热线在数据治理方面进行了哪些探索，成效如何？（4）各城市政务热线在智能运营方面取得了哪些进展，又存在哪些问题？

（三）研究方法

1. 分析框架

基于政务热线的发展定位和基本原则，借鉴国内外政务热线评估的相关理论和实践经验，并结合我国政务热线的政策研究和发展现状，本研究构建了政务热线的评估指标框架，包括6个一级指标和32个二级指标（见表2-4）。

表2-4 政务热线评估指标框架

一级指标	二级指标
顶层设计	战略定位

续表

一级指标	二级指标
顶层设计	政策规划
	实施方案
	上层支持
	统筹指导
资源投入	资金支持
	人员保障
	基础设施
管理机制	组织架构
	管理制度
	领导支持
	激励监督
	合作协同
	组织文化
话务服务	话务接听
	工单转派
	督办考核
	事项办结
	知识库建设
	热线整合
	渠道建设
	服务拓展
数据治理	数据标准
	基础建设
	数据管理
	数据共享
	数据安全
	数据文化

续表

一级指标	二级指标
智能运营	支撑体系
	应用场景
	应用效果
	发展特色

2. 数据采集与分析

本研究在文献梳理和实地调研的基础上，结合政务热线评估框架进行问卷设计（涉及6个一级指标、32个二级指标、91个三级指标，共246个问题），以全面了解政务热线的顶层设计、资源投入、管理机制、话务服务、数据治理和智能运营层面的情况。本次问卷调查共采集了103个在地域分布以及在城市类型上具有一定的代表性的样本城市（覆盖华北、东北、华东、华中、华南、西南、西北等不同区域，包括多个副省级城市和地级市）的相关数据，并运用数理统计和对比分析方法进行了分析。

（四）研究发现与讨论

1. 研究发现

（1）顶层设计

要从整体和全局的视角出发，对政务热线的顶层设计的建设与发展进行统筹规划。完善的顶层设计是政务热线发展的基础，起到至关重要的指导性作用。在本研究中，政务热线的顶层设计主要包括战略定位、政策规划和实施方案等方面。调查结果显示，93.1%的城市政务热线部门有着明确的定位与目标，76.5%的城市出台或制定了相关政策规划用以指导当地政务热线的发展,94.1%的城市已经出台了针对政务热线部门的具体实施方案和科学的管理办法。

(2) 话务服务

这一部分主要关注话务服务水平和工单处理情况,关注服务流程、服务效率、热线标准化和便利性等。2021年,被调查城市的政务热线的平均话务服务量约为94.7万件,不同城市之间的差距明显。具体而言,话务服务量在10万件以下的城市占16%,10万~40万件的占42%,40万~70万件的占9%,70万~100万件的占11%,100万件及以上的占23%(见图2-19)。其中,广州市的话务服务量最高,2021年全年话务服务量达到2000万件。分析表明,城市政务热线的发展水平与话务量联系密切。

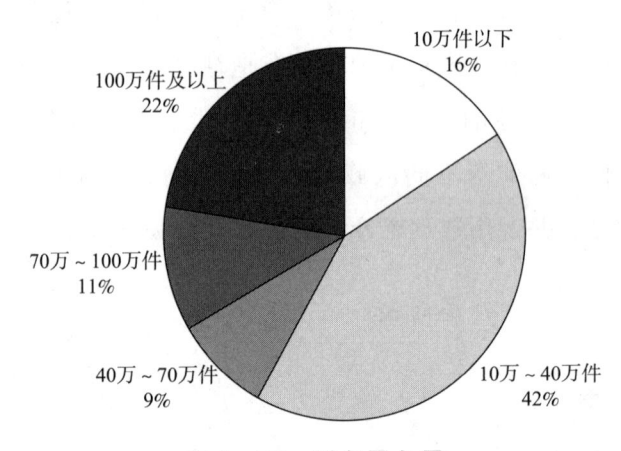

图 2-19 话务服务量

近几年来,建成多元化的沟通渠道是各地政务热线部门努力的方向之一。除了传统的电话渠道,政务热线还可以通过微信、网站和APP端、PC端及移动端的沟通渠道为公众提供服务,从而满足不同人群的需求,以更方便地快速反馈公众需求。虽然电话渠道仍然占主要地位,但微信、网站和APP的话务服务量和占比不可忽视(见图2-20)。其中,微信的占比从2019年的2%上升至2020年的12%,2021年微信占比略有下降,为9%。可以预见,随着政务热线部门在微信、网站和APP这类新的沟通渠道上的建设,这类渠道对电话渠道的业务分流作用会逐渐明显,从而一定程度上缓解话务运营的压力。

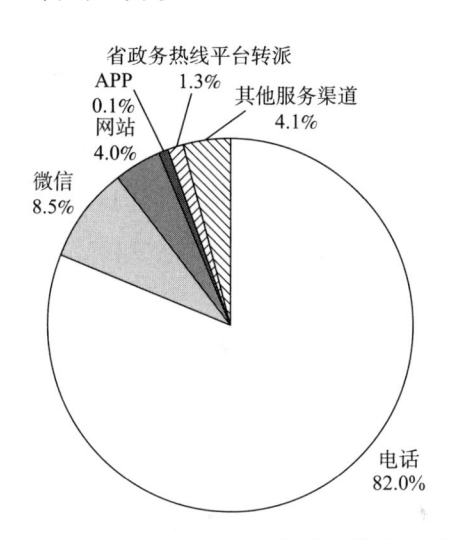

图 2-20 2021年不同渠道话务服务量占比

此外,82%的城市政务热线部门具有知识库建设管理办法,知识库由政务热线来维护的比例为12%,由承办部门来维护的比例为10%,由政务热线和承办单位共同维护和由其他部门维护的比例为78%。各地方政府对知识库建设的管理日益精细化。在参与调查的政务热线中,43%的政务热线知识库有智能推荐功能。这一功能有助于提高知识点检索效率,应当得到更为广泛的运用。

实现渠道多元化是近几年政务热线的重要努力方向之一。在这一过程中,只有渠道间有统一的管理规范和标准,才能实现服务融合和数据共享,才能实现渠道多元化。根据调查结果,91.21%的受调查城市拥有渠道间的统一管理规范和标准,90.11%的城市可以实现服务融合与数据共享。这表明，在统一管理和规范各个渠道的同时，政务热线部门还应当加快服务融合和数据共享的步伐。

（3）数据治理

热线诉求数据数量大、真实性强、时效性强、价值高，是城市治理的有力支撑。良好的数据治理是政务热线数据价值得以实现的重要保障。作为一项系统性工程，数据治理主要由数据标准、数据管理、数据共享及数据安全等方面组成。对数据进行科学的管理必须有统一规范的数据标准。调查结果显示，有92.6%的政务热线部门制定了数据采集的规范和标准，相较2020年有了约10个百分点的增长。

科学的数据管理是保障数据质量和实现数据价值的基础。调查结果显示，热线部门对数据实现了百分之百地科学存储。其中，使用公有云进行存储的比例为37.4%，使用私有云的比例为18.3%，使用混合云的比例为7.8%，自建机房的为28.7%，还有7.8%的热线部门采取了政务云等其他存储方式（见图2-21）。

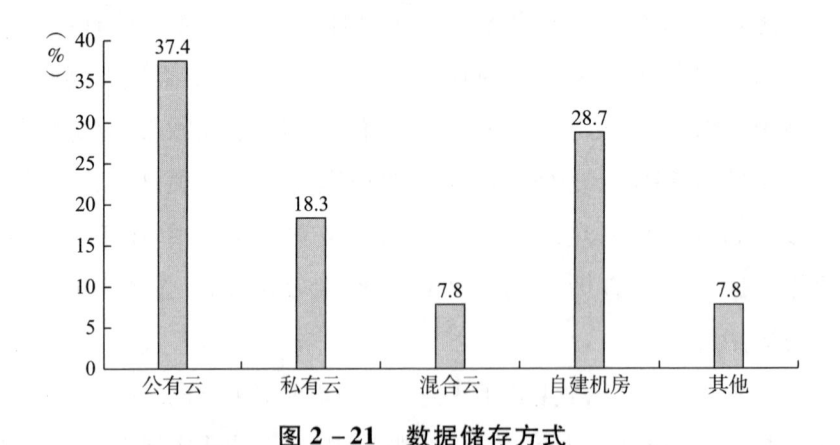

图2-21 数据储存方式

数据共享与数据开放是释放和利用热线数据价值的重要渠道。调查结果显示，有80.4%的政务热线与省级部门共享数据，这些数据主要来自公安、交通运输、城市管理、行政执法、教育等部门。其他部门共享给政务热线的数据在加强政务热线的管理、服务和决策方面也发挥着重要的价值。与此同时，有90.4%的热线部门将数据共享给其他政府部门，主要包括环保、城管、公安、市政市场监督等部门。政务热线共享的数据在一定程度上协助了这些部门的管理、服务及决策。数据的共享离不开相关管理制度与规范的引导。在管理规范与机制设置方面，仅有24.5%的政务热线部门已经制定了数据共享的管理规范和管理机制。在数据开放方面，目前只有5.3%的政务热线部门通过政务APP、政务服务网站和微信公众号等渠道将数据向社会进行完全开放，75.5%的热线部门向社会部分开放，还有19.2%的热线部门不向社会开放数据。

如何对政务热线所积累的海量数据进行有效挖掘和分析以提升政府服务、决策和治理能力，是政务热线部门关注的重要问题。研究发现，热线分析报告是一个重要的数据应用方式。政务热线部门对数据进行分析，以日报、周报、月报、季报和专报的形式呈现数据分析结果以供相关部门用于其决策和管理。根据调查结果，2021年，政务热线平均完成2份年报、3份季报、11份月报、36份周报、183份日报、27份专报（见图2-22）。在数据分析维度方面，从初步的统计分析和描述、数据可视化到进一步的关联分析和预测，越来越多的城市政务热线部门开展了多维度的数据分析。研究显示，在实施数据分析的城市政务热线部门中，有84.0%的政务热线部门开展了统计分析和描述，72.3%的政务热线部门实施了数据可视化的分析方式，54.3%的政务热线部门采用了大数据分析或预测模型，37.2%的政务热线部门采用了关联分析，29.8%的政务热线部门使用了自动化、智能化数据治理平台（见图2-23）。

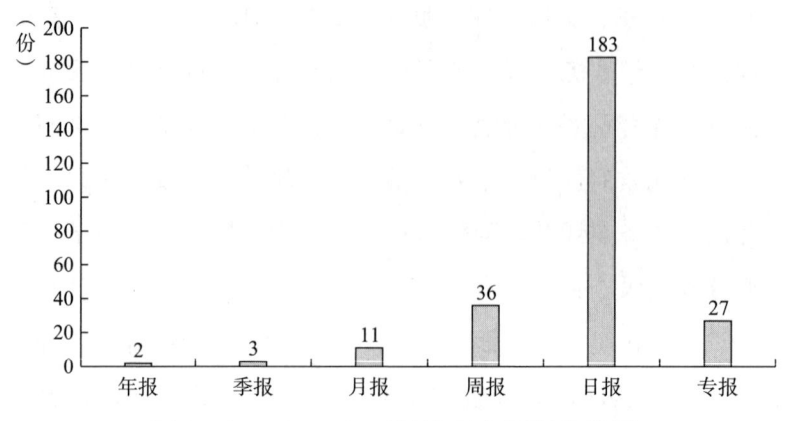

图 2-22　2021年不同类型分析报告数量

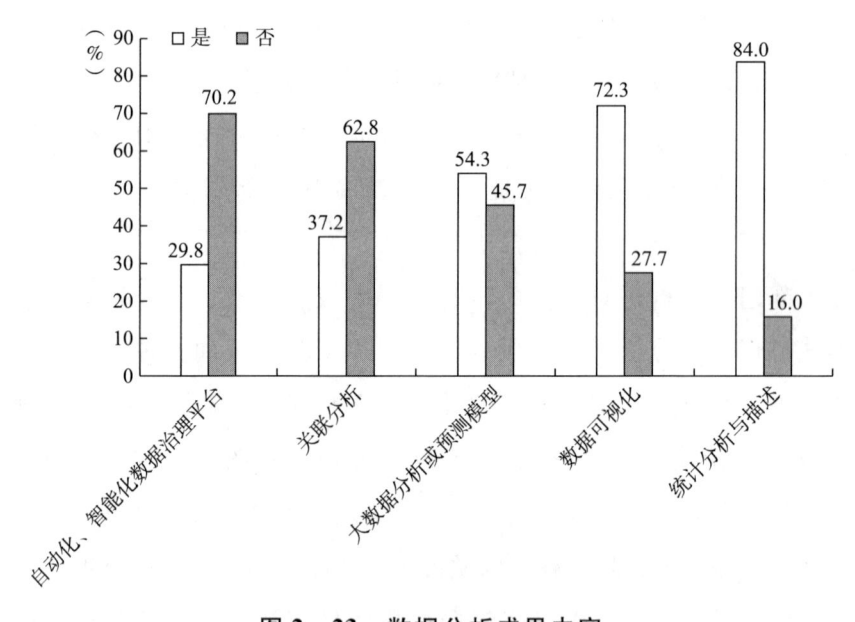

图 2-23　数据分析成果内容

数据安全是数据治理的重要组成部分，包括数据风险防范与公众隐私保护。在参与调查的政务热线部门中，有87.2%的政务热线部门有相关的机制来进行风险防范和数据安全保护。此外，回答该问题的全部政务热线部门均表示其有相关机制来保护用户隐私。

(4) 智能运营

政务热线的智能运营包括支撑体系、应用场景、应用效果与发展特色，是缓解话务量快速增长所带来的压力、推动政府部门数据治理能力提升的重要依托，也是政务热线发展的必然选择。政务热线的支撑体系包括技术基础、相关资金支持以及人员支持。调查结果显示，约44%的政务热线部门都已经将智能化工具嵌入政务热线的工作中，约62%的政务热线部门专门针对政务热线智能化建设做了专项资金投入，约59%的政务热线部门组建了智能化建设的专属团队。

智能化工具可以运用于多个场景，这些场景可以归纳为业务运行、服务交互与组织管理三部分。调查结果显示，在智能化技术应用的业务运行场景上，68%的政务热线应用于智能派单，76%的政务热线应用于智能知识库，56%的政务热线应用于智能回访，59%和39%的政务热线分别应用于语音识别与文本识别，71%的政务热线应用于数据智能分析（见图2-24）。在智能化技术应用的服务交互场景上，51%的政务热线应用于智能文本客服，54%的政务热线应用于智能语音客服，59%的政务热线应用于自助

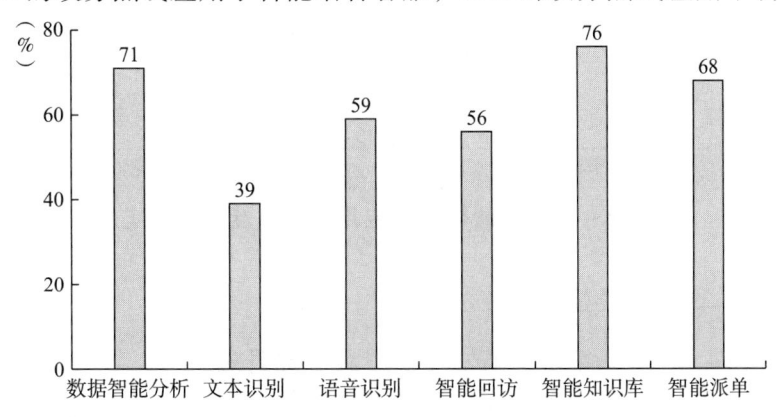

图2-24 智能化技术应用场景（业务运行）

查询（见图2-25）。在智能化技术应用的组织管理场景上，63%的政务热线应用于智能预警，61%的政务热线应用于智能质检，34%的政务热线应用于智能培训，69%的政务热线应用于智能座席管理（见图2-26）。

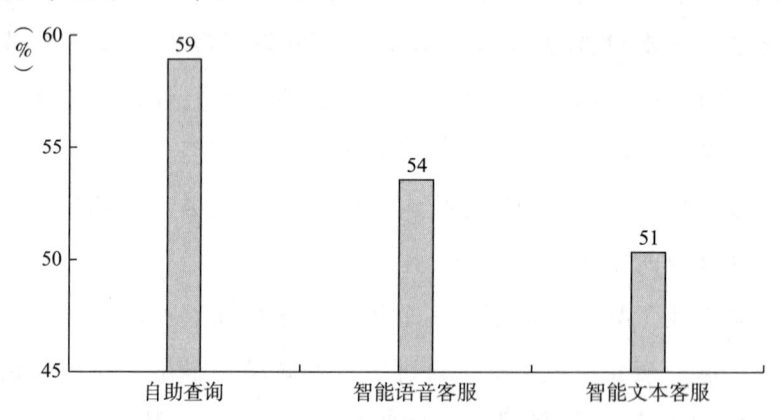

图2-25 智能化技术应用场景（服务交互）

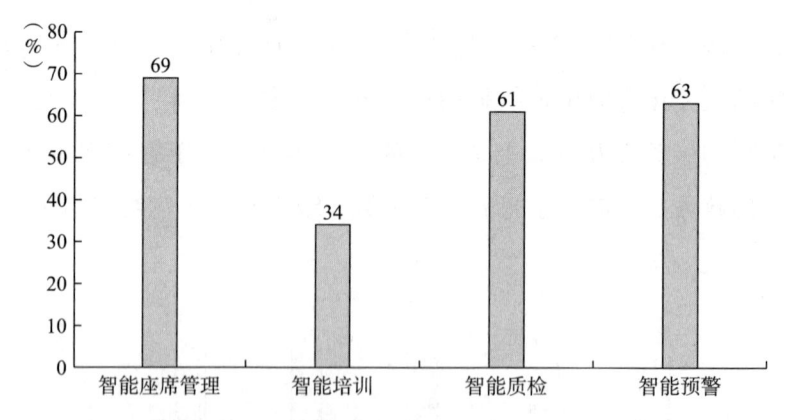

图2-26 智能化技术应用场景（组织管理）

2. 政务热线建设存在的问题

（1）话务服务和工单处理效率有待提升

话务服务渠道拓展不足，效率有待提升。当前，话务服务多依赖传统的电话渠道，没有充分利用微信、网站和APP等新的数字渠道进行有效分流,难以减轻政务热线日益增大的服务压力。平均接通率依旧不高,接通时长离规定的标准尚有距离,平均通话时间偏长,这反映出当前政务热线的总体话务服务效率较低。在话量快速增长的背景下,低下的话务服务效率会在很大程度上限制政务热线发挥应有的价值,影响公众对政务热线的满意度和认可度。

工单处理效率有待提高,归口分类不够科学,督办机制仍需完善。根据调查结果,从工单转派的效率来看,平均退单率较高,对退单的重新指派时间偏长,工单处理效率需要提升。

知识库管理维护和技术应用不够,没有形成有力支撑。许多政务热线部门对于知识库缺乏明确的管理办法,知识库的维护效率低,更新不足,影响了话务服务和工单处理水平。知识库管理中技术应用不足,知识库使用效率不高,查询难,难以支撑话务服务数量的增加和工单处理效率的提升。

(2) 政务热线数据治理水平仍有待提高

数据管理存在不足之处。在数据存储方面,安全便利的数据存储是政务热线数据管理体系运作的基础。总体来看,热线部门通过公有云、私有云、混合云和自建机房等不同方式对数据进行存储,其数据存储的安全性能够得到一定的保障,然而数据调取和使用的便利性仍有待进一步提高。同时,政务热线部门在数据管理方面的整体表现不佳,尤其是元数据管理水平仍有较大的提升空间,政务热线部门需要进一步提升数据科学管理的能力。

数据共享与开放水平不高。问卷调查数据显示,缺乏统一的数据标准、系统兼容性不高、数据共享渠道不便捷、共享规范和机制的缺失等问题仍制约着数据共享水平的提升。此外,在数据开放方面,目前仍有19.2%的政务热线部门数据尚未向社会进行开放，总体来看数据开放程度仍有待提升。

数据实际应用成效不够理想。就问卷调查结果来看，数字化建设水平依旧不高，网络渠道建设和应用、数据治理能力不足，数据分析多为初步的数据统计与可视化，海量数据的价值没有被很好地利用，缺乏对政府管理和决策行政的有力支撑。另外，政务热线的数据分析实际应用成效仍然不尽如人意。目前，政务热线大数据的分析还停留在将大数据"小数据化"层面，即仅将高价值的大数据压缩为结构化的小数据，进行简单的描述性统计分析等，而缺乏应用更为智能化的大数据算法分析手段，在加强政务热线内部管理、支持其他政府部门业务和地方政府决策等方面发挥的作用有限。

(3) 智能化建设仍处于初级阶段，整体水平不高

政务热线智能化建设整体水平不高。随着人工智能技术的快速发展，各级政府都在国家的战略部署与政策引导下加紧探索政务热线智能化建设。但调查结果显示，仅44%的政务热线已将智能化工具嵌入政务热线的工作中，这表明政务热线智能化建设总体覆盖率仍有较大提升空间。

政务热线智能化技术基础薄弱。这主要体现在：首先，目前人工智能技术本身并不够成熟，由于政务热线业务和服务的复杂性，难以直接复制商业领域的智能化建设模式，缺乏专门针对政务热线场景的人工智能技术；其次，当前政务热线的智能化建设探索十分有限，在过去的发展中并没有这方面的技术积累，因此在智能化建设过程中，政务热线缺乏能够将人工智能技术与政务热线需求有效结合的技术方案，从而制约政务热线的智能化建设在城市治理当中价值的发挥。

建设思路不清晰，应用场景有限，应用效果有待提升。调查结果显示，绝大多数的政务热线部门对于智能化建设均抱有较高

的期待。然而，在整体规划上，政务热线工作人员对于智能化技术的定位、嵌入效果和目标较为模糊，尚未充分认识到政务热线智能化建设所蕴含的城市治理价值。类似研究如《南昌市12345政务服务便民热线建设现状研究报告》也指出，智能化建设中面临组织架构不完善问题，缺乏长短期的资源投入与建设规划，未形成清晰的智能化建设场景、完善的管理机制与推进机制，缺乏相关的激励机制、监督机制与考核机制。与此同时，在智能化工具可用的业务运行、服务交互与组织管理等多个场景中，文本识别、智能文本客服与智能培训等应用相对缺乏。政务热线智能化建设在热线内部管理、热线服务、话务高峰分流、工单处理与数据分析等方面的效果还比较有限。

（4）缺乏相应的顶层设计

战略定位和发展目标亟须转变。治理环境的转变以及新技术的逐步成熟，让政务热线的服务对象、服务内容和服务方式发生了新的变化，热线部门需要进一步响应国家层面针对政务热线的相关部署与规划，明晰其在治理能力现代化建设中的定位，正确理解政务热线在服务型政府、整体型政府和智慧型政府建设中发挥的重要价值。然而，目前很少有政务热线部门从治理现代化、数字政府建设等宏观视角去思考和把握政务热线的角色与定位的转变。此外，仍有部分政务热线存在战略定位不明确、发展目标过于宏观和宽泛的问题，难以有效发挥其战略定位的指导作用。

政策规划和实施方案不够全面。由于政务热线部门未能很好地从政务服务体系和治理现代化的整体视角去看待政务热线的发展方向和价值，这使政务热线在政策规划方面存在一定的局限性。目前政务热线部门的政策规划多是从孤立的部门发展视角出发，并未涉及热线在社会治理现代化中所应当扮演的角色和发展目标，政策规划存在一定的空缺之处。

(5) 资源投入不足

资金支持不足，投入结构不合理。尽管各地政府对政务热线愈发重视，逐年增加投入，但资金的投入支持仍难以跟上快速增长的热线服务需求。此外，政务热线还存在现有资金投入结构不合理的问题。大量财政资金投入被用于人力资源方面的支出。尽管在智能化建设方面的投入有所增加，但所占比仍然偏低，有些地方政府没有提供足够的大数据专项资金。政务热线发展对于大数据分析的需求同不合理的资金投入结构间存在着张力，制约了其在大数据和人工智能领域的探索和实践。

人力资源保障不足。调查结果显示，每万条话务服务的平均人员数量较少，人员数量的增长难以跟上话务量增长的速度。同时，在政务热线部门的人员结构中，大数据分析和智能化建设相关技术人员的占比较低，也缺乏能将大数据、人工智能与政务服务相结合的专业化人才。目前，政务热线部门在人才数量和人才质量上都未能得到满足，这制约了其进行有效的数据挖掘和数据分析的工作。

技术支撑乏力。较少政务热线部门获得的技术支撑能够满足其发展需要，大部分政务热线部门内部没有设置专门的数字化、智能化团队。一方面，当前政务热线部门自身的技术积累不足，技术基础较差，在技术与工具体系方面的支持也较薄弱。另一方面，政务热线部门与第三方技术公司的合作也存在不足。由于政务热线具有特殊性，而且专业性强、应用场景复杂，外部企业针对政务热线部门的技术支持受限，有些技术在政务热线部门的实践运用中存在诸多困难，难以直接应用。

(6) 管理机制有待完善

组织架构和运行机制问题仍存。首先，当前许多地区的政务热线在行政层级、资源配置等方面落后于业务需要,地方政府部门的政策支持与配合衔接有待提升。这影响着政务热线与承办单位之间的合作关系,制约着热线运行效率和服务水平的提升。其次,政务热线运营管理、工作流程、服务标准相关制度和工作流程规范的缺失将不可避免地带来公众使用体验不佳、诉求得不到满足等传统难题,阻碍着热线服务质量的提升。

制度化的统筹协调和内部激励机制缺失。当前50%的被调查城市尚未建立常态化的领导接听机制,这种有限的领导关注不利于部门协调机制的有效运转。同时,约25%的被调查城市尚未建立对政务热线的绩效考评、激励奖惩与监督问责机制,影响了政务热线工作人员培养服务意识、开展协调工作的积极性,不利于政务热线及时回应公众关切、全面优化服务流程。

多元合作协同水平有待提升。目前,政务热线总体上与各类社会主体的合作协同水平有待提升,开放理念的培育不足,合作主体与合作形式单一,合作协同的常态化机制建设相对落后于合作进程,合作效果不尽如人意,缺乏合作生态建设思维,社会参与的广度与深度不足,也缺乏有效的公众和企业参与反馈渠道与社会监督机制,不利于政务热线社会治理价值的充分发挥。

3. 总结与展望

(1) 逐步构建三个闭环体系

政务热线的发展经历了起步、整合、规范化和数字化四个阶段,它的每一次转型发展都是为了更好地回应公众需求,更好地适应政府在不同时期所需承担的职能。如今,建设数字政府和智慧城市、推进国家治理体系和治理能力现代化已经成为国家"十四五"规划的重要目标,这对政务热线的角色定位提出了更高的期待,促使政务热线加速过渡到发展的4.0阶段——数字化与智能化阶段。相应地，政务热线在转型过程中需要逐步建立起"便捷性业务办理"、"智慧化数据治理"和"智能化运营管理"三个闭环体系，助力政府角色转型。

"便捷性业务办理"闭环。"便捷性"要求政务热线以公众需求为出发点，不仅要方便群众的记忆与使用，更要优化与重塑政务服务流程，推动话务服务全流程的规范化和标准化，实现热线受理与后台办理服务紧密衔接，打造包含接听、录入、转派、督办、办结、回访、绩效评价环节的完整闭环。

"智慧化数据治理"闭环。"智慧化"强调对政务热线所接触到的公众诉求数据进行系统性管理和应用，充分挖掘政务热线的数据治理价值，推动政府管理、服务和治理迈向科学化和精准化。这一闭环要求政务热线通过多元化的方式建立一套完整的数据管理系统，为数据的采集、存储、管理、分析与应用全流程提供支撑，保障数据的完整、安全和价值实现。为此，政务热线需要从顶层设计到微观管理全方位提升自身的结构适应性。具体而言，需要提升全体人员对热线数据社会价值的认知，建立数据管理制度，制定数据应用规划，统一数据标准，明确数据采集、存储和使用规范，实现热线数据的正确使用和个人隐私的良好保护，推动政府数据治理水平的提升。

"智能化运营管理"闭环。"智能化"意味着将人工智能技术嵌入政务热线服务的全流程，亦即将语音识别、自然语言处理等多项技术融入语音问答、工单录入、工单转派等多个服务环节，以达到降低成本、提高效率和满足公众个性化需求的目的。但是，智能化工具应用的前提是政务热线服务流程的规范化和数据管理的标准化，这意味着"智能化运营管理"闭环的构建必须以"便捷性业务办理"闭环和"智慧化数据治理"闭环为基础，用人工智能技术进一步优化政务热线服务体系和数据管理系统，实现服务效率与质量的共同提升。

（2）加大资源投入的力度

在数字化转型方面，政务热线部门要更加重视，制定相应的资金和人才投入规划，优化资源配置、创新资源投入机制，将资源向移动互联网渠道的应用、数据管理应用、智能化建设方面适当倾斜，提升图片和视频分析的探索与孵化能力，推动政务热线部门的管理、服务、治理迈向科学化、精准化、数字化、智能化。并且要不断拓展互联网渠道，加强自主下单、智能文本客服、智能语音等智能化应用，重塑政务热线服务流程，优化热线服务，满足服务对象个性化、多样化的需求。在技术支持方面，政务热线部门要善于利用外部资源，构建政务热线转型发展的技术生态体系。由于政务热线部门本身的技术基础较为薄弱，因此政务热线部门应积极与高校智库、技术公司等外部力量合作，提高新理念、新技术的嵌入能力，共同探索大数据和公共治理相结合以推动政务热线转型。

（3）完善话务服务管理机制

从技术优化层面看，政务热线话务量大，问题繁多且复杂，但其中有许多重复性工作，不少问题诉求也存在着同质化现象。人工智能和智能化是解决同质化问题并将员工从同质化工作中解放出来的最优对策。政务热线部门可以引进智能语音、智能数据分析、智能检索、智能派单、智能问答、智能回访等智能化技术，并将其运用于话务服务中，以智能化手段优化政务热线部门的工作流程，提高总体工作效率。进一步地，人工智能技术可以帮助政务热线实现职位精简、资源重置，真正地发挥员工的价值。从管理机制层面看，热线部门需要进一步拓展网站、微信小程序和公众号、APP等互联网渠道，实现对电话渠道的有效分流，减轻持续增大的话务运营压力。

(4) 提升政务热线数据治理水平

在技术方面，政务热线部门需要强化技术支撑，不断完善基础设施和技术工具，增强技术人才供给，加强技术培训、推动技术人才队伍建设，为数据治理提供充足的技术支持与保障。同时，结合地方经济发展水平与自身转型进程制定长期资源投入规划，逐步引进大数据、人工智能等技术，实现数字化工具与政务热线管理和服务流程的深度融合。在数据方面，政务热线部门要通过覆盖前期—中期—后期的全生命周期管理和数据安全保护来切实推动数据的精细化管理，数据的采集、存储及管理做到规范化和科学化，提升数据质量以及数据调取和使用的效率，并在数据安全的基础上不断探索数据共享和数据开放的模式与路径，进一步提高数据应用效果和水平。

(5) 创新智能化政务热线服务

首先，政务热线部门应明确政务热线转型发展中智能化技术的价值所在，对智能化技术的工具、功能、优势、问题、风险等形成准确的认知，制定完整、有操作性的政务热线部门智能化建设的中长期规划，从而明确需要且适合使用人工智能技术的场景和业务，明晰智能化工具要实现的功能及目的。其次，政务热线部门应积极培育高效的智能化工具和平台。一方面，由于商业领域的经验和技术难以直接复制到政务热线场景中，因而需结合政务热线的流程及服务进行全新设计。而相较于技术供应商，政务热线对于自身的运营更加了解，因此，在智能化建设的过程中应由政务热线主导智能化建设，明确热线部门的需求，孵化自身发展所需要的智能化技术和应用。另一方面，政务热线本身缺乏相应的技术基础，而外部技术公司对于政务热线的运营亦缺乏具体详细的了解。为保障政务热线智能化建设的稳定推进，政务热线部门需要与外部技术公司形成长期的合作，结合当地条件探索符合自身实际的政务热线智能化模式，把人工智能、大数据等现代科技与现代治理深度结合起来，打造数据驱动、人机协同、跨界融合、共创分享的智能化治理新模式，逐步实现智能技术的场景化、本地化，为基层社会治理提供更多科技支持，不断提升基层治理效能。另外，政务热线部门应逐步完善知识库共享、专家支持、分中心联动等机制，加强对一线人员的业务培训并做好热线归并后工作衔接与业务延续，形成稳定长远的智能化建设人才引进战略与培养机制，支持热线智能化转型发展。

在不远的未来，政务热线将通过新制度建设、新模式创新、新技术应用实现数字化与智能化转型，实现"接得更快、分得更准、办得更实"的服务目标，在共建共治共享的社会治理格局建设中寻找到新的价值与角色，作为社会公共服务体系的重要组成部分，成为地方政府便捷与高效的服务平台、协同治理的重要枢纽和智慧治理的有力支撑，为推进国家治理体系与治理能力现代化建设贡献独特价值。

四 数字化渠道"再升级"
——智能政务服务的融合与应用

（一）研究背景

近几年来，以深度神经网络为代表的人工智能技术飞速发展，人工智能在感知智能及认知智能上的研发突破进一步促进了人工智能与其他产业的深度融合，发挥着巨大的潜能。与此同时，人工智能技术正在逐步进入政务服务领域,开始嵌入网页端、移动端等数字化渠道,推动"AI+政务服务"的深度应用。

智能化技术的应用,催生了公众对更快、更好政务服务的需求。为满足人民群众日益增长的高质量服务需求,中央至各级地方政府相继出台了一系列的战略规划,指导政务服务智能化建设发展。在中央层面,2021年,"十四五"规划强调我国将提高数字化政务服务效能,全面推进政府运行方式、业务流程和服务模式的数字化、智能化。中央的战略部署,为各省区市政府政务服务智能化建设提供了重要的指导,各省区市政府积极响应,出台了一系列政策,推进政务服务智能化改革探索和创新实践,以期更好地满足公众的政务服务需求。例如,广东省于2020年出台了《广东省2020年政务服务优化工作要点》,提出推进政务服务流程优化及政务服务获取便利化,探索无人工干预自动智能审批,提升政务服务智能、精准推送能力。

在中央的战略部署下,各地将政务服务智能化建设作为提升企业和公众满意度的重要突破口,自主探索政务服务的智能化应用场景。在信息发布方面,智能推送可以根据用户的个人信息,挖掘分析用户行为习惯与偏好等。在交流互动方面,智能对话机器人依托自然语言理解、深度学习等核心技术,在线解答企业和公众的问题。在流程优化方面,智能审批实现了办事时限压缩、政务服务流程优化,提高了政务服务效率。

政务服务智能化建设在一定程度上优化了办事流程,缩短了办事时长,提升了在线政务服务能力和满意度。然而,从整体上看,当前政务服务的智能化转型处于起步阶段,政府在智能化建设方面的探索较为碎片化,难以形成系统的"AI+政务服务"体系,且出现服务质量差、用户体验差、与用户需求不匹配等问题，造成了资源的浪费，极大地影响了智能化技术在政务服务领域中所能发挥的价值。因此，如何提升政务服务领域智能化建设效能成为一个亟待解决的问题。

（二）研究问题

较少有研究对政务服务的智能化建设效果进行评估，因而不利于系统全面地反映当前政务服务智能化建设的应用效果，难以对政务服务领域智能化建设的发展起到推动作用。因此，本书提出以下研究问题。以智能问答为切口，当前政务服务智能化建设的应用情况是怎样的？政务服务智能化建设应用效果如何，是否能够满足公众需求，提高公众服务体验？不同层级、不同平台（网页端、移动端）在智能化建设探索过程中存在什么问题？

（三）研究方法

1. 评估指标

本研究基于智能化政务服务的相关理论与实践经验，结合政务服务场景需求及相应的技术设计，以公众需求侧为切入点，对评估指标进行系统的设计，以具体反映政务服务智能化建设的应用效果。

本研究构建的评估指标体系如图 2-27 所示。指标体系包括需求满足和过程体验两项一级指标，一级指标下设置 6 项二级指标，包括 12 项三级指标，分别评估政务服务智能问答在需求满足和过程体验方面的应用效果。

2. 研究对象

本研究选择网页端及移动端平台所嵌入的智能问答为评估对象，对智能机器人这一"需求输入—信息与服务输出"的交互式

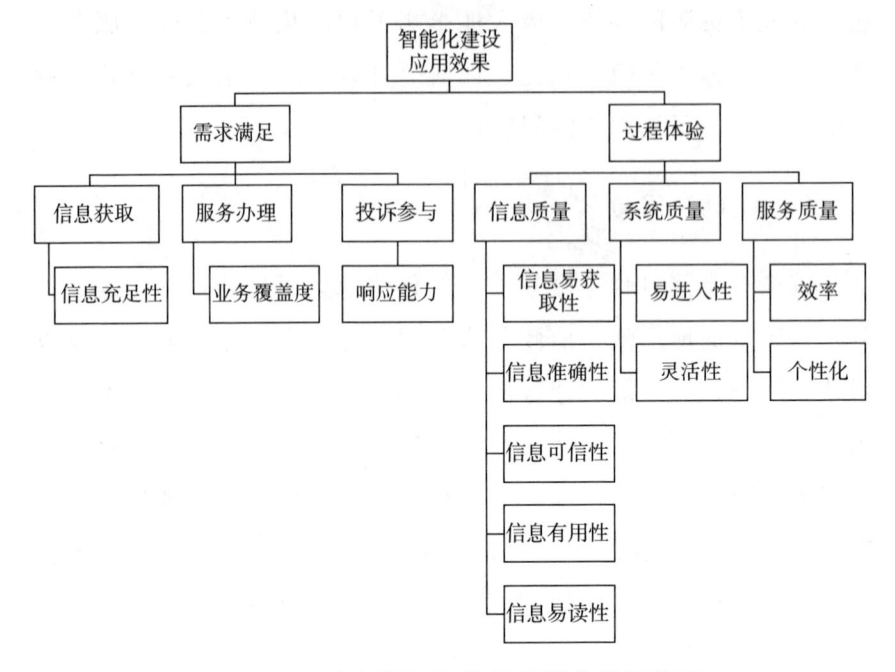

```
                    ┌─────────────┐
                    │ 智能化建设  │
                    │  应用效果   │
                    └──────┬──────┘
              ┌────────────┴────────────┐
         ┌────┴────┐              ┌─────┴────┐
         │ 需求满足│              │ 过程体验 │
         └────┬────┘              └─────┬────┘
    ┌─────┬───┴──┬──────┐     ┌────────┼────────┐
 ┌──┴─┐ ┌─┴──┐ ┌─┴──┐         ┌──┴──┐ ┌─┴──┐ ┌──┴──┐
 │信息│ │服务│ │投诉│         │信息 │ │系统│ │服务 │
 │获取│ │办理│ │参与│         │质量 │ │质量│ │质量 │
 └──┬─┘ └─┬──┘ └─┬──┘         └──┬──┘ └─┬──┘ └──┬──┘
 ┌──┴─┐ ┌─┴──┐ ┌─┴──┐    ┌──────┤   ┌──┴──┐  ┌──┴──┐
 │信息│ │业务│ │响应│    │信息易│   │易进 │  │效率 │
 │充足│ │覆盖│ │能力│    │获取性│   │入性 │  └─────┘
 │ 性 │ │ 度 │ └────┘    └──────┤   └─────┘  ┌─────┐
 └────┘ └────┘              ┌───┴──┐ ┌───┐   │个性化│
                            │信息准│ │灵活│   └─────┘
                            │确性  │ │性  │
                            └───┬──┘ └───┘
                            ┌───┴──┐
                            │信息可│
                            │信性  │
                            └───┬──┘
                            ┌───┴──┐
                            │信息有│
                            │用性  │
                            └───┬──┘
                            ┌───┴──┐
                            │信息易│
                            │读性  │
                            └──────┘
```

图 2-27 政务服务智能问答评估指标体系

应用进行评估和测试,从而回应研究问题,为政务服务智能化建设提供对策建议。

3. 评估范围

本研究在政府层级上的选择为省级和重点城市层面。本研究评估范围涵盖省级层面及重点城市层面,所选取的样本地区覆盖中、东、西部地区,且行政层级囊括省会城市和地级市、副省级城市及直辖市,在样本选取上具有一定的代表性,能够较好地反映目前我国政务服务智能化建设发展现状。

本研究在平台类型上的选择为网页端和移动端官方平台。当前,线上数字政务服务的两大主要平台是网页端以及移动端(APP、第三方小程序)。其中,网页端及移动端的政务服务平台在属性、功能、服务内容、服务方式等方面具有一定差异,因此,有必要对嵌入在网页端及移动端政务服务平台的智能化应用分开评估，以更具体地了解不同平台在智能化建设探索方面的优劣势。

针对网页端，本研究所选取的评估平台为全国31个省（自治区、直辖市）和新疆生产建设兵团（不含港澳台）官方门户网站（共32个）及32个重点城市（含省会城市和各计划单列市）门户网站。

针对移动端，本研究所选取的评估平台为全国31个省（自治区、直辖市）和新疆生产建设兵团（不含港澳台）官方移动政务服务平台（共32个）及32个重点城市（含省会城市和各计划单列市）移动政务服务平台。

4. 场景设计

本研究的场景设计结果如表2-5所示，信息公开以及在线办事两项指标分别选取需求较高的个人业务和法人业务各三个场景，涵盖多种类型的业务，体现政务服务智能问答在需求满足方面的应用效果。

表2-5 具体场景设计

场景类型	业务类型		具体场景
信息公开	个人业务	社保及劳动关系类型业务	社保转移到外地
		机动车管理、出入境、户政等公安业务类型	临时居民身份证申领
		房屋交易、经营、注销及变更等业务类型	购买自住住房贷款申请
	法人业务	企业开办、经营、注销及变更等业务类型	内资有限责任公司变更登记的程序
			个体工商户注册登记
			增、减、补、换发证照手续

续表

场景类型	业务类型		具体场景
在线办事	个人业务	社保及劳动关系类型业务	社会保障卡办理及发放
		机动车管理、出入境、户政等公安业务类型	开具户籍证明
		房屋交易、经营、注销及变更等业务类型	住房公积金账户启封
	法人业务	企业开办、经营、注销及变更等业务类型	内资企业及分支机构设立登记
			内资有限责任公司注销登记
			职工参保登记

5. 评估数据采集：过程与质量

本研究通过模拟用户端的方法，依照所构建的评估指标体系，对网站端及移动端政务服务平台智能问答进行互动测试（见图 2-28）。

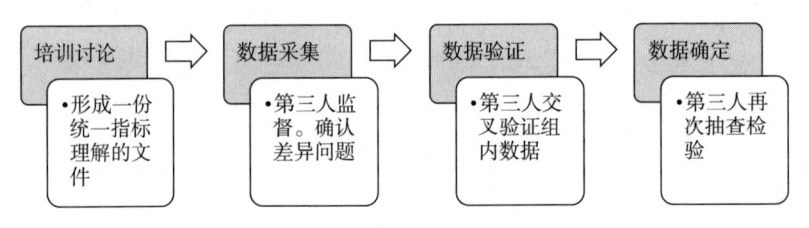

培训讨论 → 数据采集 → 数据验证 → 数据确定

- 形成一份统一指标理解的文件
- 第三人监督。确认差异问题
- 第三人交叉验证组内数据
- 第三人再次抽查检验

图 2-28 数据采集质量保证流程

在评估测试开始前，通过预调查及培训讨论的方式，保证各测试组在评估指标体系以及赋分方式方面达成共识。本研究采用对照测试方式。每一轮测试中，网页端和移动端平台都有两个测试分组对智能问答建设情况进行评估。

在第一轮数据采集过程中，由第三组对每个测试组的数据采集情况进行监督，定期对组内的数据进行初步交叉比对，当组内数据差异较大时，及时与测试组沟通讨论。针对差异超过50%的数据，采取整体重新评估的方式。

第二轮测试中，两个测试组交换测试平台，对于差异数据重新测试。测试结束后，对最终评估数据进行随机抽取验证，再次确认最终结果。

(四) 研究发现与讨论

1. 研究发现：九个智能化建设发展特征

研究结果显示，政务服务智能化建设水平整体不高且分化明显。代表性省份和重点城市的政务服务智能化建设在应用覆盖、需求满足和用户体验等方面都存在不足，整体建设水平不高。同时，省、市两级的政务服务智能化建设均存在明显分化，按照评估得分由高到低可划分成创新引领、探索追赶、起步发展、有待建设4个类别，不同省份和城市间差距明显。

通过对评估数据及案例的深入分析，本研究总结了当前政务服务智能化建设的九个关键特征。

(1) 覆盖过半：总体覆盖率有待进一步提升

目前，人工智能问答系统已在省级和地市级的政府网页端和移动端得到广泛应用，以问答形式与用户进行交互，提供个性化的信息咨询和办事指引。不同层级和渠道的整体嵌入率达到58.59%，其中，省级网页端的智能问答嵌入率最高，省级移动端次之，重点城市网页端再次之，重点城市移动端最低（见图2-29）。数据背后折射出人工智能问答系统的嵌入程度仍有较大的提升空间。

(2) 东西差距：政务服务智能化建设的覆盖率呈现东高西低的特点

数据显示，东部沿海以及中部内陆省份和城市嵌入率高，西

公共治理的数字化转型

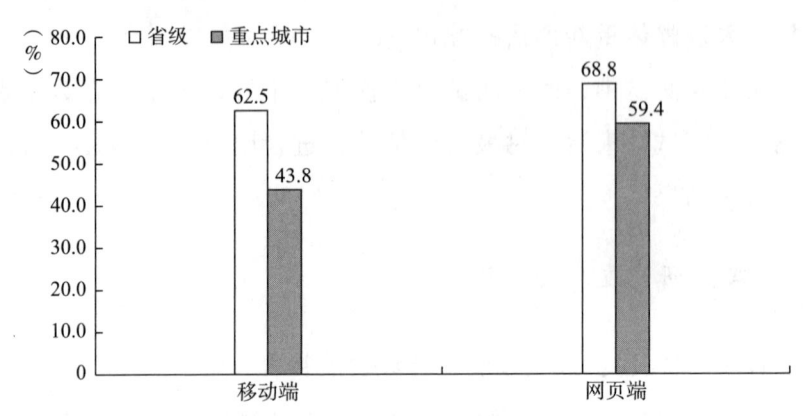

图 2-29 不同层级、不同平台智能问答嵌入率对比

部省份和城市嵌入率相对较低（见图 2-30），表明我国偏远地区的省份和地市难以获取智能政务服务。由于区域差异和发展不平衡客观存在，经济社会和智能化技术等多条件的差异均会影响智能化建设应用。相比起西部省份，东部沿海以及中部内陆地区经济发展水平较高，对政务服务的需求更为旺盛，政府可能会将更多人力、资金等资源投入到政务服务的建设中，因此呈现不同地区智能问答系统嵌入存在差异的结果。

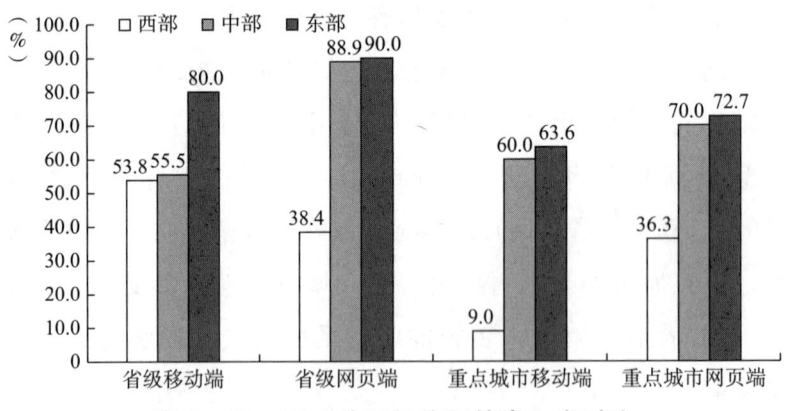

图 2-30 不同地区智能问答嵌入率对比

（3）网页端先行：网页端的政务服务智能化要优于移动端

虽然整体嵌入情况良好，但从智能问答系统的嵌入率来看，网页端比移动端智能化建设速度更快。不论是省级还是重点城市，网页端平台的嵌入率均领先于移动端（见图2-30），说明网页端平台的智能化建设率先起步。背后体现出各层级政府对于政务服务智能化建设的不同平台的侧重点。

（4）两极分化：应用效果差异大，需加快推进中西部地区的智能化建设

沿海发达地区省份政务服务智能化建设整体领先，在"需求满足"和"过程体验"两个维度的多个指标上都优于中西部地区。这种差距不仅在于技术工具的嵌入和应用上，更在于服务理念、管理流程与机制等方面。需要借鉴东部省份政务服务智能化建设的理念与经验，加快推动中西部地区的建设。

（5）双强领跑：四省三市在政务服务智能化建设中发挥引领作用

网页端和移动端两个平台的评估得分均位于前10的省份以及重点城市，在政务服务智能化建设中发挥了"双强领跑"的引领作用。代表性省份包括广东、上海、安徽和浙江，典型重点城市包括合肥、杭州和海口（见图2-31至图2-33）。这些省份和城市的建设经验需要进一步总结，以帮助和推动其他地区建设水平的提升。

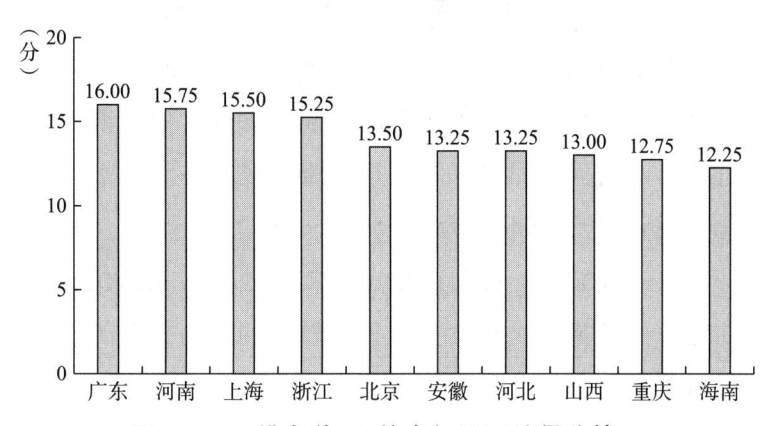

省份	得分
广东	16.00
河南	15.75
上海	15.50
浙江	15.25
北京	13.50
安徽	13.25
河北	13.25
山西	13.00
重庆	12.75
海南	12.25

图2-31 排名前10的省级网页端得分情况

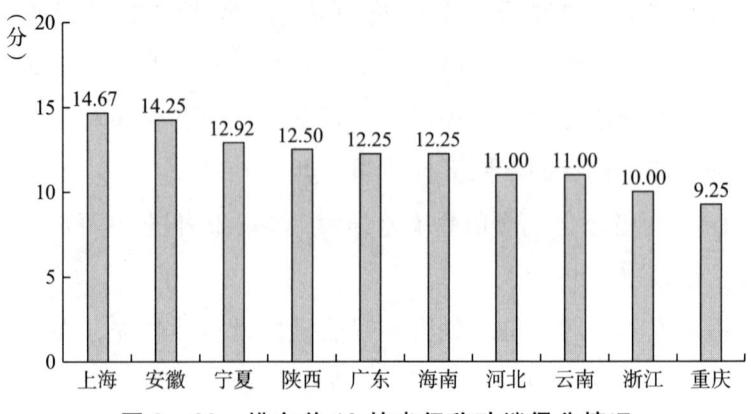

图 2-32　排名前 10 的省级移动端得分情况

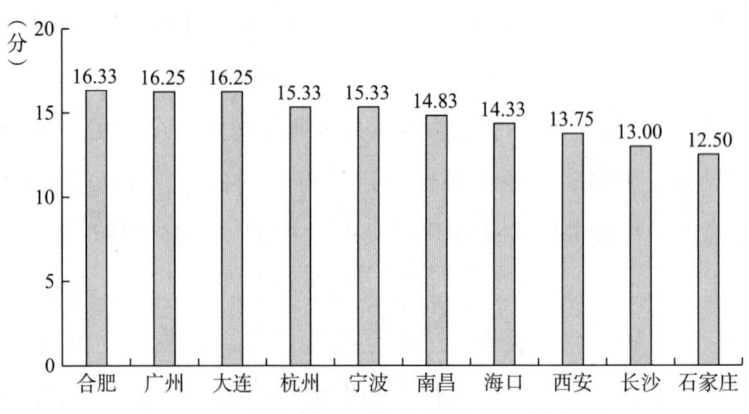

（上海 14.67、安徽 14.25、宁夏 12.92、陕西 12.50、广东 12.25、海南 12.25、河北 11.00、云南 11.00、浙江 10.00、重庆 9.25）

图 2-33　排名前 10 的城市网页端得分情况

（合肥 16.33、广州 16.25、大连 16.25、杭州 15.33、宁波 15.33、南昌 14.83、海口 14.33、西安 13.75、长沙 13.00、石家庄 12.50）

（6）后起之秀：把握中西部地区智能化建设的发展时机

在移动端平台的政务服务智能化建设方面，中西部地区是不断追赶的后起之秀，如宁夏和四川成都。成都在移动端政务服务智能化建设评估中的得分为 14.50 分（见图 2-34），领先于广州、深圳等一线城市，在国内重点城市中处于领先地位。中西部地区在政务服务智能化建设方面具有较高的潜力，需要更好地把握发展时机。

第二章 政务服务的数字化建设

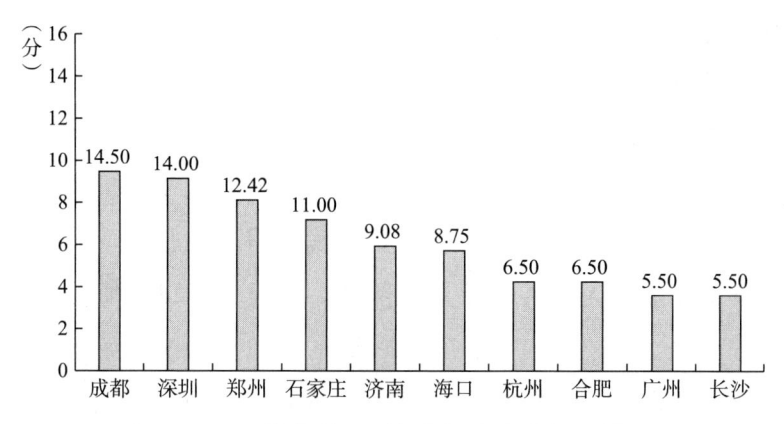

图 2－34 排名前 10 的城市移动端得分情况

（7）建设"三重三轻"之一：重过程体验轻需求满足

整体上看，所调查的省份及重点城市智能问答机器人的"过程体验"得分均高于"需求满足"得分（见图 2－35），反映出过程体验的建设整体优于需求满足。这背后体现出在整体建设过程中，政府相对重视过程体验方面的建设，而相对忽视公众在信息获取和业务办理方面的服务需求。其中，重点城市网页端智能问答在"需求满足"和"过程体验"两方面得分均为最高分，反映出重点城市网页端政务平台的智能问答系统建设在全国范围内

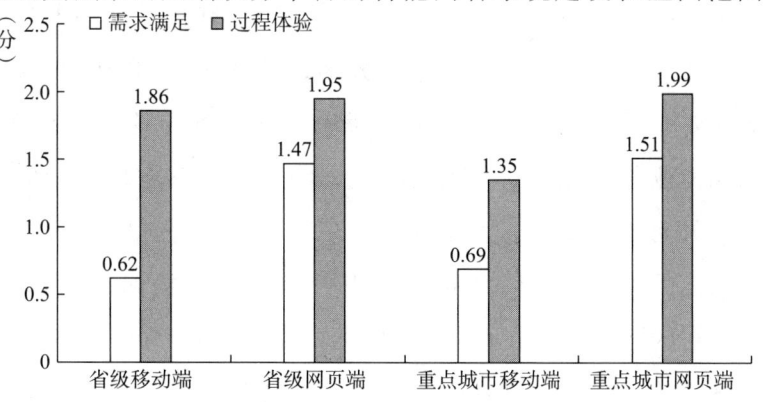

图 2－35 不同层级、不同平台"需求满足"及"过程体验"得分比较

· 107 ·

走在前列。

从平台类型来看，网页端智能问答系统的搭建完整度较高、服务性更强。其中，在"需求满足"方面，网页端智能问答得分明显高于移动端，而在"过程体验"方面差距较小，反映出我国智能问答系统的平台建设差异主要体现在需求满足上，不同平台的信息服务搭载能力具有差异，网页端的信息提供和服务办理相对较好。这也进一步说明了"需求满足"建设对于完善平台整体服务的重要性，其既是提升应用效果的关键，也是优化过程体验的基础。

从政府层面来看，重点城市智能问答系统的建设相对较好。重点城市智能问答在"需求满足"方面略高于省级层面。而在"过程体验"方面，重点城市不同平台的智能问答与省级层面相比，更明显地呈现"移动端落后，网页端领先"的特征，这深刻反映了重点城市移动端和网页端智能问答系统建设的不协调。

(8) 建设"三重三轻"之二：重信息提供轻服务办理

从总体得分上看，在信息获取和服务办理方面，不同层级、不同平台的智能问答得分差异较大。其中，省级网页端平台的智能问答在这两项上的得分最高，分别达到0.64分和0.55分（见图2-36），呈中等偏上的水平，反映出省级网页端平台在信息提供和线上业务办理的集约程度较高，为智能问答在信息获取和服务办理方面的建设打下了良好的基础，能够较好地满足公众的基本需求。另外，对比信息获取和服务办理两项指标，不同层级、不同平台的智能问答在信息获取方面的得分均高于其在服务办理方面的得分。这反映了我国政务服务智能问答所提供的政务信息的覆盖程度相对较高，整体政务服务智能化建设重心相对偏向信息提供的功能，线上办事服务功能仍有待进一步的拓展。

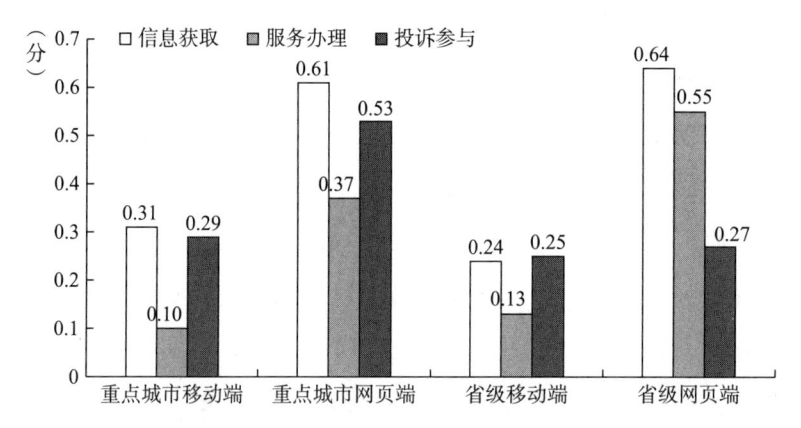

图 2-36 不同层级、不同平台智能问答需求满足二级指标均值比较

在投诉参与方面，不同层级、不同平台的智能问答得分整体偏低，反映出当前智能问答在投诉参与方面的建设仍有待加强。其中，重点城市网页端平台的智能问答得分最高，达到 0.53 分，呈中等水平，表明其能够在一定程度上回应公众的诉求反馈，但仍未完全发挥出人工智能技术在政民互动方面的价值。

以平台类型进行划分，网页端平台智能问答的整体建设优于移动端平台。移动端平台智能问答的得分整体偏低，每项指标的得分均低于 0.5 分，这表明了相较于网页端平台，我国政务服务移动端平台的智能化建设发展较为缓慢，其智能问答亟待加强，需要改进信息问答及业务办理功能，提高诉求响应能力。

其中，在信息获取和服务办理方面，网页端平台智能问答的得分均高于移动端平台，这背后可能反映出相较于移动端，网页端平台上的信息和业务集约程度更高，嵌入该类型平台的智能问答在信息获取和服务办理方面的建设更具优势，智能问答背后的知识库具备更多元的知识信息，所链接的线上业务办理内容也更加丰富，能够有效满足企业和公众的线上政务服务需求。

以政府层级进行划分，省级层面和重点城市层面平台的智能问答整体发展差异较小。省级层面的智能问答在信息获取以及服务办理方面的整体发展略优于重点城市层面，这从侧面反映了省级政府在推动信息提供和线上业务办理的集成更具优势，有助于智能问答信息充足性和业务覆盖度的提升。

然而，在投诉参与方面，重点城市层面平台的智能问答得分高于省级层面。这反映了相较于省级层面，重点城市层面的政府在政务服务智能化建设过程中更加重视对于公众诉求反馈的"回应性"。这可能由于其面临更加多元的公众需求，除了需要提供政府信息和线上业务办理的功能，还承担着更多公众投诉反馈的回应"压力"。

(9) 建设"三重三轻"之三：重结果反馈轻交互技术

从总体得分上看，在信息质量方面，省级网页端政务服务平台的智能问答得分最高，达到 0.74 分（见图 2-37），反映出省级网页端平台的智能问答信息质量建设良好，能够为公众提供较为准确、有效的政务服务信息，公众获取信息的便利程度较高。在系统质量方面，省级移动端政务服务平台的智能问答得分最高，达 0.52 分，反映出省级移动端在系统质量上的建设速度相对较快，其智能问答系统相对灵活，智能性相对较高，便于公众使用。在服务质量方面，重点城市网页端得分最高，达 0.77 分，反映出当前重点城市网页端相对重视服务质量方面的建设，公众在使用智能问答过程中的体验较为"舒服"。

另外，从得分数据上可以看出，当前重点城市移动端政务服务平台的智能问答在信息质量、系统质量以及服务质量上的得分均比较低，未达到指标满分的一半。这反映了在整体政务服务智能化建设发展的过程中，重点城市移动端政务服务平台的智能化应用在过程体验方面的建设相对滞后，亟须提高信息的准确性、

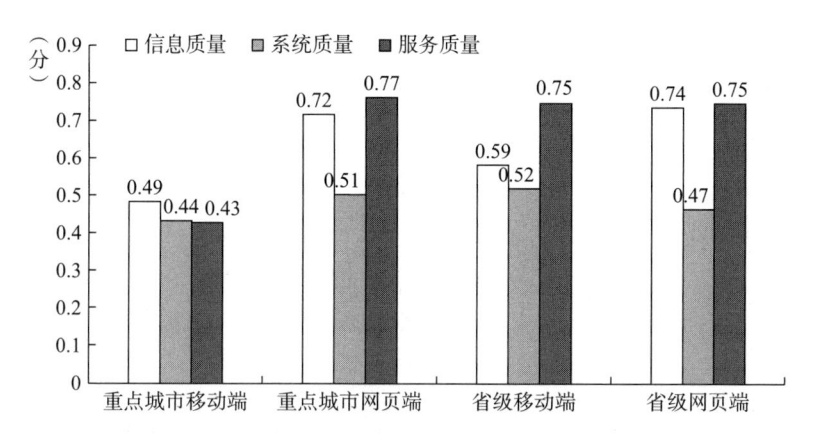

图2-37 不同层级、不同平台智能问答过程体验二级指标均值比较

系统的灵活性和服务的效率等，从而提高公众满意度。

整体上，对比三项指标的得分数据，不同层级、不同平台的智能问答在信息质量和服务质量方面的得分差距相对较大，在系统质量方面的得分差距相对较小。这背后的原因可能是相较于信息质量和服务质量，系统质量的发展可能受制于智能化技术的发展"瓶颈"以及缺乏智能化技术与政务服务场景有效结合的技术方案。这也表明了，整体上，智能问答的发展更侧重于在信息质量和服务质量方面"发力"，着重与公众互动过程中的结果反馈，提高智能化技术在政务服务场景中的应用效能。

以平台类型进行划分，网页端政务服务平台的智能问答在信息质量和服务质量方面的得分整体上高于移动端平台。这表明，相较于移动端平台，网页端政务服务平台的智能问答在信息质量和服务质量上的发展较好，其能够较好地兼顾公众的多元化需求，提高公众使用过程中的便捷度，增强幸福感。其中，在信息质量建设方面，网页端政务服务平台智能问答的信息准确率表现较好，移动端平台表现较差，但整体上平均准确率均不超过70%（见图2-38）。这反映了，当前政务服务智能问答信息准确率仍有待进一步提升，减少"答非所问"问题的出现，提高公众满意度。

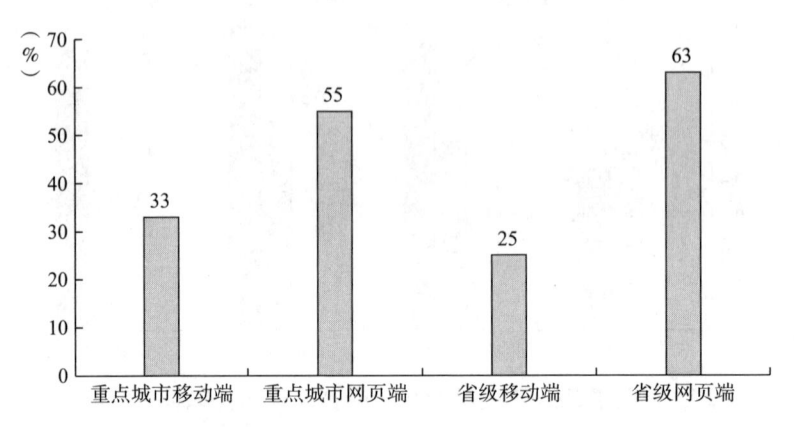

图 2-38 不同层级、不同平台智能问答信息准确率均值比较

以政府层级进行划分，省级层面政府的智能问答在信息质量方面的得分相对高于重点城市层面。这反映出，相较于重点城市层面，省级层面政府的智能问答在信息质量的建设上发展较好。例如，在信息易获取性方面，该指标得分满分为2分，省级层面政府的智能问答得分高于重点城市层面的智能问答（见图2-39）。这表明，省级层面政府的智能问答在与公众互动的过程中，其所提供的信息更加集成，有效降低了公众获取所需服务的难度。

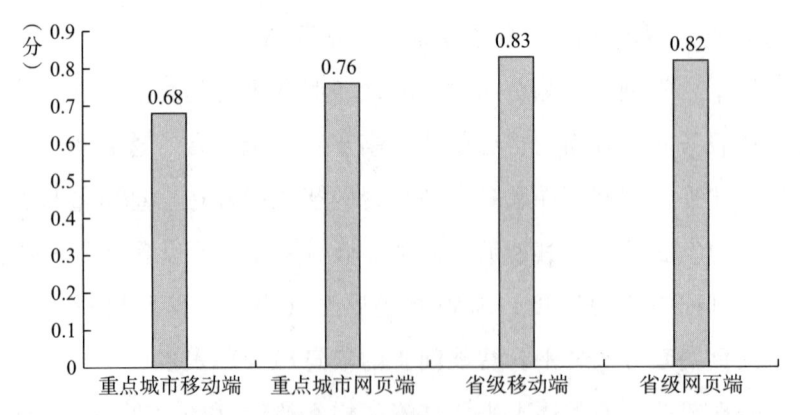

图 2-39 不同层级、不同平台智能问答信息易获取性均值比较

2. 政务服务智能化建设优秀案例

从发展水平分类可以看到，当前部分省份和重点城市，如上海、广东、安徽、深圳、广州、成都等，政务服务智能化建设发展速度较快，智能化应用效果良好，在政务服务智能化建设队伍中属于"领头羊"角色。对于这些政务服务智能化建设优秀案例的阐述，可进一步为其他省份和重点城市政务服务智能化建设提供发展思路。因此，本研究选取了在创新领头类型中，评测得分优秀的不同层级、不同平台所嵌入的智能问答作为优秀案例进行展示（见图2-40）。

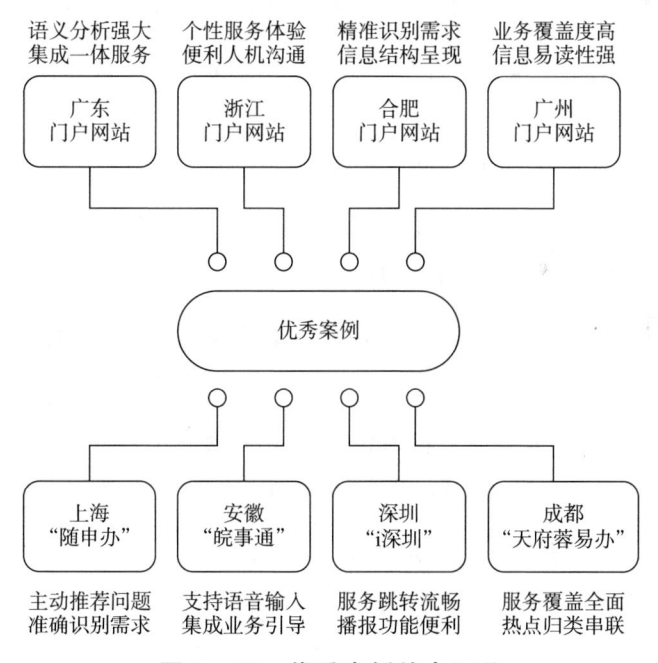

图2-40 优秀案例特点汇总

（1）上海"随申办"市民云智能客服：主动推荐热门问题，需求识别准确率高

"随申办"作为上海市"一网通办"移动端的超级应用，是

上海市移动政务服务的统一入口。在"随申办"APP中，其嵌入了智能客服"小申"作为一项特色服务功能。智能客服"小申"作为政务服务智能化建设板块中的重要项目，在评测中，其得分较高，智能化建设效果良好。

具体而言，一是页面设计简洁，主动推荐热门问题及热门词频，方便用户解决问题。在"随申办"APP中，智能客服的logo标识明显出现于顶部位置，方便公众直接点击进入智能问答系统。二是智能化程度较高，问题识别准确率高，表达准确且亲切。在测评中，智能问答"小申"对于输入问题的识别准确率高于80%，且能针对不同人群业务办理需求提供具有差异的解决方案。

（2）安徽"皖事通"智能问答：支持公众语音输入，引导公众实现"掌上办事"

"皖事通"作为安徽政务服务移动端的服务渠道，依托AI和大数据技术，上线了"智能客服"功能。在评测中，智能问答得分突出，智能化建设应用效果较好。

具体而言，一是支持语音识别及输入功能，从而降低了使用门槛，提高了公众使用便捷度。公众可以通过点击语音助手图标或者长按底部对话框进行语音输入，提高了公众使用智能问答的灵活性以及便捷性。另外，"皖事通"智能问答在页面右上角嵌入了"转接人工客服"的功能，便于公众转入人工座席。二是集成同类业务信息，链接线上业务办理，引导用户实现"掌上业务"办理。当公众提出相关业务需求时，"皖事通"智能问答可以围绕用户需求和业务逻辑，提供一组关联度高、集成式的业务事项给用户。

（3）广东门户网站智能问答：支持大规模语义分析，提供集成式一体化服务

广东政府门户网站的智能问答平台提供实时、在线、一站式

的服务。问答系统首页整合了"常见问题、文件解读、信息公开、便民查询、在线咨询"五大内容，支持流程化的场景服务，针对用户的问题给出分类选项，用户通过选择最终满足需求，通过与机器人实时交互，获得想要的信息，真正实现了让老百姓少跑腿甚至不用跑腿的目标。

具体而言，一是语义分析与推荐功能强大。广东政府门户网站结合近期政务工作和社会热点，对输入的关键词等进行分析，主动给用户推荐信息。二是信息聚合功能强大。输入关键词后的智能联想，围绕用户需求和业务逻辑，将一组关联度高、逻辑性强的事项整合起来，在回复原有提问的基础上，提供周边信息，提供集成式、场景式、导航式的一体化服务，汇点成面。

（4）浙江政府门户网站智能问答：给予公众个性化服务体验，提供引导，便利人机沟通

浙江政府门户网站的智能问答平台界面简洁但功能强大，问答系统界面仅包括交互对话框和快捷事项，逻辑是围绕用户输入内容提供个性化的全面服务。界面提供使用帮助、工具栏和政务热线入口，整合了多元办事渠道，为用户提供了形式简便、内容丰富的办事服务体验。

具体而言，一是个性化程度高，用户群体细分。浙江政府门户网站根据用户的准确区域定位提供最便利化的家门口服务，根据主体的个人、法人定位提供对应的办事类型。此外，专门针对老年人设计了老年大字模式，解决老年人面临的"数字鸿沟"问题。二是支持输入引导和模糊检索。当用户在输入框输入问题关键字的同时，智能问答系统自动识别预处理，给出动态的优化补全，即使民众用口语化的描述咨询问题，系统也能准确识别并给出对应答案。

(5) 深圳"i 深圳"：线上服务跳转流畅，播报功能提供便利

深圳移动政务 APP"i 深圳"中的智能问答系统最突出的优势在于其信息指引与办事服务链接精准，跳转流畅。用户通过输入自身需求能够快速地获得相关办事信息并跳转进入对应的线上办理页面，准确性高且服务覆盖度高。并且，系统能够根据用户需求细化服务人群，提供个性化的服务。在实际操作过程中，系统根据用户所输入的问题识别用户需求，从而提供具有针对性的服务，直击问题的痛点。

与此同时，深圳移动端智能问答系统具有播报功能。将语音表达与文字显示相结合，增强了智能问答系统的表达功能，较大程度地增强了与用户之间的互动性，有利于提高用户的使用感受。

(6) 成都"天府蓉易办"：服务信息全面覆盖，热点问题归类串联

成都"天府蓉易办"移动端建设致力于集"一网受理、协同办理、综合管理"于一体，其智能问答系统整合多方位政务服务信息，不断优化系统办事指引服务，提升"网上办、马上办、就近办、一次办"能力，以增强企业和群众获得感。

具体而言，一是成都"天府蓉易办"政务移动端中的智能问答系统在服务信息覆盖度上具有良好的表现，服务信息准确、内容丰富，且能够通过对办事流程进行分布排序的结构化方式呈现。二是问答系统在初始界面下对当前用户热点问题及可能想要询问的问题进行了筛选和归类，引导具有相似诉求的用户更快获得回应。同时，系统中相关问题之间能够相互串联，有效提高了系统的工作效率及服务质量。

(7) 合肥门户网站智能问答：精准识别公众需求，信息以结构化方式呈现

合肥市网页端智能政务服务建设，以便民化为服务导向，充分

考虑民众的个性化需求,涵盖全方位的政务服务场景,打造"精准识别公众需求,信息以结构化方式呈现"线上办事平台,为广大群众提供全方位、综合性、高效率的智能化政务服务,精准识别公众需求。合肥市网页端智能政务服务能有效识别民众需求。

具体而言,一是在劳动关系、机动车管理、房屋交易等多场景的服务需求方面,对评估测试时所输入问题的准确识别率超过80%。[①] 同时,系统的需求回复具有个性化特征,能有针对性地提供用户所需的办理信息、申报材料、办理流程等服务。二是信息以结构化方式呈现。在合肥政府门户网站智能问答中,系统在有效识别用户的需求之后,提供结构化的信息。同时,办理流程会以步骤、图标等结构化方式呈现,方便用户阅读并掌握大体办理步骤。

(8) 广州政府门户网站智能问答:业务覆盖程度高,信息功能易读性强

广州政府门户网站的智能问答建设总体较为完善,在各个城市的评分中处于领先地位。除了在线问答的版块,界面还有常见问题、政策文件、便民服务、无障碍和长者助手等丰富简洁的功能版块,清晰、全面地展示了智能问答平台信息,帮助民众方便、快捷地获取信息与服务。

具体而言,一是业务覆盖程度高,精准覆盖场景需求。广州政府门户网站的智能问答信息充足完备,覆盖了社会保障、机动车管理、企业服务等多个领域。广州政府门户网站的智能问答准确度较高,且能够快速响应并提供有效的在线办理渠道或是相关的政策方针。二是信息聚合程度高,信息易读性强。广州政府门户网站的智能问答平台功能类型丰富,信息聚合程度高。同时,

---

① 数据来自中山大学《2021年政务服务智能化研究报告》。

在满足页面功能丰富的同时做到了排版简洁美观,增强了可阅读性和理解性。

3. 存在问题与不足

(1) 顶层设计和战略定位仍缺乏

省级、重点城市的智能问答建设存在差异,此次智能政务服务评估选择的 32 个省级行政单位和 32 个重点城市中,有部分政府没有在网页端或移动端的政务服务中嵌入智能机器人,存在嵌入率不高的问题。同时,智能问答建设整体质量不高,由于信息公开和服务信息跟进机制不够完善,智能政务服务往往面临着服务响应效率低、信息质量低等问题。不同平台、不同层级、不同地区之间的质量也存在较大差异,网页端的建设成果明显优于移动端,说明不同平台有建设着重点的区别,总体呈现发展不平衡的状态。

(2) 仍处于初级阶段

目前,我国智能问答建设仍处于起步阶段。政务服务智能问答不仅面向市民和企业的多元主体,还面对民生诉求、政策查询等多样诉求,却面临着在该领域资金、人力、技术投入不足的困境,从而使需求和供给难以匹配。现阶段我国政务服务智能化建设仍缺少专门针对智能问答系统的技术,智能信息无法实时提供,遇到复杂场景未能准确跟进。

(3) 线上办事服务能力需要提升

我国政府服务智能问答建设更注重信息搭载,在线办事的功能版块搭建程度不足,"线上办事"的整体得分不佳,仍存在较大的改进空间。未来,如何在全国各层级政府提供在线服务中有效推进智能问答,仍是各地方政府乃至中央政府需要认真思考和解决的问题。

(4) 需求满足层面相对被忽视

当前，政务服务智能化建设相对强调过程体验，忽视需求满足。评估结果反映出我国智能政务服务整体建设无法满足民众的具体需求，在信息充足性、业务覆盖度和响应能力等方面仍存在较大的提升空间，间接制约了过程体验的价值发挥，亟待加强信息库的建设以及完善在线服务跳转链接。

(5) 过程体验未能满足公众期待

政府服务场景与智能化技术未能深入融合，导致不同层级、不同平台在信息质量和服务质量方面得分差距较大。当前，智能政务服务系统的易进入性和灵活性较低，且当前大部分智能机器人对于用户输入的问题需求识别准确率不高，出现"一问三不知""牛头不对马嘴"等现象，影响公众使用体验。

4. 改善建议

(1) 加强顶层设计与战略规划，明确智能化建设的思路与方向

政务服务智能化的顺利转型有赖于规范机制的"保驾护航"。当前，各地缺乏对政务服务智能化建设的详细规定，且对于网页端和移动端平台智能化建设缺少统一的规划，因而亟待进一步规范。一方面，各地政府要加强对政府服务智能化转型建设的顶层规划，进一步明晰相关规定及细则，统一不同平台智能系统建设思路与方向。另一方面，各地政府有必要明确智能政务服务和数字政府建设发展的战略指导，强调智能化技术在数字政府建设过程中的重要性。

(2) 从使用侧出发强调用户体验，突出不同平台智能化建设的差异化优势

政务服务智能化的顺利转型有赖于各平台的同步建设。当

前,不同平台在政务服务智能系统建设方面存在较大差异。相较于移动端,网页端平台上的信息和业务集约程度更高,嵌入该类型平台的智能问答在信息获取和服务办理方面的建设更具优势,智能问答背后的知识库具备更多元的知识信息,所链接的线上业务办理内容也更加丰富,能够有效满足企业和群众的线上政务服务需求。因此,政府应当进一步明晰各地智能化建设的战略地位及不同平台智能化建设特点,平衡各平台智能服务转型建设的进程,同时,结合国家战略、政府治理和服务对象的需要,以公众需求为导向,明确不同地区、不同层级政务服务平台智能化建设应用的角色和定位,为各地政务服务智能化建设提供参考指导。

(3) 推动跨层级联动协同,打造政务服务智能化建设合作共赢新生态

当前,政务服务智能化建设资源相对紧缺,制约了政务服务智能化的转型发展。整体而言,省级层面的政务服务智能化建设在信息获取以及服务办理方面的发展优于重点城市层面。因此,第一,各地政府应完善部门协调机制和信息服务跟进机制,通过增强各层级之间的数据流动,加强智能政务服务信息资源库建设,完善各层级线上业务办理系统对接机制,实现各层级联动发展、合作共赢。第二,缩小各层级智能系统建设差距,加大对城市层面服务技术、服务能力的关注力度。

(4) 深化技术与政务服务场景需求的结合,推进政企合作走向深入

现阶段,我国整体政务服务智能化建设重心相对偏向信息提供的功能,各层级不同平台在线上业务涵盖、服务链接跳转方面的建设相对薄弱,尚无法适应较为复杂的应用场景。因此,一方面,政府应当进一步增加政务服务智能系统的知识库储备,优化

服务信息的检索与呈现方式。另一方面，也要加强对线上办事服务功能的建设，建立办事信息与线上服务之间流畅的链接渠道，深化技术与政务服务场景的结合，为用户提供良好的使用过程体验。

（5）提升公众参与度，加强数据安全与隐私保护工作

政民有效互动是政务服务智能化转型的重要目标之一。当前，不同层级、不同平台政务服务智能系统在投诉参与方面的建设仍有待加强。因此，各地政府应当更加关注各平台智能系统在用户反馈、市民参与等方面的建设情况，积极拓宽市民意见表达及投诉的渠道，同时建立精准高效的反馈体制，从而促进系统与用户之间的高效互动，实现智能系统的服务价值。

人工智能技术的不断成熟、国家层面的战略部署与政策引导等为政务服务智能化建设带来了新的机遇，接下来要从多个方面来提升建设水平，包括加强顶层设计与战略规划，明确智能化建设的思路与方向；从使用侧出发强调用户体验，突出不同平台智能化建设的差异化优势；推动跨层级联动协同，打造政务服务智能化建设合作共赢新生态；深化技术与政务服务场景需求的结合，推进政企合作走向深入；提升公众参与度，加强数据安全与隐私保护。

相信在未来，一定能够探索出具有中国特色的政务服务智能化建设体系，发挥人工智能技术的潜在价值，进一步推动服务型政府建设，并助力治理体系与治理能力的现代化建设。

（五）小结

随着政务服务数字化建设探索的不断深入，政府网站、移动政务、政务热线等"互联网＋"政务服务渠道建设逐步实现规范

化、标准化，在服务水平和服务质量上均有了较大的提升。同时，政务服务数字化建设也开始尝试利用人工智能等新兴技术，向智能化方向转型发展，在完善政务服务的同时优化公众使用数字化渠道的服务体验，在不同的应用场景发挥效能。

相较过去，政务服务数字化建设能够在一定程度上为公众提供便捷、高效的政务服务，不同的数字化服务渠道发展也能够兼顾公众不同的使用需求。然而，从整体公众使用数字化政务服务渠道的需求来看，当前各类数字化服务渠道在信息公开、服务办理以及互动参与上仍有较大的提升空间，难以有效满足不同群体的多样化政务服务需求。具体体现在政务服务体系呈现碎片化特征、深度服务供给不足、技术与政务服务场景融合差等方面，严重影响了公众的使用体验。这背后也暴露出目前政务服务数字化建设仍存在建设思路不清晰、顶层设计不完善、部门协同水平不高、数字治理能力待提升、需求供给难匹配等问题。

因此，为进一步提升政务服务数字化建设水平，政府有必要以用户需求为导向，从公众的使用体验入手，加强顶层设计与战略规划，推动跨层级、跨部门的协同治理机制建设，加大资源投入的力度，兼顾公众对政务服务的使用需求以及不同层级部门的数字化建设需求两个维度，依托第三方平台的技术创新和应用，推动多元化、数字化服务渠道进一步走向"网络化"，并助力治理体系与治理能力现代化建设。

第三章 技术发展与服务创新的归属点
——立足公众，回应关切

随着数字化革命的兴起，数字技术的发展日渐融入政府管理的各环节，数字化革命深刻地改变着政府的运作模式，推动着政府治理模式的数字化转型。数字政府运用数字技术改变政府组织内部结构，优化政府工作流程与服务提供方式，创新政府治理方式，以数字技术创造公共价值。在此基础上，数字政府在数字技术和智能应用的支持下不断创新政府服务方式，提高政府服务提供的质量和水平，提升政府现代化治理能力和效能。

然而，当前实务界对于数字政府的关注过分集中于强调数字政府供给侧建设带来的改革成果与创新实践，却忽略了作为需求侧的政务服务对象的真实体验与感受，导致出现智慧政务创新应用成效差、智能化建设资源投入与价值收益失衡、用户需求无法匹配等问题，阻碍着数字政府建设的进一步发展。

当数字政府不断求新求变时，公众是否真正在服务体验中获得服务感？技术的不断发展与创新是否真正落到实处，产生实效？可见，数字政府的重点并不在于技术本身，而是如何利用现代数字技术的迭代发展，在促使政府数字化转型的过程中为社会和公众创造公共价值，从而回归数字政府建设与创新的归属点，回应公众实际关切与期待。对此,本章基于技术发展与服务创新的归属点,首先从需求侧重新认识公众眼中的数字政府,从公众需求导向出发,了解公众对数字政府的认知情况、使用情况与评价情况,全面探索公众视角下数字政府建设的现状与存在的问题,促进"公众需求-政府供给"的良性循环,为更深入地推进我国数字政府未来理论研究与实践探索提供参考。在聚焦未来数字政府建设如何提升服务便利性和高效性的同时,关注治理的数字化转型下的公众隐私风险问题,了解公众隐私认知与应对能力现状,以思考政府未来将如何承担起数据治理时代下的隐私风险应对职责,并结合自身实际情况不断提升政务大数据的处理能力,及其对第三方互联网平台数据隐私风险的有效监管水平。

一 公众对数字政府的认知、使用与评价

(一)数字政府的观察新视角:公众需求侧

1. 以需求侧重新看待数字政府

伴随着信息与通信技术的发展,数字中国建设如火如荼,数字经济蓬勃发展,数字社会多彩纷呈,数字政府智能便捷;以数字经济、数字社会、数字政府为支柱的新技术、新业态、新模式加速渗透到我国经济社会各领域,数字时代已然全面到来。

聚焦数字政府领域,数字生态内的各项"黑技术"竞相登场,互联网、云计算、大数据、人工智能等数字技术推动政府的治理方式产生重大转变,创新了政府服务、政府决策与政府治理变革。政府以数字化、智能化与智能化服务为抓手,以群众需求为中心的服务导向,形成了扁平化、协同化、网络化的政府组织

机构，不断推动政府治理能力与治理水平的提高。与此同时，数字政府的创新实践如雨后春笋般相继涌现，"智慧城市"、"数字孪生"、"一网通办"、"一网统管"和"接诉即办"等新生服务名词也不断出现在公众的视野。政府依托新技术作为治理工具，不断探索智慧、高效、便捷的政务服务供给方式，提升政府服务效能与服务水平。

然而，当数字政府不断求新求变时，公众是否真正在服务体验中获得服务感？这些创新是否真正落到实处，产生实效？以往关于数字政府、数字治理等领域的诸多理论研究与社会实践更多强调的是供给侧，关注的是政府端作为社会治理主体为公众提供的公共产品与创新成果。这样的研究视角与发展模式实际上是一种"以技术为中心的""自上而下"的思想所主导的做法，在数字政府建设的过程中则表现为更加侧重于基于通信技术的基础设施与服务的供给体系（Shin，2009）。与此同时，数字政府和电子政务发展本身也代表着技术创新，在技术更迭的同时也不可避免地伴随着技术与信息弱势群体面临更大程度的数字排他性（Nam，2014）。数字鸿沟问题的复杂性与严峻性也不断要求政府加强对使用端与需求侧视角的关注。由此，从需求侧视角探究数字政府处于相对空白的阶段，公众需求侧作为这一使用者的重要视角，亟须我们关注与讨论，从而实现对数字政府的全面认识。对此，本研究主要以公众需求侧作为切入点，探究需求导向视角下数字政府的服务创新，从而全面看待数字政府建设成果，探究数字政府发展现状与存在的问题，为数字政府未来发展道路提供理论支持与思路补充。

2. 需求导向下数字政府的价值——感知、回应与满足公众需求

（1）全新视角观察真实世界，全面认识数字政府建设

事实上，目前政府、学界、媒体、城市治理实务人员在讨论

数字政府时更多关注"政府做了什么"或是"数字化实践又取得了哪些创新成效"等供给产出，政务服务智能问答机器人、政务服务智能化一体机、5G+VR"政务晓屋"等智能化服务创新更是呈现硕果累累、欣欣向荣的美好景象。然而，对于广大公众而言，他们是否真正地使用了数字政府提供的各项创新服务？他们是否在服务体验过后对服务给予肯定和感到满意呢？数字政府的全貌究竟是怎样的呢？

以政务服务智能化一体机为例，"南方+"曾前赴广东惠州的政务服务中心进行实地调研①，调研发现，行政中心服务大厅内为群众设置了16台电脑以及10余台政务服务一体机，且功能较为齐全，业务服务范围广，但大厅对一体机宣传有限，缺少显眼的使用指引，民众使用一体机意愿不高，一体机使用率较低。一体机情况如图3-1所示。

图3-1　惠州政务大厅内部等候区和电脑以及大厅内政务服务一体机情况

资料来源：《调研2021〔19〕｜惠州："惠服务 一件事"》，https://static.nfapp.southcn.com/content/202110/28/c5880511.html，最后访问日期：2022年9月22日。

惠州政务服务中心的一体机使用情况实际上正是我国众多数字政府智能化服务的缩影。目前，我国众多数字政府的建设并没

---

① 《调研2021〔19〕｜惠州："惠服务 一件事"》，https://static.nfapp.southcn.com/content/202110/28/c5880511.html，最后访问日期：2022年9月22日。

有达到预期的效果。政府投入大量的人力、物力建设数字政府与优化政务服务，配置智能化基础设施、培训相关服务的工作人员、不断建设和优化数字政务平台，却没有真正推动公众去了解和应用这些智能化服务设施，没有真正将数字政府的投入转化为公众获取更优质、更高效、更便捷政务服务的社会效益，这是本研究关注的核心要义，也是该命题下数字政府服务水平提升的重要性和迫切性之所在。

数字政府的服务对象是社会公众。数字政府建设的价值在于服务和使用，只有公众真正地使用了数字政府服务，并且在使用之后对数字政府服务感到满意，数字政府才称得上发挥出了其作用和价值。2019年，国务院办公厅提出建立政务服务"好差评"制度。[①] 这一制度旨在通过全面、及时、准确地了解企业与公众对政府服务的感受和诉求以有针对性地改进政府服务，从而提高政府工作效能，提高政务服务的整体水平。在政府数字化转型的过程中，政府只有从公众的需求端出发真正理解公众期待的数字政府，才能认识数字政府建设是否真正地作用到和服务到公众。数字政府只有真正及时、精确、高效地感知与回应公众的期望和诉求，才能实现数字赋能政府治理以及赋能人民生活。

因此，本研究提出从需求侧视角来反映数字政府建设成果，将了解的目光扩展到数字政府使用端的全部用户，也就是接受政府服务的全体公众。从需求侧来认识公众期待的数字政府服务，以新的视角来全面认识和理解数字政府建设，弥补数字政府建设过程中反映真实世界的视角不足，对于政府加大对数字政府资源

[①] 《国务院办公厅关于建立政务服务"好差评"制度提高政务服务水平的意见》（国办发〔2019〕51），http://www.gov.cn/zhengce/content/2019-12/17/content_5461829.htm，最后访问日期：2022年9月23日。

投入力度以及增强应用成效具有重要的价值和意义。

(2) 从需求侧发力,"公众需求 – 政府供给"良性循环推动数字政府发展

正如上文提到的,数字政府建设的价值在于服务和使用。从需求侧视角切入,助推公众真正使用到数字化、智能化政府服务,了解公众对数字政府建设的了解程度、态度、看法与评价,收集用户第一手反馈信息,有利于从需求侧的使用端来推动数字政府建设,使之注重供给侧的发展。公众真正参与公共服务领域对政府的服务供给有极大的正向激励作用:一方面,有利于为政府提供信息,帮助政府更好地识别群众需求,从而制定满足公众需求的公共政策,完善公众所需的基础设施和配套服务,不断促进政府提高自身服务提供的质量和水平;另一方面,政府从需求侧出发,有利于及时获取公众对政府供给服务的评价反馈,发现服务过程中存在的问题和需改进之处,进一步改善公众的使用体验和满足公众多样化的需求,以合作共赢的方式共同推进数字政府建设。此外,重视需求侧有利于增进公众与政府之间的互动和交流,有利于推动公众对政府工作的了解与参与,减少分歧,改善政府与公众的关系(马亮、杨媛,2019)。由此,从需求侧发力,公众对数字政府服务的使用可从需求侧推动数字政府供给的发展,政府供给侧发展则可改善公众的数字政府服务体验,二者形成"公众需求 – 政府供给"的良性循环,共同推动数字政府价值释放和良性发展(见图3 – 2)。

需求侧　　　　供给侧
公众需求　⇄　政府供给

**图 3 – 2　"公众需求 – 政府供给"良性循环助推
数字政府价值释放示意**

（二）需求侧视角下的数字政府

为全面认识数字政府当前建设成效并推动未来数字政府建设，本章以需求侧为切入视角，提出从公众的认知、使用和评价三个维度来探究公众对数字政府的理解：公众对数字政府建设的服务体验是如何看待的？公众在使用数字政府服务过程中的体验是如何的？公众对此的评价是怎样呢？由此，本书从公众认知、使用、评价三个维度出发，探索需求侧视角下数字政府的真实图景。

1. 认知维度：公众对数字政府的认知情况

要推动新技术的发展和应用推广，首先需要建立用户对新技术在基本特征与功能属性方面的系统认知。在探讨数字政府建设时，认知层面涉及的主体包含供给侧的政府内部组织和需求侧的公众。从认知维度研究数字政府，明确技术定位，能够对整体建设蓝图有更宏观和全面的认知。

已有文献多从技术与组织关系的视角探讨对数字政府的认知情况，即更多从官僚组织内部探讨供给侧认知。目前，技术与组织关系的研究主要形成了三个有代表性的视角（张燕、邱泽奇，2009），从强调形式结构领域的古典理论"技术决定论"转向行动结构领域的"技术结构化理论"，再立足于信息技术出现后的技术实践特征进行思考，为理解技术与组织、技术与社会的关系提供了可操作的视角。基于前人提出的理论，学界展开了认知层面的研究。随着大数据技术不断被用于国家治理领域，李莉和吴江（2019）从技术认知视角探讨公务员对大数据的认知，通过对问卷数据进行实证分析探讨供给侧的政府组织成员对大数据技术的基本特征与功能的认知情况，从供给侧推动治理工作者接受大数据技术，使之得到更好利用。

供给侧层面的理论与实践研究为理解政府组织建设数字政府的动因提供了丰富成果，本研究将在已有文献的基础上，进一步从需求侧探究公众对数字政府的认知情况，进而分析出数字政府建设的宣传现状和未来着力方向，助力供给与需求两端的良性循环。

2. 使用维度：公众对数字政府的使用情况

数字政府的服务主体是公众。随着数字政府日益融合进生活领域，公众对数字政府的使用逐渐增多，办理相关业务的便利度大幅提升。公众使用为数字政府的发展带来重要价值：其一，数字政府只有真正为公众所使用，才能实现其全部效用；其二，公众在使用后所提供的反馈，又能促进数字政府的进一步发展。因此，就使用维度而言，应了解公众的用户体验，进一步感知公众的服务需求，以需求引导数字政府的建设和发展。

已有研究对公众使用端展开了探讨，侧重于关注公众的电子参与情况。电子参与使政府与公众之间拥有更多协商和对话的机会（Macintosh，2004），公众的电子参与受到多重因素驱动。从公众自身出发，公众的感知有用性、感知易用性、感知使用价值从心理上作用于公众的使用行为，其自身意识也影响电子参与的意愿（Nam，2014）；从政府能力出发，政府所建立的信任可以增强公众与其合作的倾向，进而促进电子参与，而政府高效高质地对公众需求做出回应，有利于公众产生强烈的动机，从而持续参与（Lee & Kim，2014）。

使用端的研究对公众的电子参与效果及其影响因素进行了深入探讨，但公众不仅通过数字政府参与政策过程，也通过数字政府获取信息和服务。基于此，本研究在使用维度上关注公众获取信息、获取服务、进行电子参与等多种使用行为，进而对公众数字政府使用情况形成更全面的认识。

3. 评价维度：公众对数字政府的评价情况

建设服务型政府是国家治理体系与治理能力现代化的题中应有之义，而数字政府则是完善政务服务、改善群众体验、提升治理效果的不二法门。在以人民为中心的发展思想指导下，数字政府建设应围绕公众的真实体验与需求展开。而了解公众的真实需求，则需要了解公众对于数字政府的评价。

已有文献对数字政府的评价进行了扎实的研究。数字政府涉及的问题包括信任、安全、隐私、可及性、熟悉程度、意识和公共服务的质量（Buckley，2003；Jaeger，2003）。在数字政府绩效评估方面，数字政府评估体系可分为数字基础准备度、数字环境支撑度、数字服务成熟度、数字协同治理度、数字公众参与度和数字技术使用度（王益民，2020）。Oliver（1999）从公众需求视角出发提出，满意度与服务质量密切相关，同时包括行为和情感方面。Martensen、Kristensen 和 Gronholdt（2000）则指出，不满意的原因可能是技术失败，或者技术和服务的设计问题。在此基础上，Alawneh、Al-Refai 和 Batiha（2013）根据已有文献提出了电子满意度决定因素的分析框架，包括安全与隐私、信任、可及性、公共服务质量和公共服务的意识。与此同时，已有文献还提及了基础设施建设、互动、易用性等其他因素。

可见，对数字政府进行评价是分析数字政府发展现状、推进数字政府高质量发展的必要抓手。本研究从公众需求端的评价出发，评估数字政府服务质量以及公众对数字政府的整体性评价，以期分析目前数字政府存在的优势与不足，为数字政府的治理效能提升提供切实可行的政策建议。

(三) 研究问题与分析框架

1. 研究问题

很少有研究从公众的视角对数字政府进行研究，这不利于系统全面地反映和理解当前数字政府建设的应用效果，也难以对数字政府建设起到推动作用。因此，本书提出以下研究问题。以公众需求侧为切入口，目前公众对数字政府的认知状况是怎样的？他们对数字政府所提供的各项服务的使用状况如何？公众是否有能力独立使用数字政府服务？在公众体验数字政府过程中，公众的需求是否能得到真正地满足，他们对于数字政府的评价又会是怎样的呢？本研究以此探究公众视角下的数字政府建设全貌。

2. 分析框架：一个视角、两个层次、三个维度

本研究为更全面、更深入地了解当前数字政府建设的现状和不足，采用需求侧主体视角从两个方面进行探索和深化。第一个方面，本研究采用城市与公众两个层次对数字政府建设背景下使用者问卷数据进行交叉分析（见图3-3）。城市层次是公众视角下看各地域各城市数字政府建设现状，公众层次是从公众需求出发看公众群体对数字政府的多样化需求。第二个方面，构建公众对数字政府认知、使用与评价框架体系，聚焦公众对数字政府的认知、使用与评价三个维度来更为全面地探索公众视角下数字政府建设现状与问题，为更深入地推进我国数字政府未来理论研究与实践探索提供参考（见图3-4）。

3. 研究维度：认知、使用与评价维度

（1）认知维度

在认知维度，本研究从技术认知、实践认知和价值认知三个

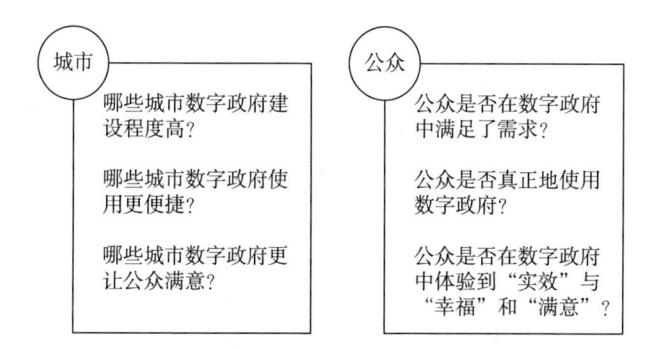

图 3-3 城市与公众两种研究视域

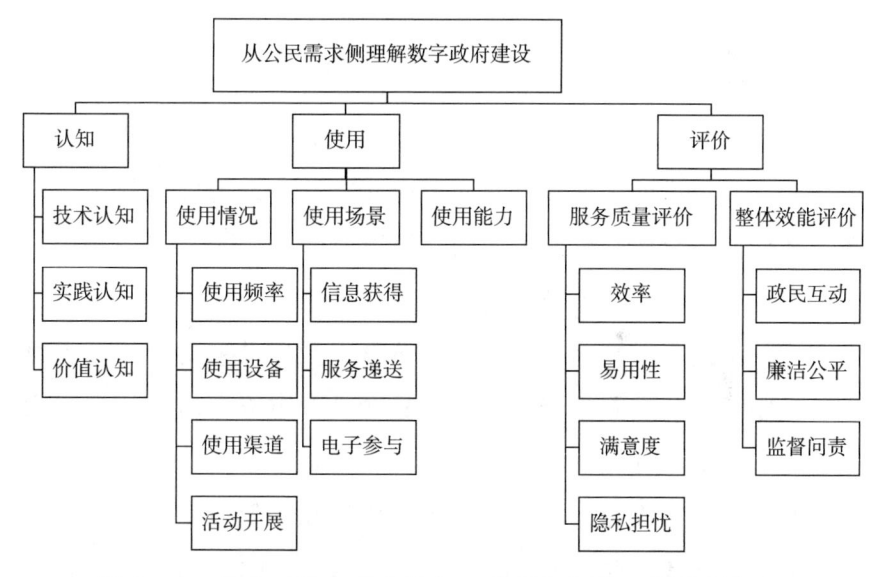

图 3-4 公众对数字政府认知、使用与评价三维分析框架

方面构建公众对数字政府的认知情况。其中,技术认知是公众对数字政府相关技术或信息化平台的了解程度;实践认知是公众对数字政府创新实践的了解情况;价值认知是公众对数字政府的重要性的认知情况。

①技术认知

信息技术的迅猛发展推动政府各部门广泛使用网站、社交媒体、大数据分析等新兴信息技术。电子政务是指政府部门在发布政务信息、提供公共服务等方面使用各类信息技术，从而提高政务透明度、公共服务绩效和响应力的过程（West，2005）。数字政府的内涵比电子政务更广，在讨论数字政府时首先需要分析与电子政务相关的一系列技术认知。因此，本研究在认知维度设置"技术认知"这一指标，了解公众对所在城市数字政府相关技术或信息化平台，如政府门户网站、政府服务热线（12345）、官方移动政务 APP、第三方移动政务平台（如微信城市服务、支付宝市民中心）等的了解程度。

②实践认知

日新月异的大数据技术还带来了政府内部结构和流程、政府与民众之间关系的全面重塑，也就是说，数字政府除包括电子政务，还涉及公众参与、业务协同和组织变革（Milakovich，2012）。数字政府建设以大数据技术为媒介，是一个需要政府与公众双方参与的互动过程。在这个过程中，公众对数字政府的认知深深影响着数字政府的实际运行效果，而这种认知差异一方面来源于大数据技术本身多样化的内在属性，另一方面来源于个体主观上认知水平的差异。因此，本研究设置"实践认知"这一指标，了解公众对所在城市的数字政府创新实践，如一站式数字政务服务、移动政务、"一网通办"、"一网通管"和"城市大脑"等的了解程度。

③价值认知

雅斯贝尔斯主张技术中性论，认为技术意义由人赋予，人们对技术属性与功能的认知影响着技术的最终应用效果。由于不同主体在学历、社会地位与办理业务的需求等方面有着差异性，他们在接触大数据技术时会对其有用性产生不同认知（李莉、吴江，2019）。因此，本研究设置"价值认知"这一指标，了解公众对所在城市数字政府建设，如提升政务服务质量、提高政府治理能力、促进城市经济发展等的价值认知。

（2）使用维度

公众的使用维度包含使用情况、使用场景、使用能力三个子维度。使用情况可以反映公众的使用行为，进而可以从中了解公众的使用倾向。使用场景反映公众在数字政府场域中的使用行为，在特定场域中，数字政府可以满足公众需求，实现数字政府的价值。使用能力体现公众发挥主观能动性，提升个人素养，以适应数字化时代。

①使用情况

使用情况包含使用频率、使用设备、使用渠道、活动开展四个子维度。

数字政府需要覆盖更广泛的受众，实现更广泛的参与（Macintosh，2004），而公众对于数字政府的使用需要基于对互联网的使用。使用频率反映公众对互联网的使用频次和使用程度，一定程度上可以反映数字政府使用的覆盖范围和重要程度。

数字政府的目标之一是以目标受众更易于访问和理解的形式提供相关信息（Macintosh，2004）。当今，越来越多的设备接入互联网，诸如家庭和公共场所的电脑、移动电话等，但这些设备的可访问性影响着公众的使用（Macintosh，2004）。多样化的设备为公众使用互联网提供支持工具。使用设备可以反映出公众更倾向于通过何种方式使用数字政府相关平台。

公众了解政府有两种不同的信息渠道，即人际渠道和大众媒体渠道（Dimitrova & Chen，2006）。随着信息技术的发展，互联网为公众开展活动提供了新的渠道和支持。使用渠道可以反映公众使用数字政府实现目的的方式。

公众和企业使用数字政府通常出于三个目的，即获取信息、以电子方式与政府进行沟通及参与政府决策（Marchionini, Samet, & Brandt, 2003）。随着互联网日益融入生产、生活的方方面面，公众可运用互联网处理多种事务，活动开展可从实践角度反映公众使用互联网的目的。

②使用场景

数字政府的使用主要是对其所提供的信息和服务的使用，除此之外，在数字政府日益发展的背景下，公众对数字政府的使用已经演变为包括电子民主和电子参与（Nam, 2014）。Nam（2014）将数字政府的用途归结为五种：一是服务使用；二是信息使用，即查询一般信息；三是政策研究，即查找与政府政策相关的信息；四是参与决策和讨论过程；五是共同创造，即与政府和其他公众共同制定政策、提供信息和服务。在此基础上，公众使用数字政府的场景可概括为信息获得、服务递送和电子参与。

③使用能力

在数字化转型发展的背景下，适应数字时代成为必然要求，公众的数字素养亟须提升。在此背景下，提升公众的数字素养已成为国家战略（蒋敏娟、翟云，2022）。同时，在公众使用率不断提升的向好趋势下，也要看到我国数字政府使用中所存在的数字鸿沟，数字鸿沟背后的重要影响因素之一便是使用能力（Ferro, Helbig, & Gil-Garcia, 2011）。可见，数字政府的使用能力既体现出公众的数字素养和对数字政府的适应力，也体现出缩小数字鸿沟的努力方向。

（3）评价维度

①服务质量评价

数字政府的服务质量在互联网时代已成为公共服务质量的基

础组成部分。技术赋能下，公众对于公共服务的期待也会有所提高。由此，许多服务质量的评估方式得以发展，包括服务差距理论（service gap theory）、SERVQUAL方法、用户感知质量理论（customer percieved quality theory）和三因素质量模型（three-factor quality model）（Huai，2011）。其中，Parasuraman、Zeithaml、& Berry（1988）从11个维度评估电子服务的质量，包括接入、导航的简便、效率、个性化、安全与隐私、负责任、信任、知识付费、页面美观、可靠性和灵活性。Buckley（2003）总结已有文献后认为，电子服务质量的主要衡量维度包括效率、可靠性、隐私和用户满意度。基于已有研究，本研究在服务质量评价方面设置效率、易用性、满意度和隐私担忧四个指标。

②整体效能评价

数字政府提供的服务作为政府公共服务的一部分，会影响到公众对于政府的评价。Lee和Kim（2018）指出，当公民更加信任政府，并且与线下社会团体的联系较弱时，他们往往会更积极地参与数字政府的使用。公民参与者认为政府对他们的意见做出回应可以促进他们的电子参与。Harrison等（2012）则认为，数字政府可以促进政府与公民间更透明、更具参与性和合作性的互动，从而推动建设更加民主的"开放政府"。Welch、Hinnant和Moon（2005）发现，对数字政府的满意度与对政府的信任度呈正相关关系。综合已有文献，本研究设置政民互动、廉洁公平、监督问责三个指标，用以衡量数字政府的实际影响。

（四）研究方法

1. 数据采集

数字时代，数字化转型深刻影响政府的运作模式，数字政府将大数据与数字治理深度融合，数字技术对政府组织、服务流程以及决策模式等各方面都进行了数字化重塑，推动着政府治理体系与治理能力向现代化方向不断发展和变革。数字政府政务服务的主要对象是公众，公众作为数字政府的使用主体对于数字政府建设的优劣也最有发言权。在关注数字政府建设成效与政务服务质量的同时，本研究从需求侧与使用端出发探讨用户的主观感知、使用体验与真实评价，以需求侧获取的信息数据帮助政府理解公众眼中目前数字政府建设的进程，帮助政府发现数字政府建设过程中存在的问题，提出未来数字政府更好提供公共服务的路径，以达到"以评促建""以评促改"的积极效果。

本研究选取省会级以上城市的居民作为研究对象，通过问卷调查的方式，收集了来自我国36个省会级以上城市（详情如表3-1所示）共11720份有效调查问卷，对我国省会级以上城市的数字政府使用者进行调查，了解使用者对数字政府的认知情况、使用情况与评价情况，回应研究问题，为全面认识数字政府以及推动数字政府未来建设提供对策建议。

本研究选取省会级以上城市居民进行调查的原因包括：其一，在集约化政务服务的背景下，省会级城市具有承上启下的战略地位，是贯彻中央政策的重要一环；其二，我国省会级以上城市作为各省份重点发展的城市，在经济发展、基础建设以及文化等各方面都具有优势。正因如此，这些城市也正代表了其所在省份与地区数字政府发展的状况与水平，在各省份数字政府的创新建设水平方面具有代表性与典型性。本研究所选取的样本范围覆盖我国各地区，囊括所有省份的省会城市、副省级城市以及直辖市，在样本选取上具有一定的代表性，能够较好地反映目前我国数字政府建设的现状。

表3-1 调查样本所在地级市

序号	城市	序号	城市	序号	城市	序号	城市
1	北京市	10	杭州市	19	南宁市	28	乌鲁木齐市
2	沈阳市	11	合肥市	20	宁波市	29	武汉市
3	成都市	12	呼和浩特市	21	青岛市	30	西安市
4	大连市	13	济南市	22	厦门市	31	西宁市
5	福州市	14	昆明市	23	上海市	32	银川市
6	广州市	15	拉萨市	24	深圳市	33	长春市
7	贵阳市	16	兰州市	25	石家庄市	34	长沙市
8	哈尔滨市	17	南昌市	26	太原市	35	郑州市
9	海口市	18	南京市	27	天津市	36	重庆市

2. 数据分析

本研究在全面梳理国内外相关文献的基础上，构建公众对数字政府认知、使用与评价的框架体系，聚焦一个视角（需求侧视角）、两个层次（城市层次与公众层次）、三个维度（公众对数字政府的认知、使用与评价维度）开展问卷调查。通过问卷调查，本研究采集了我国省会级以上城市居民对我国数字政府的认知情况、使用情况与评价情况。调查样本涵盖范围广，可从全国层面了解我国城市居民对数字政府的认知、使用和评价情况，具有较强的代表性。

为更深入地理解与认识公众视角下我国数字政府建设情况，本研究运用数理统计和对比分析的方法，采用SPSS 26.0版本和Excel对问卷数据进行描述性统计和交叉比较性分析。

(五) 研究发现

1. 整体情况

(1) 数字政府建设呈现"硬件设施落实、配套软件缺位"，

公众普遍认可数字政府的重要性，但认知程度不高

公众对数字政府的高需求能够助推各地政府推行数字化政务服务。调查结果显示，全国58.55%的公众认为数字政府"非常重要"，有31.56%的公众认为数字政府"比较重要"（见图3-5），即受访者普遍认可数字政府的重要性，价值认知情况相对较好。对数字政府重要性程度的认可反映出公众对数字政府的接受度普遍较高，并认同数字政府建设的意义和价值。

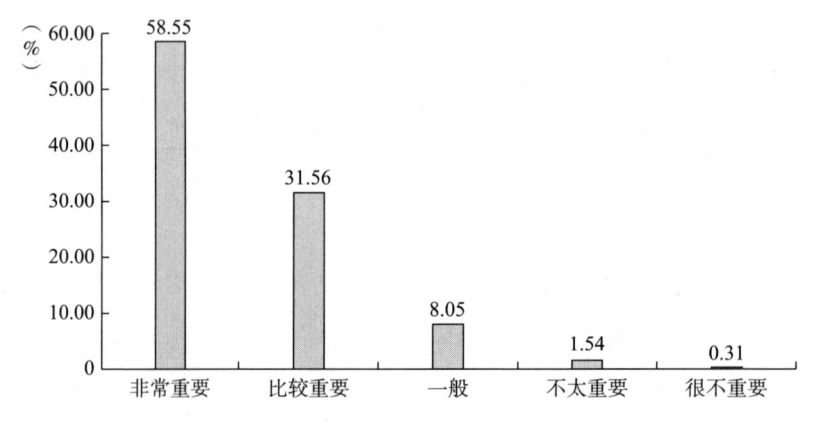

图3-5 公众对数字政府的价值认知情况

本研究将"技术认知率"定义为公众对数字政府相关技术"非常了解"和"比较了解"的公众占比。调查数据显示，技术认知率为30.59%，但仍有43.48%的公众表示不了解（包括"比较不了解"和"非常不了解"）数字政府相关技术（见图3-6）。

本研究将"实践认知率"定义为对数字政府创新实践情况"非常了解"和"比较了解"的公众占比。调查数据显示，实践认知率为13.99%，仍有65.16%的公众表示不了解（包括"比较不了解"和"非常不了解"）数字政府创新实践情况。

可见，公众对数字政府的认知程度仍有进一步提升的空间，政府需要进一步加强对数字政府相关技术与创新实践情况的宣传

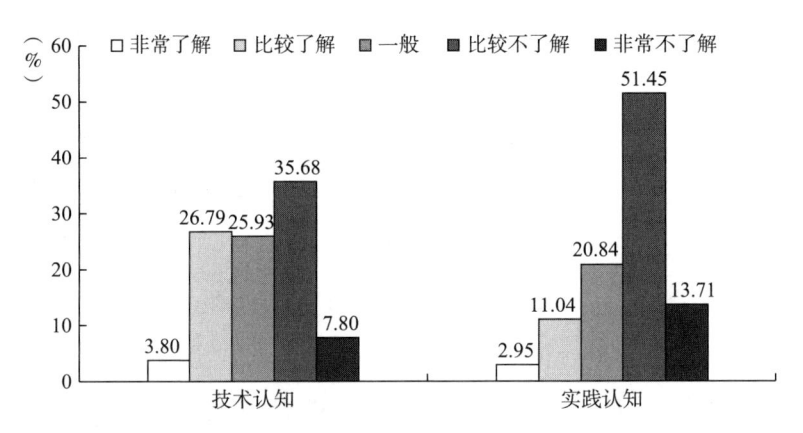

图 3-6 公众对数字政府的技术认知与实践认知情况

和普及,让公众不单单认可数字政府的价值,更能足够了解数字政府并真正享受数字政府改革的红利。具体而言,在数字政府未来的宣传工作中,一方面,可以采取更丰富的宣传形式,如采取线上和线下相结合的方式;另一方面,可以面向对数字政府了解程度不高的群体精准宣传,让这类群体能了解数字政府的基本信息,认可其便捷性和重要性,进而实现有效宣传。

(2) 公众对数字政府使用率高,偏好服务性信息的获得以及生活性服务的使用,相对忽视主动性的电子参与

①线上渠道使用率高,官方网站为优先选择,需不断畅通各类渠道以为公众提供支持

公众对数字政府的使用基于对互联网的使用。在使用频率上,绝大多数公众"几乎每天都使用互联网",占比高达92.17%,"经常使用互联网"的公众占比为3.14%,"有时使用"的公众占比为1.47%,"很少使用"的公众占比为0.90%,"从来不使用"的公众占比为2.33%。由此可见,我国公众互联网普及率高,互联网日益融入公众的日常生活。较高的互联网使用率为公众使用数字政府奠定了基础,有利于减少数字政府推广

过程中的阻碍。当公众对互联网技术掌握程度更高时，其在使用数字政府时将更加熟练。

在使用设备上，公众最常使用的设备为智能手机和笔记本电脑。其中，在问卷调查中，选择智能手机的公众最多，占比为89.33%；选择笔记本电脑的公众居第二位，占比为34.69%。由于智能手机的小巧、便携等优点，加之能满足大多数互联网需求，其成为公众最倾向于使用的智能设备。尽管智能手机可以满足基本需求，但小巧的特点使其有时难以满足办公需要，因此，在工作办公等方面，笔记本电脑、台式电脑也是公众最需要的设备。无论是智能手机的使用还是电脑的使用，都表明智能设备日益融入公众的生活与工作，不断满足基本生活需求和工作办公需求等。此外，公众对平板电脑、数字电视等也有一定的使用，上网设备的日益多样化为数字政府的使用提供了工具支持。

在使用渠道上，互联网的诞生为公众办理政务事务或参与政务活动提供了新型参与手段。在获取政务信息或服务时，公众总体偏好使用线上渠道，占比为66.36%，但仍有20.57%的公众偏向使用线下渠道。此外，有13.06%的公众从未通过以上两种渠道来获取政务信息或服务。由此可见，数字政府的受众面仍需进一步扩大，公众政务利用和参与的意识也需提高。未来在建设数字政府的过程中，需要不断完善数字政府相关技术，从体验感等方面提高公众对互联网渠道的使用率；同时，加大对政务活动的宣传，推动公众多渠道参与政务活动，提升数字政府的利用率。

对于在参与政务活动方面偏向选择线下渠道的公众而言，有33.08%的公众认为线下渠道更方便；有23.91%的公众认为线下渠道更安全，即能更好地保护个人隐私；有15.13%的公众认为线下渠道更高效，即可节省时间和精力；有17.17%的公众不知道互联网渠道，即不知道互联网渠道的存在以及如何使用该渠道获取信息或服务；有10.72%的公众不习惯互联网渠道。因此，数字政府建设的便利度、安全性、有效性等需进一步提升。在未来的数字政府建设中，应不断改进数字政府技术，提升数字政府的便利度，注重网站安全与隐私保护，提升公众对数字政府的信任感，加大数字政府的宣传力度与普及力度，吸引更多公众使用数字政府。

线上渠道主要有三种具体渠道，分别是官方网站，如政府门户网站、政府服务热线（12345）；官方移动政务渠道，如移动政务客户端或小程序；第三方移动政务渠道，如微信城市服务、支付宝市民中心等。目前，对于数字政府不同线上参与渠道，公众最优先使用的是政府官方网站（见图3-7），这是公众的第一渠道选择。同时，绝大多数公众将官方移动政务渠道视为第二渠道选择，而第三渠道选择多为第三方移动政务渠道。使用渠道体现出公众对不同平台的信任程度，公众优先使用官方网站体现了其对官方网站的信任。官方网站在一定程度上依赖电脑等设备，手机端则更能提升便捷度。未来数字政府也需要不断加强官方移动政务渠道和第三方移动政务渠道的建设，为公众线上渠道的使用提供更多便利。

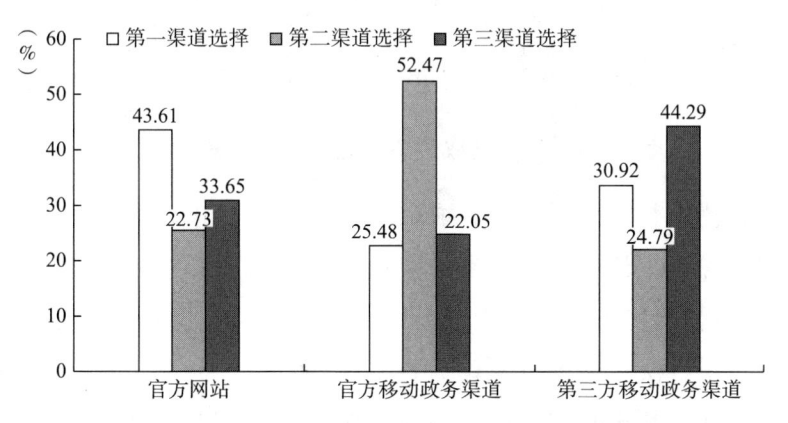

图3-7 不同线上渠道的使用情况排序

②基本生活需求引领公众重视民生类信息及服务的获取，但电子政务活动参与率低，需不断提升积极性。

公众是数字政府的接收端，通过数字政府接收信息或享受服务。在使用数字政府平台获得信息的过程中，公众偏好获取民生服务类信息，如教育和医疗等方面的政策、突发公共事件的应急预案、公共卫生监督检查情况等，占比高达41.02%（见图3-8）。同时，也有一定比例的公众获取过政府内部管理类信息、政府对外管理类信息、发展类信息、人力资源类信息。由此可见，数字政府提高了信息的可获得性，公众对民生服务类信息的重视体现出公众的日常生活需求，未来数字政府应当进一步充实信息库，为公众提供全面多样的信息。

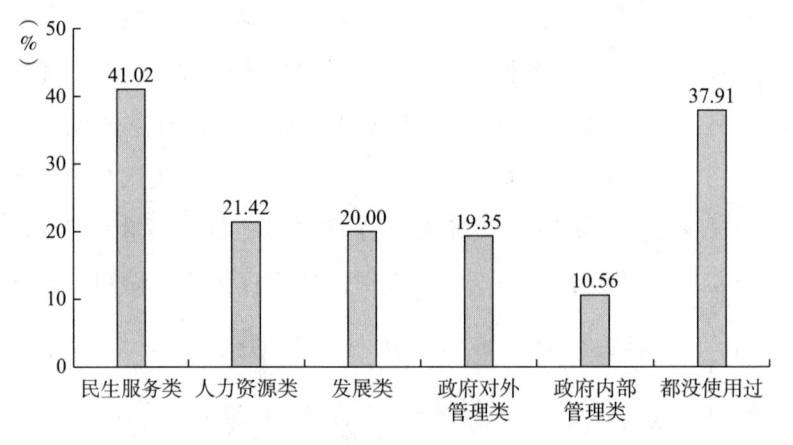

图3-8 公众获取政务信息或公共信息的类别

在使用数字政府平台获取政务服务的过程中，公民注重获取缴费服务和生活服务（见图3-9），缴费服务如社保缴纳、个人纳税申报、教育缴费、水电燃气缴费等，生活服务如看病就医、交通出行、法律咨询、文化体育、气象服务、防疫服务等。公众较少地使用数字政府获取户政执照服务和权利与救助服务。由此可见，公众重视生活性服务的获取，差异产生的原因在于缴费服务和生活服务属于公众日常生活中较为刚性的需求，而户政执照服务和权利与救助服务通常只在特定时空下产生需求。

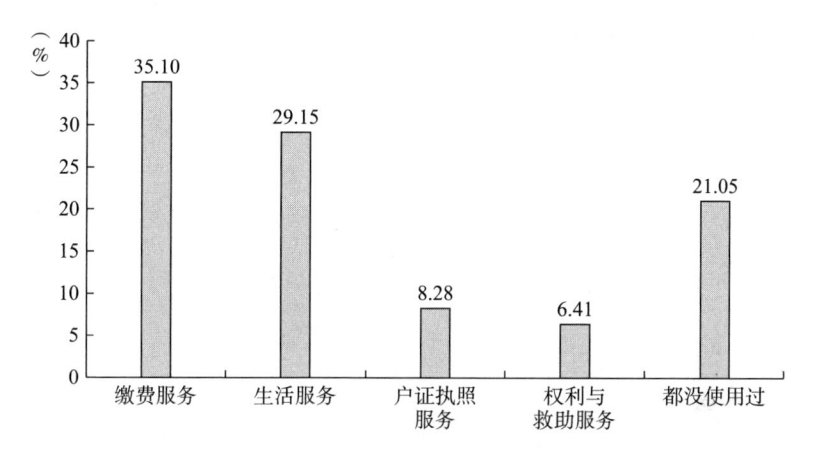

图 3-9 公众获取政务服务或公共服务的类别

在公众使用数字政府获取信息和服务的同时，仍有多数公众未曾使用数字政府获取相关信息或服务，原因可能在于公众对数字政府的使用了解不足，或是数字政府提供的信息或服务无法满足这些公众的需求。由此可见，公众对数字政府的使用程度仍有待提升，未来，一是需要加大宣传，促进业务服务普及，二是要不断优化业务结构，推动公民增加对数字政府的使用，实现数字政府的信息价值和服务价值。

此外，公众电子参与积极性不高。对于电子参与的公众而言，他们主要参加政府组织的线上民意调查、网络听证会、网络投票等，这类活动由政府发起，是一种被动性质的参与行为。另外，公众也较多进行咨询或投诉政务服务和公共服务，以及在社交媒体平台上讨论政策内容或公共议题，进行发帖、评论、转发、点赞，此类活动由公众自发进行，属于主动性质的参与行为。由此可见，公众的电子参与兼具主动性与被动性。然而，仍有 64.89% 的公众从未参加过政务活动（见图 3-10），可见公众参与电子政务活动的积极性不高、主动性不强。数字政府的建设离不开公众参与，需要不断引导公众增强主人翁意识，提高参与的积极性，从而有利于政府了解公众意见，以不断提高政府治理能力。

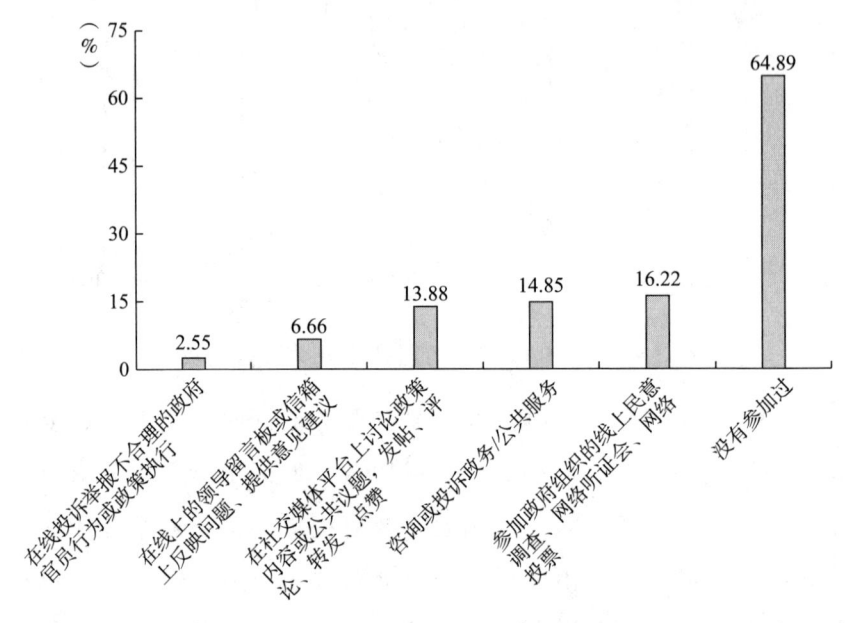

图 3-10 公众电子参与活动的类别

（3）数字政府的服务质量整体评价较高，但信息安全风险问题仍有待提升

①整体上，数字政府建设服务质量评价较高

在数字政府服务满意度方面，29.31%的受访者对数字政府"非常满意"；"比较满意"的受访者最多，占比为54.05%；给予"一般"评价的受访者占比为14.82%；仅有1.12%的受访者对数字政府服务"比较不满意"，以及占比0.71%的受访者感到"非常不满意"（见图3-11）。这表明目前数字政府服务发展呈现积极向好态势，获得了公众的普遍认可。对于满意度不高的民

众，政府工作人员应进行细致的调研，了解现有数字政府的不足，进行有针对的改进。

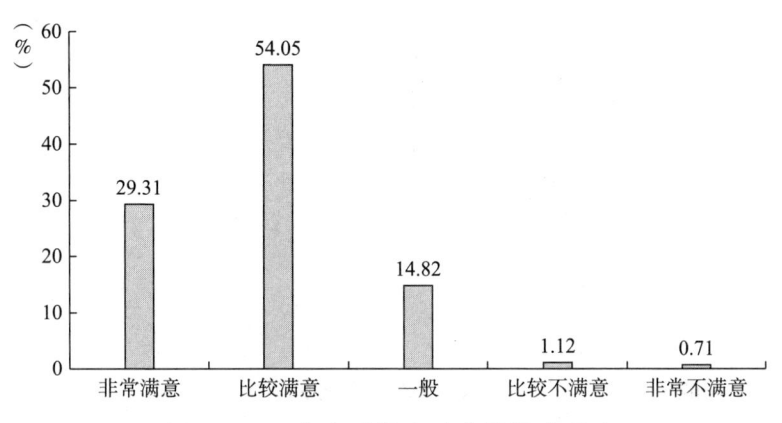

图 3-11　公众对数字政府的满意程度

②数字政府技术包容建设初见成效，超八成公众能独立使用数字政府服务

在数字政府易用性方面，超过八成的省会级以上城市的公众认为自己能够独立使用数字政府服务。其中有 39.05% 以及 48.33% 的受访者对"没有他人帮助也有信心使用数字政府服务"表示"非常认同"和"比较认同"，有 8.74% 的受访者表示"一般"，持中立态度，仅有 3.06% 的受访者表示"比较不认同"以及 0.82% 的受访者表示"非常不认同"（见图 3-12）。这说明目前省会级以上城市的数字政府建设在易用性方面表现较好。

③数字政府建设极大地推动了政府效能的提升，办事流程更简，问题解决更优

在数字政府效率方面，高达 94.06% 的受访者对"数字政府能够使办事流程更简单，节约了我的时间和成本"表示"比较认同"和"非常认同"。其中，有 50.25% 的受访者表示"非常认同"，有 43.81% 的受访者表示"比较认同"。另外，有 4.43% 的

比较不认同 非常不认同
3.06% 0.82%
一般
8.74%

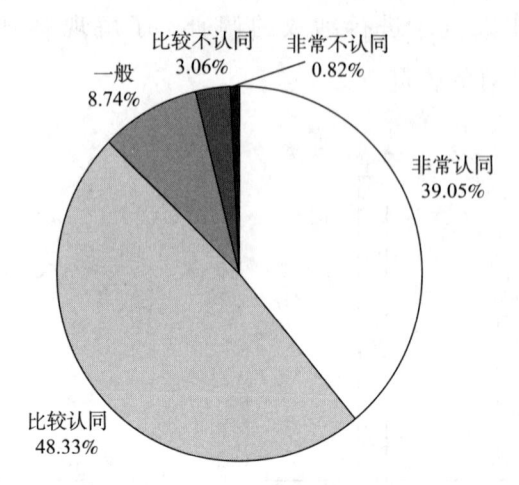

非常认同
39.05%

比较认同
48.33%

图 3-12　公众对数字政府的易用性评价

受访者表示"一般",持中立态度,还有 1.07% 和 0.44% 的受访者分别表示"比较不认同"或"非常不认同"(见图 3-13)。可见,数字政府有效地提升了政务服务的效率,且已获得公众的普遍认可。发展数字政府是服务型政府建设、政务服务转型的必经之路。

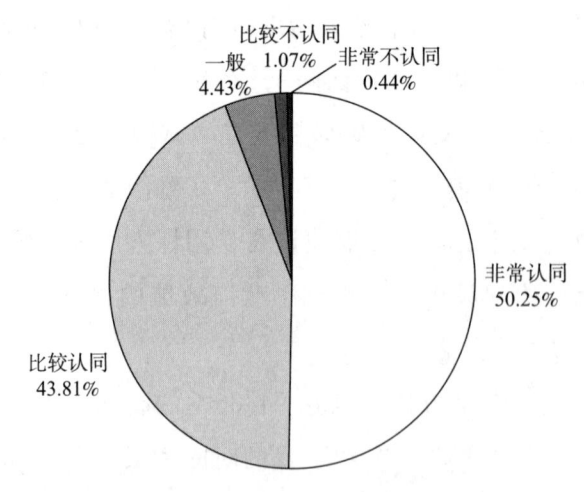

比较不认同 1.07%
一般
4.43%
非常不认同
0.44%

非常认同
50.25%

比较认同
43.81%

图 3-13　公众对数字政府的效率评价

④隐私风险成为数字政府建设的重大命题,半数群众忧虑隐私风险

在隐私担忧方面,超过五成省会级以上城市的公众对于隐私泄露、信息违规使用等信息安全风险持担忧态度。有20.75%的受访者表示"非常担忧";有36.03%的受访者表示"比较担忧";有17.32%的受访者表示"一般",持中立态度;有17.77%的受访者表示"比较不担忧";有8.13%的受访者表示"非常不担忧"(见图3-14)。这一数据结果体现了大部分公众对使用数字政府过程中隐私安全风险的担忧。政府必须增强对公民隐私保护的能力,不断完善政务信息的标准,促进数据的合法合规使用,加强个人信息保护,使数据能够真正取之于民、造福于民。

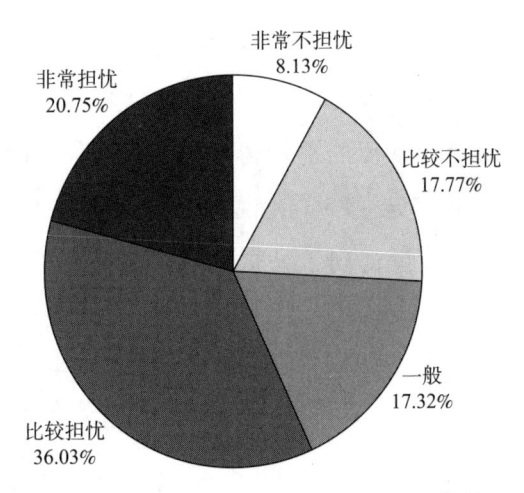

图3-14 公众对数字政府的隐私担忧情况

2. 城市视域

整体上,数字政府需求侧建设处于初步发展阶段,杭州、宁波、厦门等城市表现亮眼;多方需重视促进数字政府需求端建设,特别是数字政府建设中公众使用维度的发展,不断激发各城

市数字政府发展潜力。

(1) 各城市数字政府建设的整体情况

①城市维度差距：使用维度得分低，需促进认知与评价转化为使用

在城市三个维度的得分率中，首先，使用维度得分率最低，绝大多数城市位于30%~40%，使用维度的平均得分率为32.02%。由此可见，一方面，数字政府在实际落实过程中公众并未完全在使用；另一方面，公众积极性不高，利用数字政府获取便利的意愿不强，因此需不断改善服务体验，吸引公众运用数字政府办理事务和获取服务，使数字政府实现最大限度的使用。其次，认知维度得分率位居第二，认知维度的平均得分率为64.48%，绝大多数城市位于60%~70%，说明数字政府在一定程度上进入公众生活之中，但仍需加强数字政府的宣传和推广，进一步提高公众对数字政府的了解程度和关注度。最后，评价维度得分率最高，评价维度的平均得分率为79.52%（见图3-15），绝大多数城市位于75%~85%，说明使用过数字政府的公众满意度较高，数字政府建设得到了公众的认可。公众的认可与支持具

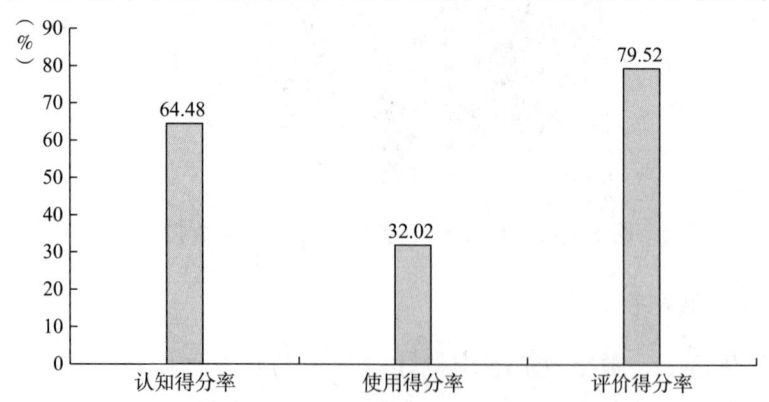

图3-15 被测试城市不同维度的平均得分率

有反推作用，因此，需利用良好的公众认知与认可基础，继续提高数字政府服务效率，降低公众办事成本，缩短服务时间，进一步满足公众期待，将高认知、高评价转化为高使用。

②城市梯队差距：杭州、宁波、厦门等城市表现出色，领先公众需求端数字政府建设

本研究按照1∶1∶1的比例对认知、使用、评价三个部分进行赋分，每个维度分值为30分，加总后满分为90分，再根据各个城市的总得分计算出总分得分率。按照各城市的总分得分率由高到低排序，本研究将总分得分率最高的3个城市划分为第一梯队，将总分得分率排名在4~10位的城市列为第二梯队，将总分得分率排名在11~24位的城市划分为第三梯队，将总分得分率排名在25~36位的城市划分为第四梯队。

总体而言，尽管目前在供给侧方面，各城市在投入与创新方面有所差异，导致供给侧建设存在差距。但是从公众需求侧视角来看，整体上，我国各城市得分并不尽如人意，所有城市的总分得分率均在65%以下，可见公众似乎并未完全使用和享受到政务服务创新带来的便利与福利。同时，实际上城市之间的差距并不大，总分得分率最高的杭州市为64.79%，与总分得分率最低的城市相差8.88个百分点。

就不同梯队而言，杭州、宁波、厦门三个城市领跑于其他城市，其中杭州总分得分率达64.79%。三个城市可能由于经济基础较好、政府高度重视等，从而整体得分较高，属于领跑型。第二梯队整体得分表现较好，其中，青岛、福州、济南、长沙、成都五个城市的总分得分率在60%以上，呈发展壮大趋势，为发展型城市梯队。第二梯队与第一梯队的差距主要体现在认知维度上，需重视提升公众对数字政府的关注和了解。第三梯队为稳进

型，内部整体差异较小，而其内部差异主要体现在认知维度和使用维度上，需加强数字政府的宣传力度和提升服务效能，提升公众认知度和使用意愿。第四梯队为潜力型，目前数字政府建设水平整体不高，反映出该梯队的公众对数字政府的关注程度较低，数字政府的建设效果不佳，公众满意度不高，难以达到数字政府提升政府治理能力、提高公众服务体验感的效果，但也意味着数字政府的发展潜力较大，需加强政策倾斜，开展政府间交流活动，多方发力提升数字政府建设水平。

③城市分维度差距：领跑城市在三维度均表现突出，青岛、福州等城市单维度拉动效应明显

根据城市总分得分率的高低，从左至右排列各城市的认知得分率、使用得分率、评价得分率，居前20位的城市如图3-16所示。

就总体变化趋势而言，各城市分维度的得分率总体上与总分得分率趋势保持一致，即整体上从左至右得分率呈下降趋势，其中，三个领跑型城市在三个维度的表现依旧处于前列。此外，相比总分得分率所呈现的平滑曲线，分三维度的得分率起伏较为明显，特别是青岛的评价得分率、福州的认知得分率的"凸点"较为突出，可见多数城市在认知、使用、评价的均衡发展上存在不足，但在某个方面具有相对优异的成绩。

在同一维度不同城市的差异方面，尽管各城市总分得分率差异较小，但按照维度划分后的得分率呈现更大的差异。认知维度得分率最高为72.9%，最低为59.9%，相差13.0个百分点；使用维度得分率最高为38.1%，最低为28.9%，相差9.2个百分点；评价维度得分率最高为84.8%，最低为76.3%，相差8.5个百分点。由此可见，认知维度和使用维度需进一步加强城市间交

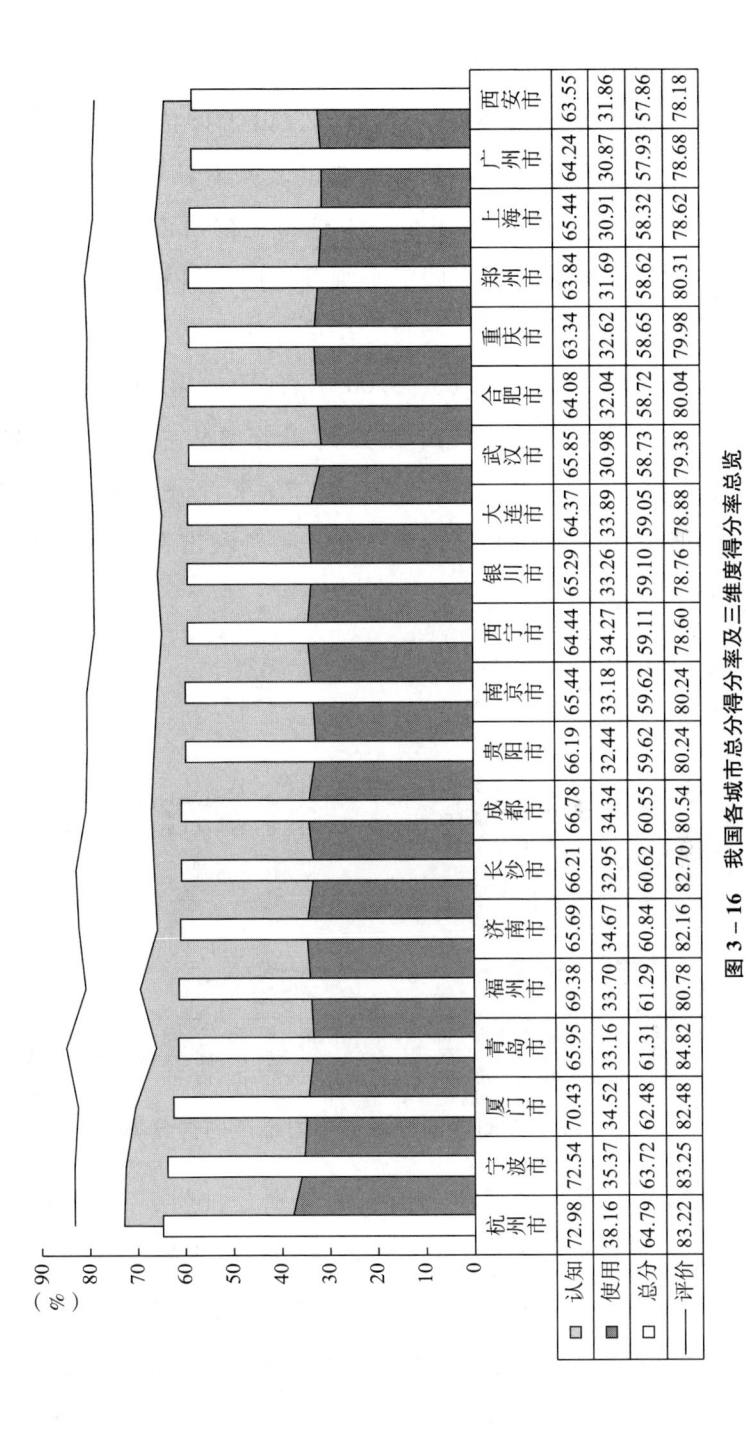

第三章 技术发展与服务创新的归属点

	杭州市	宁波市	厦门市	青岛市	福州市	济南市	长沙市	成都市	贵阳市	南京市	西宁市	银川市	大连市	武汉市	合肥市	重庆市	郑州市	上海市	广州市	西安市
认知	72.98	72.54	70.43	65.95	69.38	65.69	66.21	66.78	66.19	65.44	64.44	65.29	64.37	65.85	64.08	63.34	63.84	65.44	64.24	63.55
使用	38.16	35.37	34.52	33.16	33.70	34.67	32.95	34.34	32.44	33.18	34.27	33.26	33.89	30.98	32.04	32.62	31.69	30.91	30.87	31.86
总分	64.79	63.72	62.48	61.31	61.29	60.84	60.62	60.55	59.62	59.62	59.11	59.10	59.05	58.73	58.72	58.65	58.62	58.32	57.93	57.86
评价	83.22	83.25	82.48	84.82	80.78	82.16	82.70	80.54	80.24	80.24	78.60	78.76	78.88	79.38	80.04	79.98	80.31	78.62	78.68	78.18

图 3-16 我国各城市总分得分率及三维度得分率总览

流与学习，缩小城市间差距。

在同一城市不同维度的差异方面，由于评价得分率总体较高，使用得分率总体较低，各城市维度之间差异较大（见图3-17）。在总体差异方面，西宁市、大连市、杭州市的各自三个维度得分率的差值最为接近，即三个维度之间发展相对均衡。得分率最高的维度（评价维度）与得分率最低的维度（使用维度）之间分别相差44.33个百分点、45.00个百分点、45.06个百分点，青岛市、长沙市、长春市三个维度的得分率相差最大，分别为51.66个百分点、49.75个百分点、49.73个百分点。由此可见，一些城市在三个维度的发展较为均衡，一些城市在某一维度表现更为出色。

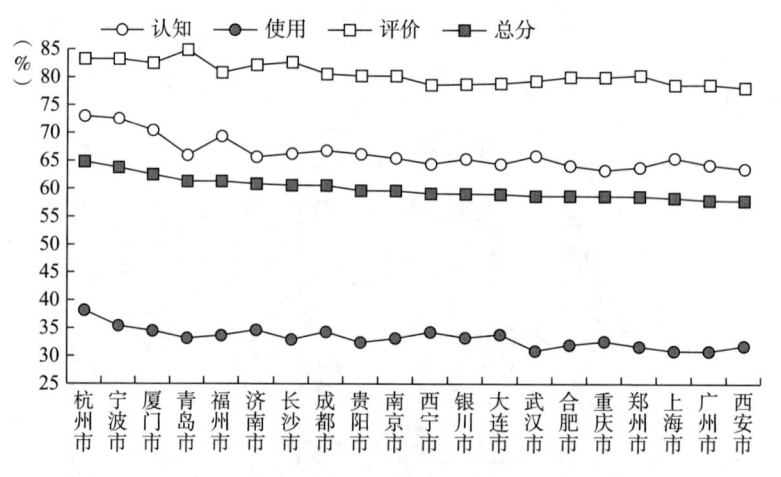

图3-17 被测试部分城市不同维度的得分率

在认知维度上，排名位列前三的分别是杭州、宁波和厦门，与总分得分率排名一致，其余城市的认知得分率排名与总分得分率排名差异也较小（见图3-18）。福州、上海、乌鲁木齐等城市认知维度的得分率对总分得分率具有一定的拉动效应。尽管乌鲁木齐在总分得分率上位于第四梯队，但其在认知维度上表现较好。青岛、济南的认知维度得分率与其总分匹配程度较差,存在向下偏离的情况,需进一步推动数字政府信息的公开和宣传,使公众了解数字政府并认识到数字政府的重要性,从而提升公众认知度。

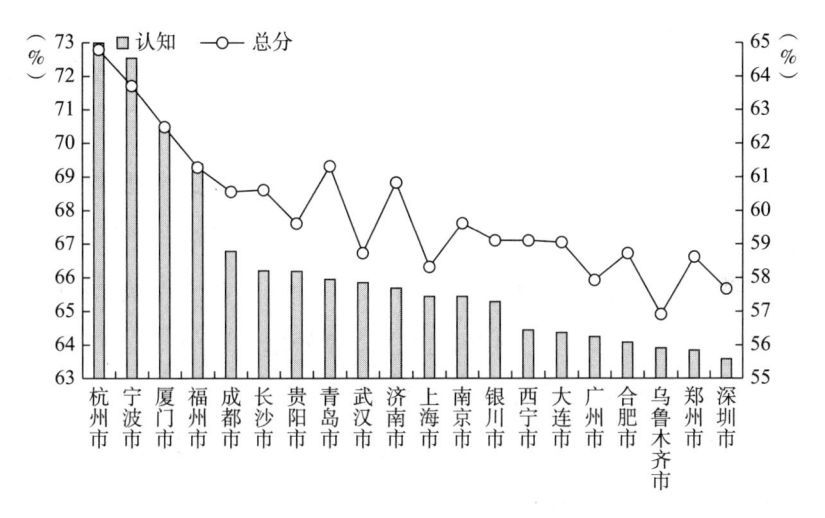

图 3-18 部分被测试城市的认知维度得分率

在使用维度上,杭州、宁波排名位列前二,与总分得分率排名相同(见图 3-19)。西宁、大连等城市使用维度的得分率对总

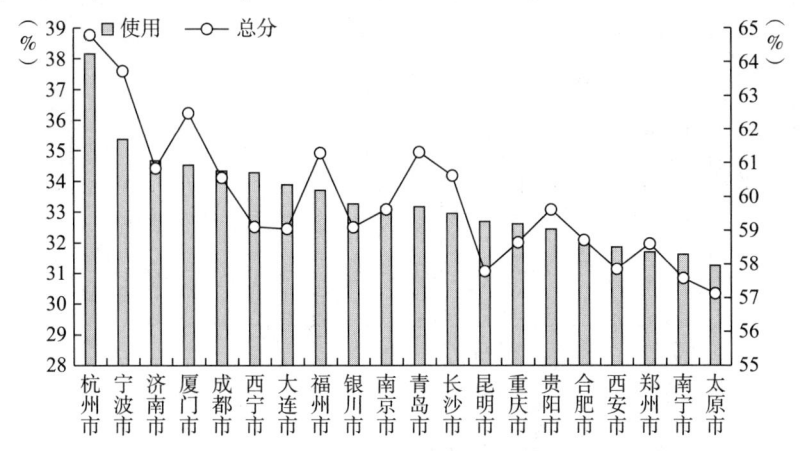

图 3-19 部分被测试城市的使用维度得分率

分得分率具有较强的拉动效应。石家庄市的总分得分率较低，但其在使用维度上具有相对优势，需利用好公众较高的数字政府使用率，不断丰富服务内容、完善服务体验，提升公众的满意度和感知有用性，促进公众认知和评价的得分率提升。而青岛、贵阳的使用得分率与其总分匹配程度较差，呈现一定的偏差，需基于良好的数字政府建设基础，进一步提升公众使用率，满足公众期待。

在评价维度上，评价得分率排名与总分得分率排名偏差较大。青岛的评价得分率居于首位，为84.82%（见图3-20），远远高于总分得分率领跑的杭州、宁波、厦门。长沙、郑州评价维度的得分率在一定程度上拉动了总分得分率，而大连、银川、西宁的评价得分率在一定程度上拉低了总分得分率。此外，长春虽然在总分得分率上排名落后，但在评价维度上表现相对较好，需在公众高评价的基础上，进一步推广数字政府，促进评价转化为认知和使用。

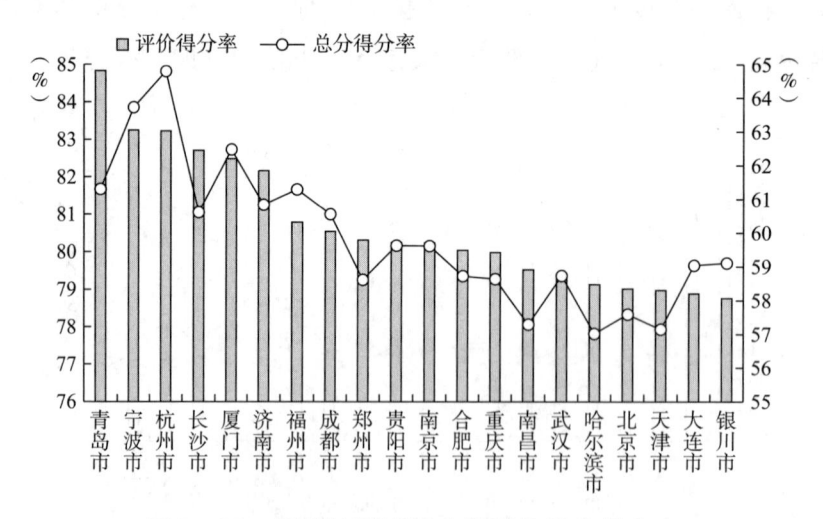

图3-20 部分被测试城市的评价维度得分率

值得注意的是,青岛市、福州市在某一维度上表现亮眼,由此拉动了总分得分率的提升。

➤青岛市:评价维度拉动总分得分率

就青岛市而言,评价维度具有较强的拉动效应,具体而言,青岛市的认知得分率和使用得分率分别与全国平均水平相差约1个百分点,排名分别为第8和第6,但评价得分率高出平均值5.3个百分点,排名第1,最终提升了青岛总分得分率并使之较总分得分率高出平均值2.64个百分点,使其总分得分率位列第4。评价维度包含服务质量评价和整体效能评价两个子维度,青岛在两个子维度的得分率分别为89.50%和80.20%,均位列第一,可见青岛数字政府建设效果较好,公众的满意度、体验感、安全感较强(见表3-2)。与此同时,青岛市认知维度和使用维度表现相对欠佳,得分率排名分别为第8和第6,与评价维度差距较明显,可见评价转化为使用仍具有极大的空间和潜力。

表3-2 青岛市关键指标得分率及排名

单位:%,位

一级指标	总分得分率	认知得分率	使用得分率	评价得分率	评价维度二级指标详情	
					服务质量评价得分率	整体效能评价得分率
全国平均值	58.67	64.48	32.02	79.52	84.20	74.84
青岛市得分率	61.31	65.95	33.16	84.82	89.50	80.20
青岛市排名	4	8	6	1	1	1

➤福州市:认知维度拉动总分得分率

就福州市而言,认知维度具有明显的拉动效应。具体而言,其使用得分率和评价得分率与平均值差别为1~2个百分点,排名分别为第8和第7,而认知得分率高出平均值4.90个百分点,位列第4，最终拉动福州总分得分率高出平均值2.62个百分点，促使其总分得分率排名居第5。认知维度包含技术认知、实践认知和价值认知三个子维度，福州在三个子维度的得分率分别为61.99%、54.58%和91.55%（见表3-3）。其中，价值认知得分率超过90%，可见数字政府在绝大多数福州市公众的认知中是重要的。而福州市使用维度的表现与认知维度存在一定偏离，得分率排名为第8，因此，需在公众良好认可和关注的基础上，提升数字政府吸引力，优化数字政府使用场景，提升公众的使用能力，以优良的使用体验回馈公众的期待。

表3-3 福州市关键指标得分率及排名

单位：%，位

	总分得分率	认知得分率	使用得分率	评价得分率	技术认知得分率	实践认知得分率	价值认知得分率
我国平均值	58.67	64.48	32.02	79.52	56.51	47.55	89.38
福州市得分率	61.29	69.38	33.70	80.78	61.99	54.58	91.55
福州市排名	5	4	8	7	4	4	3

（2）各城市数字政府建设与公众需求的匹配情况

①城市数字政府需求建设在认知、使用和评价三者呈现两两正相关关系。

根据各城市在不同维度的得分率，本书对三个维度的两两相关关系进行了探讨，概括归纳了城市间数字政府建设存在的共同之处。各城市普遍在数字政府的认知、使用、评价三个维度间存在相互影响的交互关系：①认知和使用维度间存在正相关关系；②认知和评价维度间存在正相关关系；③使用和评价维度间存在正相关关系。

在认知-使用交互关系中,各城市都紧密围绕着"认知-使用"拟合线附近分布(见图3-21)。这体现出,从整体来看,我国城市大都呈现公众对数字政府的认知与使用两个维度相互促进的特点。加深公众对数字政府的了解可以增进他们对数字政府的使用,公众使用数字政府的过程也可以促使公众更加熟悉数字政府的概念与功能。

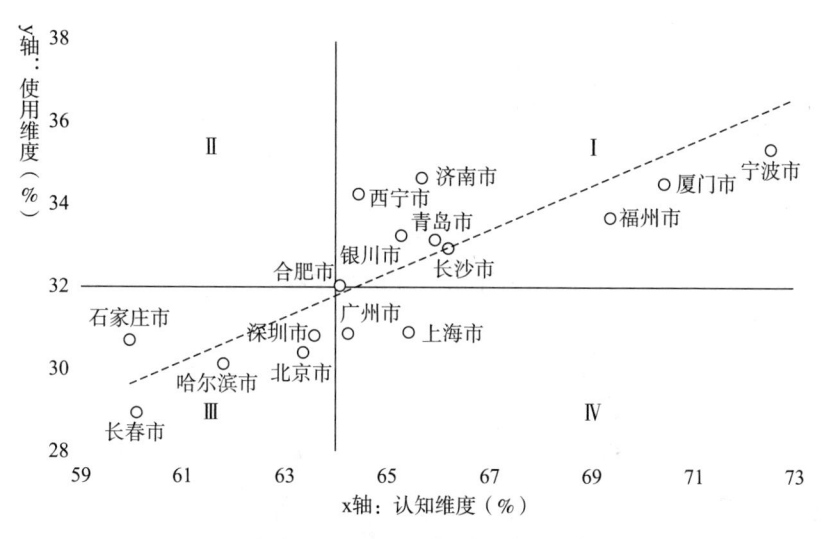

图3-21 城市间认知与使用维度得分率交互情况

在使用-评价交互关系中,存在部分城市偏离拟合线的状况,例如青岛市的评价维度远远高于同等水平下的其他城市(见图3-22)。可见,并非所有城市的使用维度与评价维度都能平衡发展,部分城市重视数字政府"评价"单维度发展,导致存在评价较好但使用需求偏低的现象。数字政府可以通过进一步提质增效、赋能公众,形成覆盖更广范围的日常使用场景。

在认知-评价交互关系中,同样存在部分城市偏离拟合线的状况,例如青岛市、长沙市、济南市的评价维度远远高于同等水平下的其他城市(见图3-23)。可见,部分城市存在公众对数字

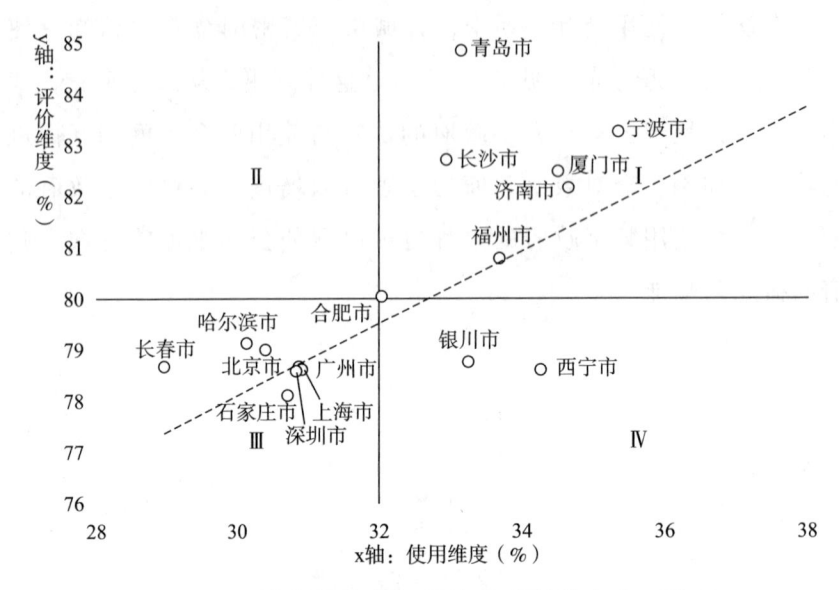

图 3-22 城市间使用与评价维度得分率交互情况

政府认知相对较弱但是评价较好的现象，较好的满意度评价很大可能补充公众对数字政府的认识，激发公众后续对数字政府的关注兴趣与使用意愿，从而进一步提升数字政府的覆盖率与知晓度。

图 3-21 城市间认知与使用维度得分率交互情况、图 3-22 城市间使用与评价维度得分率交互情况以及图 3-23 城市间认知与评价维度得分率交互情况，再次证实了领跑城市在三个维度均表现突出，宁波、厦门、福州在"认知-使用""认知-评价""使用-评价"的交互图中均落在第一象限，且紧贴拟合线附近波动。可见，数字政府建设较好的城市在认知、使用、评价三个维度均表现优秀，实现了不同维度指标间的相互促进。青岛作为总分得分率排名第 4 的城市，仅次于第一梯队的杭州、宁波、厦门，在使用与评价维度交互关系中游离在拟合线外，以高评价维度表现拉动城市数字政府需求端的整体性建设。

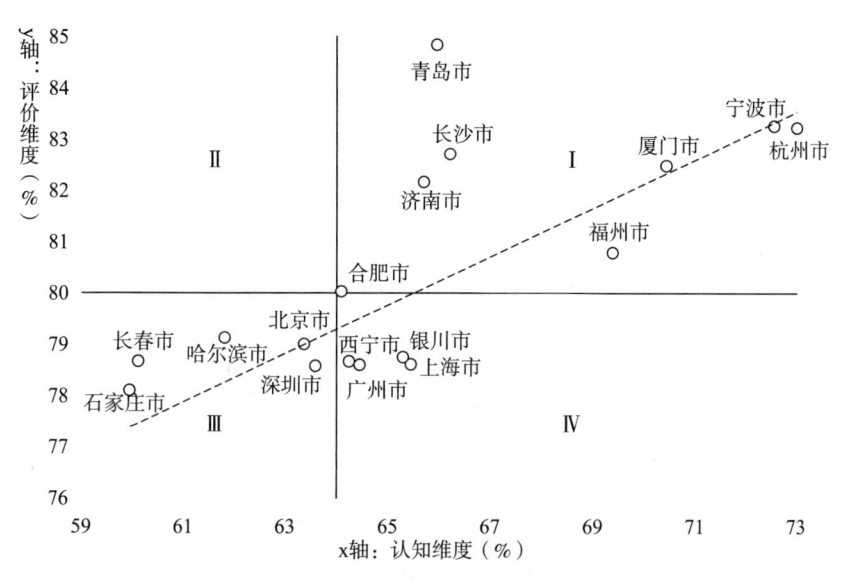

图 3-23 城市间认知与评价维度得分率交互情况

②各城市数字政府建设与使用情况的匹配情况

此外，通过分析上述交互散点图，研究还发现北京、深圳等数字政府供给侧建设较好的城市主要分布在交互维度数值均较低的第三象限，银川、西宁等在数字政府建设上相对缺乏亮点的城市反而获得了更高的得分率。这与数字政府的发展基础以及供给侧和需求侧的错配有关，即某一城市虽然在数字政府建设方面领先于其他城市，但其线上服务与线下服务相比优势不明显，公众便仍可能继续使用线下服务。比如，广州线上线下服务建设均比较出彩，且人口密度更大，街道办、各区办事大厅分布较密集，在政府提供优质高效的线下政务服务以及公众线下面对面办理习惯的背景下，数字政府的出现仅仅只是为公众提供了多一个选择；相对而言，银川、西宁等城市线下办理点相对分散，前往相关网点办理事务需花费的时间、精力成本均较高，因此，对于这些地区的公众而言，数字政府的线上服务办事效率更高、政务事务办理的交易费用更低，公众更倾向于使用感知更为便捷的线上渠道并做出好评。公众是否享受到数字政府的红利受多重因素影响，需将供需两侧结合进行整体性分析，在数字政府整体建设的同时强化线上服务的优势，使建设成果真正惠及公众、用之于民。

3. 公众视域：公众对数字政府的多元化需求

（1）整体而言，公众期待数字政府促进开放、廉洁政府的建设

数字政府更新了公共服务递送方式，保障了政府问责制与信息公开制度落到实处，促进公众信任建设，推动世界各地的政府拥抱全新的愿景。同时，公众也因此更期待数字政府的建设效果。然而，目前的数字政府建设情况能否匹配这一理想蓝图，需要以民众实际感知为标尺。从数字政府促进政民互动、廉洁公平、监督问责的公众三维度感知出发，调查发现，公众期望数字政府在促进开放政府、廉洁政府建设的同时，仍有落地与拓展的空间。

①公众肯定数字政府对政民互动的促进作用

在数字政府促进政民互动评价方面，超过八成的受访者认为数字政府能促进政民之间的互动交流。其中，有36.55%的受访者表示"非常同意"；有44.67%的受访者表示"比较同意"；有14.27%的受访者表示"一般"，持中立态度；仅有4.52%的受访者否定数字政府对于政民互动的促进作用，其中，表示"比较不同意"的受访者占3.07%，表示"非常不同意"的受访者占1.45%（见图3-24）。这说明，数字政府对政民互动起到了一定的促进作用，但仍有提升的空间。各地政府可以提升数字政府的互动性，使得民众能够更便捷、更全面地在网络平台上提出实际民生诉求，为政府工作建言献策。

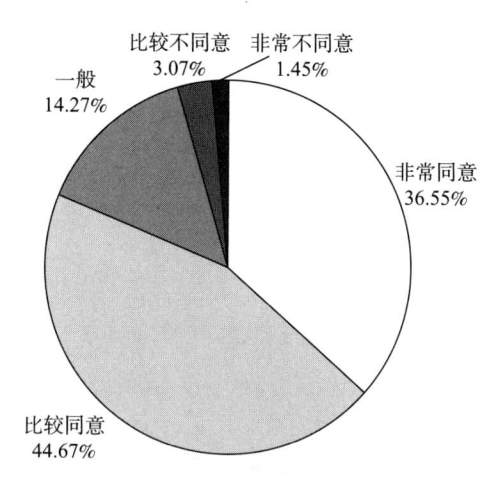

比较不同意 3.07%
非常不同意 1.45%
一般 14.27%
非常同意 36.55%
比较同意 44.67%

图 3-24 公众对数字政府促进政民互动的评价情况

②公众认可数字政府对廉洁公平的积极影响

在数字政府廉洁公平评价方面，超过八成的受访者认为数字政府能够推动建设更加公平公正和廉洁的政府。其中，"非常认同"的受访者最多，占比为 46.90%；其次是"比较认同"的受访者，占比为 39.06%；选择"一般"评价的受访者占比为 8.14%；选择"比较不认同"的受访者占比为 3.37%，选择"非常不认同"的受访者占比为 2.53%（见图 3-25）。这表明大部分公众认为数字政府促进了办事流程的优化，减少了规则外因素的影响，有助于实现政府服务过程透明化，建成更加公平、清廉的政府。

③公众认为数字政府对监督问责具有推动作用

在数字政府监督问责评价方面，超过八成的受访者认为数字政府能够推动公众监督政府行为。其中，有 36.40% 的受访者表示"非常认同"；有 44.43% 的受访者表示"比较认同"；有 12.18% 的受访者表示"一般"，持中立态度；有 4.58% 的受访者表示"比较不认同"；有 2.41% 的受访者表示"非常不认同"

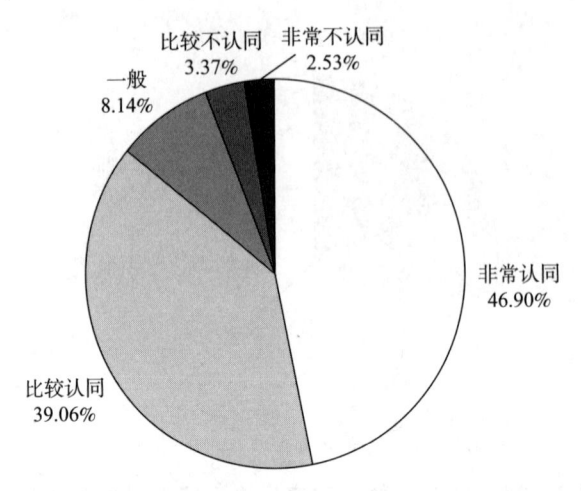

图 3-25　公众对数字政府推动廉洁公平的评价情况

（见图 3-26）。数字政府促进政府信息与行为公开化、透明化的功能得到了绝大多数受访者的认可，但仍有部分公众尚未感受到其影响力的实际落地，持中立或不认同的态度。可见，在推动公众监督政府行为方面，数字政府仍有发展的潜力。

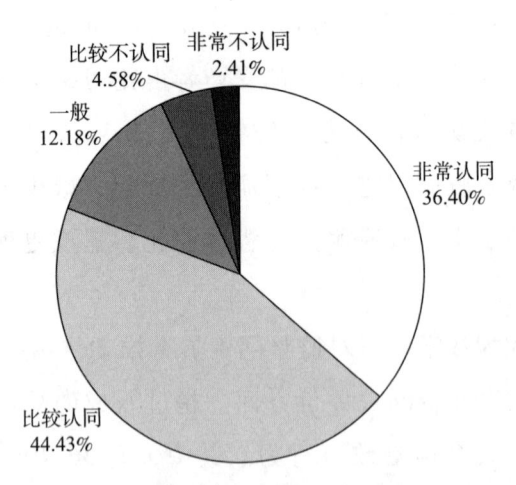

图 3-26　公众对数字政府助推监督问责的评价情况

（2）年龄为界：中年群体对数字政府的认知度及易用率均高于老年与青少年群体，数字政府建设需要适应多样化人群，稳

"中段"抓"两头"

从需求侧探讨数字政府服务创新,需要把握不同类型公众对数字政府的需求。其中,年龄层的差异对数字政府的认知、使用、评价产生了显著的影响。

从认知维度看,"36~45岁"和"46~55岁"的公众有关数字政府的技术认知和实践认知的得分率更高,"25岁及以下"与"66岁及以上"的公众的认知得分率显著更低,即中年群体的数字政府认知度明显高于老年与青少年群体(见图3-27、图3-28)。

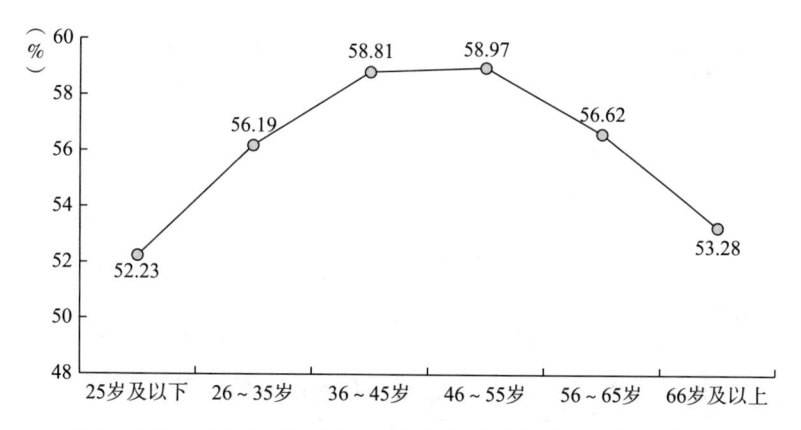

图3-27　不同年龄段公众对数字政府的技术认知得分率

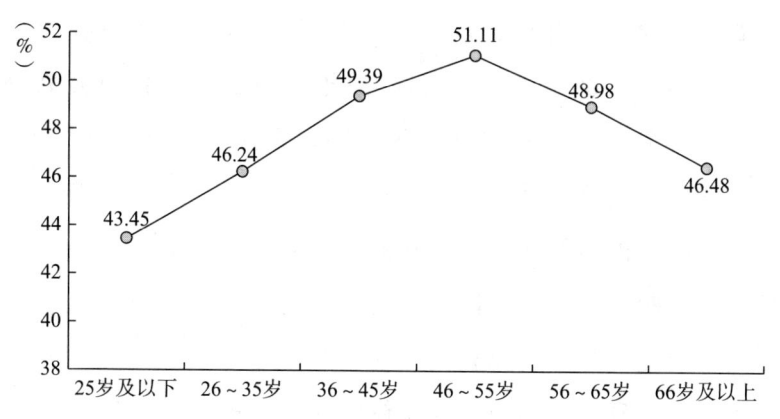

图3-28　不同年龄段公众对数字政府的实践认知得分率

在公众对数字政府的评价维度，本研究将"即便没有他人的帮助也有信心使用数字政府服务"定义为数字政府易用性。不同年龄段公众的数字政府易用性评价存在差异。"36~45岁"年龄段公众的易用性得分率最高，为85.13%；"25岁及以下"为83.27%，"66岁及以上"则仅有79.44%（见图3-29）。即在数字政府易用性方面，呈现中年群体易用性得分率最高、年轻群体易用性得分率稍低、老年群体易用性得分率显著更低的特点。

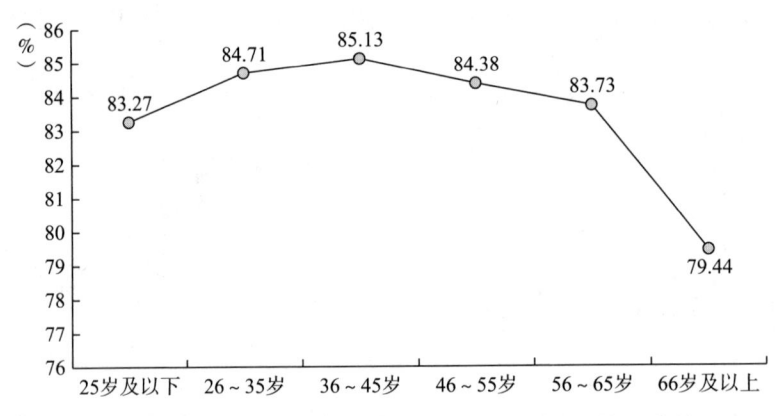

图3-29 不同年龄段公众对数字政府的易用性评价

各维度中，中年群体对数字政府的认知、使用与评价情况均优于老年与青少年群体，这与各年龄段群体所处的时代背景有关：尽管相比"00后"群体，中间年龄段的公众接触互联网较晚，但是由于日常需要，他们不得不频繁使用互联网相关平台。其中，"70后"公众受到的互联网冲击最大，在青壮年期间直面互联网浪潮，被动掌握了数字技能；"80后"公众则主要在高中时代开始接触互联网，这段时间也正是他们学习和接触世界的黄金时间，因此接受程度比较高，对于移动政务的认知和使用技能进一步大幅提升；而作为数字原住民的"90后"与"00后"，由于缺乏使用场景，即使从小接触互联网，但在其对数字政府的认知与技能掌握上也稍有不足;"66岁及以上"老年群体由于数字鸿沟的固有困境,是处于数字政府建设的边缘群体,亟须在数字政府建设的包容性中得到重视。

可见,数字政府建设对各年龄段公众的需求侧而言仍有很大提升空间,一方面,政府需要进一步加强对数字政府的宣传教育和普及推广,尤其是要面向对数字政府了解程度不高的青少年与老年群体进行精准宣传,要普及开展公益性社区教育活动,让信息弱势群体也能了解数字政府的基本信息,获得接受数字教育的权利,从而在享受到数字红利的基础上认可其便捷性和重要性,实现公众间发自内心的口碑传播,达到优质的宣传效果。另一方面,数字政府需要改进自身数字包容性建设,数字化建设需要考虑到不同用户的需求和不同群体的能力差距,加强数字政府适老化建设,让公众感受到数字化服务是"多一个选择"而非"只有一个"选择,数字服务需要在传统服务的基础上进行融合和发展,弥合数字鸿沟,便利不同年龄段群体,切实提高服务体验,真正满足公众"想用、会用、好用"的需求,做到稳"中段"抓"两头"。

(3)学历赋能:高学历公众对数字政府的认知度及电子参与率更高,呈现更高水平数字素养,需要重视数字政府包容性,进一步推动数字政府大众化

数字素养是公众参与数字政府过程中需要具备的重要素质,即学历赋能公众数字参与,不同学历公众在对数字政府参与上呈现差异性。

在数字政府认知情况方面,"本科或大专""研究生及以上"两类高学历公众的数字政府技术认知及实践认知得分率明显高于其他人群(见图3-30、图3-31)。另外,值得一提的是,在实践认知维度的两类高学历群体中,实践认知得分率由"本科或大

专"学历的48.67%下降至"研究生及以上"学历的47.27%（见图3-31）。究其原因，"研究生及以上"学历公众在客观上易于提升对数字政府的认知，但在主观上因熟知数字政府隐私风险而有所顾忌，技术接纳意愿相对较低，导致认知情况得分率反而不如"本科或大专"学历的公众。

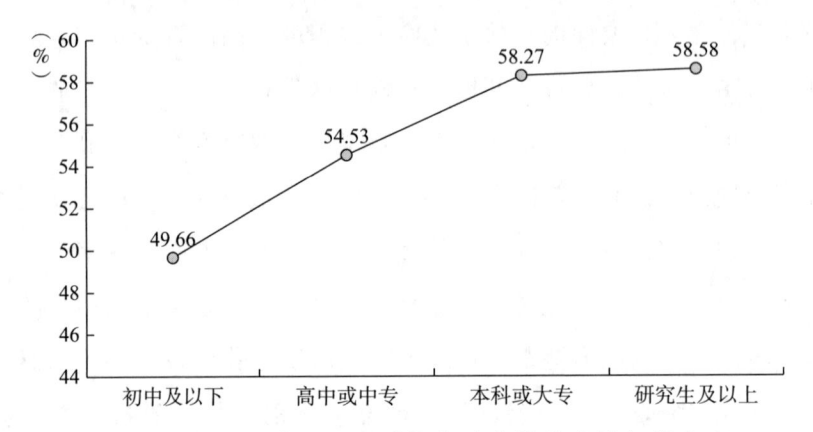

图3-30　不同学历公众对数字政府的技术认知得分率

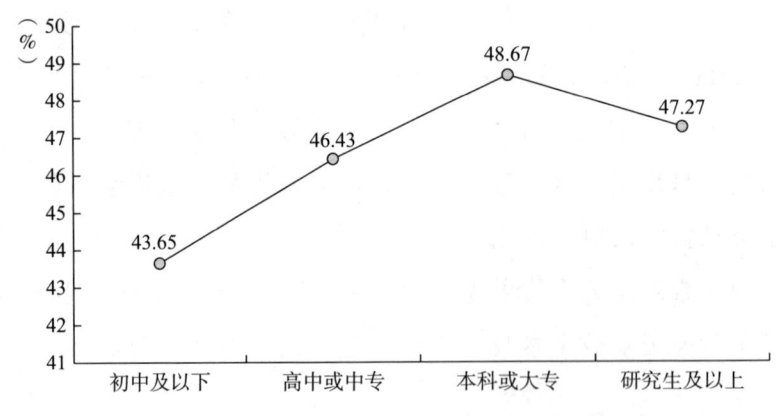

图3-31　不同学历公众对数字政府的实践认知得分率

公众电子参与需要软件、硬件两手抓，既需要有强烈的主人翁意识和责任感，也需要对数字技术有一定掌握。在电子参与方面（见图3-32、图3-33），本科或大专及以上学历的公众电子参与率明显高于其他学历群体,并且参与的方式主要集中于"在社交媒体平台上讨论政策内容或公共议题,发帖、评论、转化、点赞"、"参加政府组织的线上民意调查、网络听证会、网络投票"和"咨询或投诉政务/公共服务"等内容。

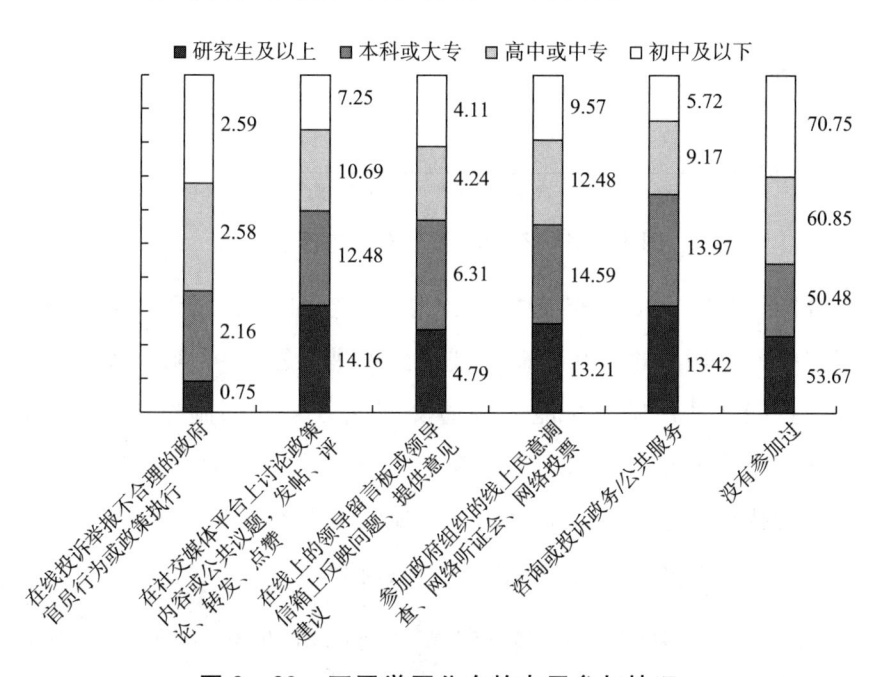

图 3-32 不同学历公众的电子参与情况

此外,研究还发现一个有趣的现象,公众的电子参与率并不呈现随着学历的提升而增长,反而出现了"山峰状"特征(见图3-33)。在本科或大专及以上学历的公众中,公众的电子参与率由"本科或大专"学历的60.19%下降至"研究生及以上"学历的54.31%,尽管总体上"研究生及以上"学历公众更有参与电子政务的能力,但因更为了解数字政府存在的隐私风险而展现出相对低的技术接纳意愿,即"技术犬儒"现象,电子政务参与率反而不如"本科或大专"学历的公众高。

本研究将使用数字政府过程中,公众可能会用到的技能分为

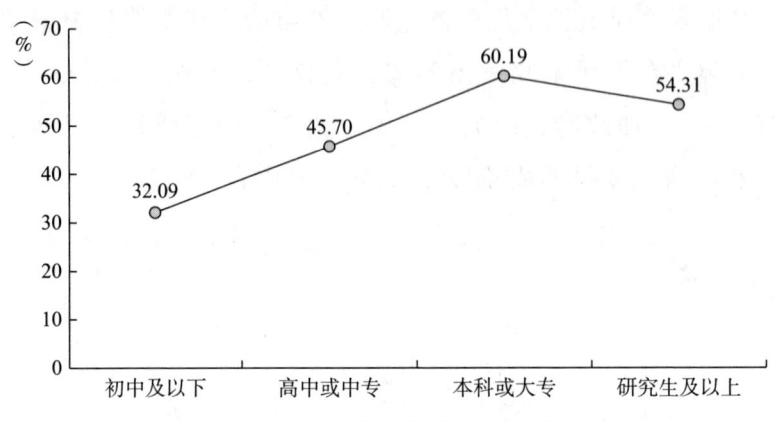

图 3-33　不同学历公众的电子参与率

平台操作技能、信息查询技能、沟通交流能力、原创制作技能，根据技能掌握的难度从基础性技能到发展性技能可排序为"信息查询技能＜平台操作技能＜沟通交流能力＜原创制作技能"。在不同学历的公众中，除沟通交流能力外，本科或大专及以上学历人群对技能的掌握程度显著高于其他学历人群（见图 3-34），即学历能够提升数字素养，赋能数字政府参与。

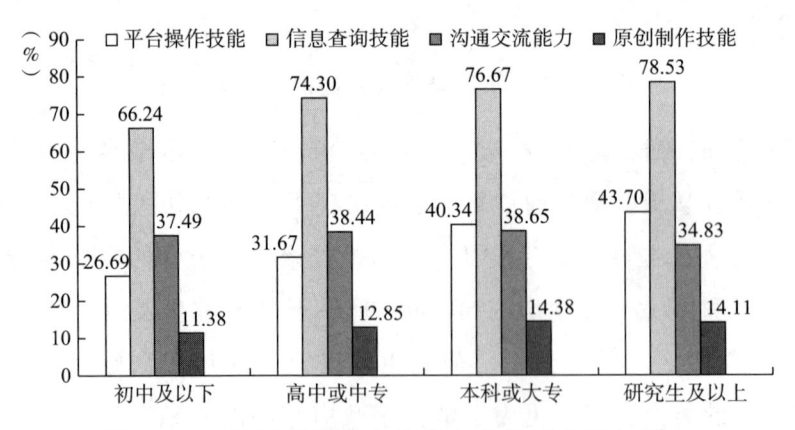

图 3-34　不同学历公众的数字素养（自评）情况

可见，学历赋能数字政府参与，数字政府建设对不同学历公众的需求侧来讲仍有很大提升空间。数字政府的建设离不开公众参与,需要不断引导公众提高主人翁意识,同时要做到公众"想参与、能参与、会参与"。提升不同学历公众的电子参与率本质上需要提升总体数字素养,政府需要重视数字政府包容性建设,进一步推动数字政府大众化,同时通过宣传指导等方式提高公众数字技能,使其发挥主观能动性,充分实现数字政府的潜力,为数字政府建设出谋划策,进而不断提高政府治理能力。

(4)全民关注:隐私担忧与公民学历之间呈"U"形关系,与技术认可和政府信任息息相关

随着技术的不断进步以及信息的爆炸式增长,隐私泄露、隐私信息过度采集、黑客入侵等隐私信息安全事件频发,隐私风险日益严峻,由此引发了公众的隐私焦虑,隐私问题开始成为社会大众关心的热点问题。

从受教育程度角度来看,公众对数字政府的隐私担忧程度与学历呈"U"形的关系态势(见图3-35)。"研究生及以上"和"初中及以下"学历群体呈现更高的隐私风险担忧;相对而言,受教育程度处于中段的受访者群体,如"高中或中专"和"本科或大专"学历群体的隐私风险担忧程度较低。这一现象可以通过技术信任和技术犬儒主义视角来解释。一方面,学历相对较低的人群可能对数字政府这一陌生、未知的事物产生抵触,担忧个人隐私能否得到有效保护;学历较高的人群则普遍更了解、更常使用数字政府,此外,对于隐私的内涵、隐私泄露的危害以及当代隐私保护技术的建设现状有着更为深入的了解,这往往使他们对个体隐私保护感到焦虑与无力。另一方面,对于处于中段的隐私担忧程度较低的群体而言,由于对数字政府的基础认知相对完善且更愿意信任和接触这一新生事物,他们更倾向于给予数字政府较高的评价。

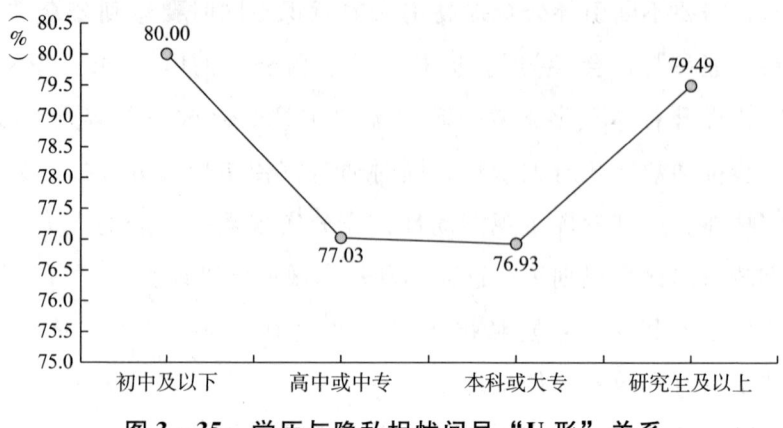

图 3 – 35　学历与隐私担忧间呈 "U 形" 关系

4. 构建公众对数字政府"认知 – 使用 – 评价"良性循环机制

（1）链条一：认知与使用——认知助推使用、使用补充认知

公众对数字政府的认知水平与公众的使用行为间呈现显著的正相关关系，相关系数高达 0.825。一方面，公众对数字政府的认知能帮助其了解数字政府的功能与用途，推动公众更多、更好地使用数字政府；另一方面，公众在使用数字政府的过程中不断增进对数字政府的认识，反过来又提升了公众对数字政府的认知。

公众对数字政府的高认知水平，助推公众更有意愿使用数字政府。对数字政府具有更高认知水平的使用者，对数字政府的具体功能和用途有更全面的认知，这极大地推动他们去使用数字政府来获取信息、接受服务以及参与政府决策活动。与此同时，公众对数字政府认知水平的提升会推动公众更好地使用数字政府来解决问题。我们将公众对数字政府的技术认知水平分为"很不了解"、"不太了解"、"一般"、"比较了解"和"非常了解"五类，将使用数字政府来解决问题的程度分为"非常同意"、"比较同意"、"一般"、"比较不同意"和"非常不同意"。越了解数字政府的使用者，越能通过数字政府解决问题，数字政府的问题解决率随了解程度的下降呈递减趋势（见图3-36）。可见，深化公众对数字政府的认知是推广数字政府使用、优化公众使用体验、促进数字政府切实嵌入日常生活的基础性步骤。

相对而言，公众在数字政府使用过程中补充对数字政府的认识。大到数字政府的组织结构、运作流程、技术支持，小到业务的具体流程，公众在使用的过程中不断接触数字政府，补充着对数字政府的认识。

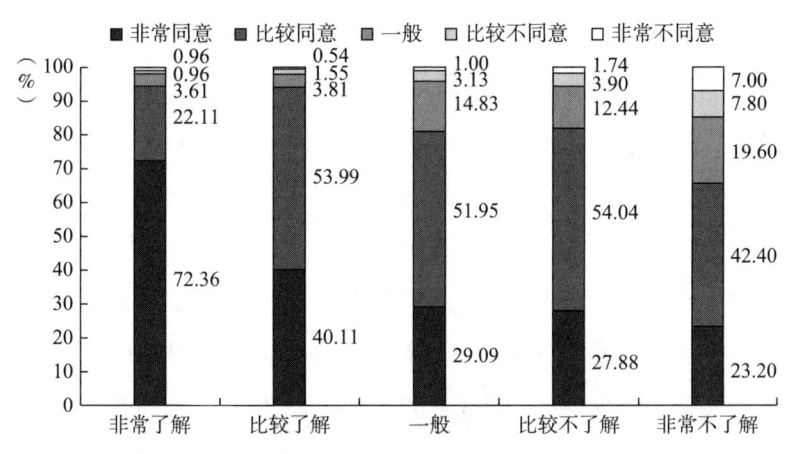

图 3-36　公众对政府的技术认知与使用数字政府来解决问题之间的关系

（2）链条二：使用与评价——使用反馈评价、评价影响使用

公众对数字政府的使用行为与评价之间表现为显著的正相关关系，相关系数高达 0.713。一方面，使用数字政府功能的群众更熟悉数字政府的技术性操作以及信息与服务的系统性流程，更能通过数字政府满足需求，进而对数字政府有更高的评价。另一方面，公众对数字政府的评价也会反过来影响到使用者未来的意愿和态度。

公众的使用体验是其对数字政府评价的主要依据，公众对数字政府的使用体验直接影响满意程度。具体而言，公众使用数字政府包含接收场景和输出场景两类。其中，接收场景即政府作用于公众，公众是数字政府的接收端，通过数字政府接收信息或享受服务；输出场景即公众作用于政府，公众是数字政府的输出端，通过数字平台对政府施加影响，主要体现为使用各种方式进行电子参与。当数字政府为公众提供便捷、高效的政务信息与服务时，公众会对数字政府有较高的评价，反之则会给公众留下不好的印象。而从使用端视角而言，频繁使用数字政府功能的公众或更熟悉数字政府的技术性操作以及信息与服务的系统性流程，更能从数字政府服务中获得较好的服务体验，并予以肯定的评价。

公众对数字政府的满意度也会影响后续对政务信息获取及服务的使用以及电子参与政务活动。当公众在数字政府的使用中获得较好体验、予以好评时，就会更倾向于使用数字政府；反之，倘若公众未能获得较好的服务体验，那么未来使用的意愿就会大大降低。调查显示（见图3-37），对于"非常满意"数字政府的群体而言，他们未来愿意继续使用（"比较愿意"与"非常愿意"）的意愿高达96.08%；而对于非常不满意数字政府服务的群体而言，未来仍具有使用意愿的占比有所降低。随着公众对数字政府的满意程度提升，公众对于数字政府的未来使用意愿也大幅提升。由此可见，数字政府需要提供满足公众需求的服务，才能实现可持续发展。

（3）链条三：评价与认知——评价反哺认知、认知映射评价

公众对数字政府的评价高低与公民对数字政府的认知程度高低有着显著的正相关关系，相关系数高达0.73。一方面，公众对数字政府的评价作为培育认知发展的土壤，公众对数字政府做出

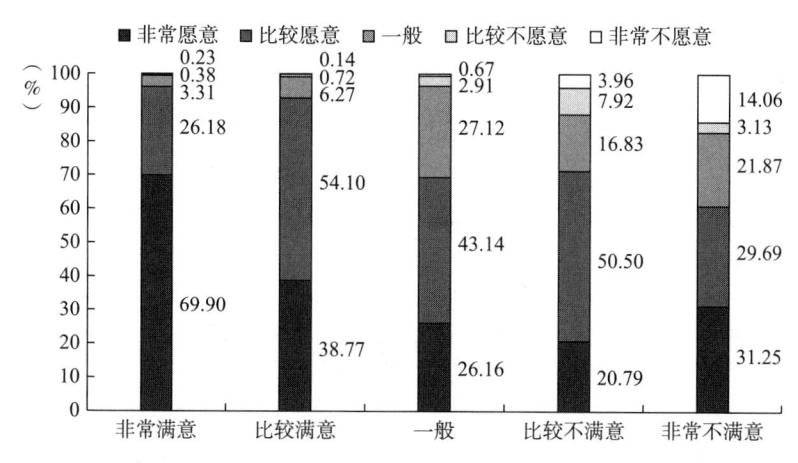

图 3-37 公众对数字政府的评价与未来使用意愿的关系

的每个新评价都会反哺公众的认知。另一方面，个体对事物的认知是评价的基础。公众对数字政府做出评价时，公众的数字政府认知在其中发挥着重要的映射作用。

公众对数字政府的评价是培育认知的土壤，对数字政府有较高评价会推动公众更愿意去增进对数字政府的了解和认知。调查结果显示，随着公众对数字政府满意程度的提升，高认知程度的群体占比也在提高（见图3-38）。由此可见，公众对数字政府的评价高低是诱导公众是否有意愿、有兴趣去了解数字政府的重要因素。因此，政府需要不断从公众需求侧角度出发，持之以恒、坚持不懈地改进自身工作，提升政府服务水平与服务能力，推动公民增进对数字政府的认知，主动参与、拥抱数字政府，共同打造共治共建共享的协同治理生态。

公众的认知是评价的基础，公众对数字政府具有较高认知时会对数字政府有更高的评价。公众对数字政府的认知水平会直接或间接映射到公众对数字政府的态度或评价。对于认为数字政府十分重要的群体而言，数字政府的重要性早已深入其心，他们对

公共治理的数字化转型

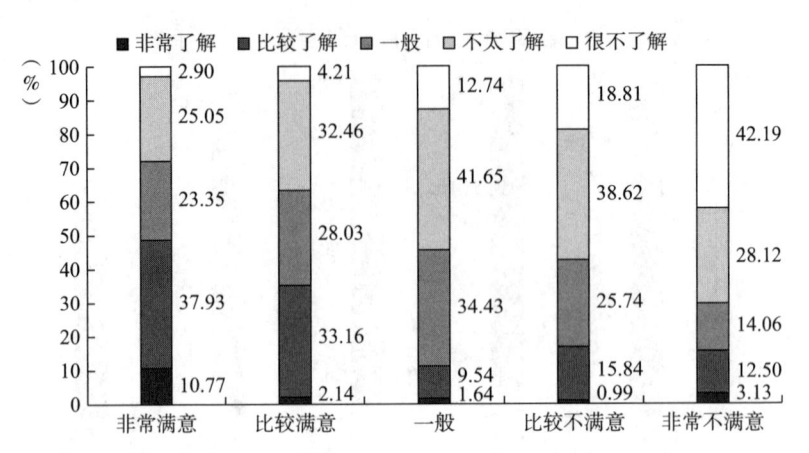

图 3-38 公众对数字政府评价与公众对数字政府的技术认知程度之间的关系

数字政府会有更为满意的评价；对于具有高技术认知或实践认知程度的公众而言，他们本身对于数字政府有较为全面的了解与认知，对数字政府也会有比较正确的态度，不会有高估的期待或低估的评价；此外，认知水平能帮助他们更好地使用数字政府，有更好的服务体验自然会得出一个较好的肯定评价。

（4）良性循环机制：重视公众需求，构建"认知-使用-评价"的良性循环机制

数字政府需要从公众需求角度出发，发挥公众作为使用主体的协同参与作用，共同构建"认知-使用-评价"的良性循环机制（见图3-39）。从认知维度出发，认知是使用的基石。提升公众对于数字政府的认知能够帮助公众更好地使用数字政府；紧接着，在使用维度，使用体验好坏，直接影响评价的高低。发展包容性数字政务服务，提升公众的使用能力，让使用数字政府的公众能够在数字政府中真正解决问题，满足诉求，才会使其对数字政府有更满意的评价。在评价维度，评价是认知的培育土壤，使用与体验数字政府功能后的评价使公众对数字政府有更深入的认识和理

解，为后续公众更好地认识、使用、评价数字政府奠定基础。

由此，从认知、使用和评价三个维度出发，本书构建了公众对数字政府"认知－使用－评价"的良性循环机制。当数字政府的发展在"供给侧"一端不断发力、求变求新时，需要回归到服务最本质的问题——政府为谁服务，需要回归到"需求侧"，探究数字政府的服务是否真正落到了实处，是否真正让使用端的公众体验到获得感和满足感。同时，要关注到，在数字政府的实际应用场景中不同群体的多样化、个性化需求，以及不同群体之间能力的差异性，让服务不仅仅"最终"能够解决问题，更要在"过程"中有包容性和选择性。数字化转型是过程而非目的，数字政府如何让使用者真正体验和感受到服务的便捷高效、透明安全等价值才是推动数字政府持续不断发展的动能。从需求侧出发，关注公众对数字政府"认知－使用－评价"的良性循环机制，推动数字政府释放更大的社会价值。

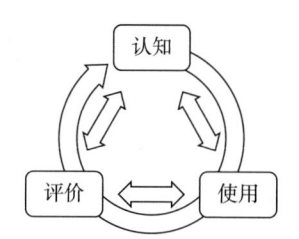

图 3－39 公众对数字政府"认知－使用－评价"良性循环机制

（六）结论与展望

随着数字化革命的兴起，数字技术的发展和推广日渐融入政府管理的每个环节，数字化革命深刻地改变着政府的运作模式，推动了政府数字化转型。数字政府运用数字技术改变了政府组织内部结构，优化了政府工作流程与服务提供方式，改变了政府履行职能的方式，创新了政府治理模式，以数字技术创造公共价值。在此基础上，数字政府在数字技术和智能应用的支持下不断创新政府服务模式，提升了政府服务提供的质量和水平，提升了政府现代化治理能力和效能。

在世界数字化转型的浪潮以及我国"数字中国"发展战略的大背景下，数字政府建设如火如荼，推出了一系列与人工智能、大数据、5G、区块链等技术相结合的政务服务创新模式。然而，目前，实践界对于数字政府的关注焦点过分关注与强调在供给侧视角下数字政府建设带来的改革成果与创新实践，忽略了作为需求侧的政务服务对象的真实体验与感受，导致出现智慧政务创新应用成效差、智能化建设资源投入与价值收益失衡、用户需求无法匹配等问题，阻碍数字政府建设的进一步发展。

数字政府的重点并不在于技术本身，而是如何利用现代数字技术在促使政府数字化转型的过程中为社会和公众创造公共价值，数字政府建设的推动力和核心目标实际上在于公众的价值（张成福、谢侃侃，2020）。对此，政府应从需求侧重新认识公众眼中的数字政府，从公众需求导向出发，理解公众对数字政府的认知情况、使用情况与评价情况，重新理解数字政府的建设成效。具体而言，在认知维度，我国公众普遍对数字政府建设重要性程度有深刻认识。但是，公众对数字政府的技术和建设情况的了解程度仍有待加强，需要政府进一步加强宣传以提高数字政府的普及率和使用率，从而更好地推动社会公众参与到数字政府的政务服务中，并在参与基础上向"共同创造服务"（service co-creation）的整体生态系统发展。在使用维度，我国公众利用互联网主要用以参与数字生活与数字社会活动，重视生活性的服务与信息的获取，而在数字政府领域参与政务服务程度仍有待提高。

在参与政务活动方面，相比线下参与，通过线上渠道获取政务信息与服务成为大多数公众参与政务活动的偏好，其中政府门户网站等官方网站是公众最优先的选择。另外，在公众输出场景下，我国公众在数字素养能力上对基础性技能掌握程度较高，发展性技能则有待进一步提升；而在电子参与方面，积极参与政务活动的公众兼具主动参与和被动参与。但整体而言，我国公众参与度不高，而数字政府建设离不开公众参与，因而亟须激发公众的参与意识与主体责任感，在公众与政府的友好互动中共同推动数字政府建设。在评价维度，公众对于数字政府质量整体满意，但对信息安全与隐私风险仍有忧虑。与此同时，公众普遍认为数字政府建设能够推动建设更为开放与廉洁的政府，对数字政府的发展前景予以憧憬与好评。

当前，政府数字化转型挑战与机遇并存。未来的数字政府建设需要从需求视角出发，在聚焦数字政府建设的服务便利性和高效性的同时，也要对创新的实效性予以充分关注。服务的便捷性更是强调，数字政府要将服务的改革创新从末端的服务办理环节向前端的信息获取和资料准备延伸，逐步转向市民和企业办事的全流程来考虑政务服务的"成本"和"负担"。同时，数字化建设不仅体现在最后的终端"形式"，也要通过数字化推动流程、机制等的优化，要有从"使用侧"体验到的"实效"，让公众在政府服务体验下获得满足感与幸福感。由此，数字政府建设需在公众需求侧与政府供给侧两端共同发力：以公众需求先行，需求指导供给发展；以供给提升使用质量与水平，使用反馈供给更新、优化与迭代，在需求端与供给端的良性循环中不断推进政务服务创新改革，让公众在数字政府建设中真切感受到服务的便捷、高效、安全、透明的同时，推动数字政府的治理能力提升与治理体系现代化，探索具有中国特色的数字政府建设模式，以数字政府价值的最大化释放实现公共价值。

二 隐私的风险及其应对

（一）研究背景与价值

1. 治理的数字化转型下公众隐私风险

伴随着新一代信息和通信技术的快速发展，原先建立在传统途径上的许多业务纷纷向数字化转换、数字化升级，旨在建立依托数字化技术及支撑能力的活力数字化模式。在治理的数字化转型背景下，越来越多的服务以数字化方式来提供。"互联网＋政府"、"网上办"、"掌上办"和"数字图书馆"等一系列数字改革成果如雨后春笋般进入公众的生活，在极大地便利公众生活的同时也提升了政府开放、公民参与等行政透明化程度与民主价值，提升了政务服务效能和政府数字化治理水平。

诚然，在从蓬勃发展地运用数字技术到政府数字化治理转型的过程中，相伴而生的是运用新技术带来的海量数据引发的数字化转型时期政府面临的新的挑战和风险。从20世纪60年代开始，爆炸式的信息增长促使个人隐私问题进入公众视野（陈朝兵、郝文强，2020）。而在进入21世纪后，技术更新迭代下传统的软件工具难以对通过多元化的渠道和平台出现的数据进行捕捉、存储、管理和分析（涂子沛，2012），这种传统技术和新型数据的矛盾相应地给整个社会带来更为复杂和不确定的隐私风险。此外，这些涉及政府部门、企业、公民以及其他组织的相关数据的共享与开放增加了数据安全和公民隐私权被侵害的风险（丁红发等，2019）。同时，以数据协同为基础的数字政府的建设也引发公众等多主体对于自身隐私泄露的担忧。

那么，当数字化转型治理在不断推进的过程中，政府是否及时出台措施应对技术带来的环境变化？这些措施是否能够真正地落到实处，可以应对数据带来的隐私风险？还有什么在加大政府在隐私保护方面的困难？近年来，各国政府都在尝试通过制定和修订法律、调整专业隐私保护机构职能等方法来适应技术更新带来的环境变化，但其效果充满了不确定性，无法保证实效。除了技术的更新迭代带来的隐私威胁，经济全球化的日益深入也给各国的隐私保护带来了沉重的压力与负担。国家之间联系日益密切要求解决数据跨境传输问题，但区域间的个人信息保护法律政策体系存在着显著的差异，阻碍着个人信息的跨境共享和价值开发。虽然一些国家尝试通过更新国内法律、加入国际性的隐私保护网络和执行机构等来解决数据的跨境共享问题，但由于各国文化背景与社会习俗的差异，各国国民对待隐私保护的态度和接受程度不同使得各国政府难以在实现跨境数据共享和保护个人隐私之间取得平衡。

在隐私风险日益复杂多元，但隐私保护机制与工具不足的"政府3.0"时代，政府隐私风险及其应对问题棘手，数据泄露事故不断发生，数字隐私问题成为数字经济时代的顶层问题（何治乐、黄道丽、孔华锋，2017），而建立完善的隐私风险应对与保护机制成为重要关切。对此，本书基于治理的数字化转型下公众隐私风险的现实背景，探讨公众对数字化治理带来的隐私风险着力点，为政府建立和完善隐私风险应对与保护机制提供一定的思路补充。

2. 政府隐私风险应对及复杂的治理情境

在大数据时代背景下，以云计算为技术支撑的政务云平台的快速发展加速了各国"数字政府"建设，跨部门、跨区域、跨层级的各类政务大数据开始迁移上云并逐渐积累了海量数据,政府成为多个领域中最大的数据控制者,包括政府内部管理数据、政府社会治理与公共服务数据、政府外部合作数据、公开调查数据、对第三方平台的监管数据等。这些数据往往内容详尽、所涉范围广、真实程度高,是整个社会活动的数字化记录,具有很大的经济价值(张聪丛等,2018),日益成为国家重要的组织资产和战略性资源。

随着政务大数据发展进程的加快,政府在提供政务服务的过程中需要公众的个人信息,以便为公众提供更为精细化的公共服务,但随之而来的是上至国家安全下至个人信息保护的问题,政务大数据在收集、开放与使用等过程和治理情境中面临一系列隐私风险。比如,敏感数据遭到内部泄露或外部恶意攻击和窃取、一般数据疏忽泄露、数据被越权或非法创建、数据流通交易中的隐私侵犯、隐私权属法律缺失等问题,而侵权主体难以确定,侵权方式更加隐秘,这都使政府在对潜在的隐私风险的认知方面增加了更多不确定性(孟小峰、张啸剑,2015;张建光、朱建明、尚进,2014)。甚至,被匿名化的隐私数据在经过叠加后还可以被重新识别,个人信息和身份可以被轻易追溯。不法分子可能会利用技术漏洞入侵系统,窃取公众的隐私数据,使得公民丧失安全感和对政府的初始信任。那么政府如何在纷繁复杂的治理情境中应对可能存在的漏洞和风险呢?

诚然,一方面,"循数"治理要求政府具备更强的"隐私保护"意识与认知水平,并通过建立更加成熟的数据治理体系来减少政务大数据隐私风险,从而为以数据协同为基础的数字政府的建设提供安全环境(Bertot et al., 2014)。另一方面,如舍恩伯格等(Mayer-Schönberger, & Cukier 2014)所言,大数据的价值不再单纯来源于其基本用途,而更多源于其二次利用。这一特点使得传统的隐私保护框架面临挑战。从技术层面来看，原有的针对小数据（small data）的隐私风险评估和保护技术（包括隐私数据加密技术、匿名化、模糊化、拆分隐私法、隐私信息检索技术等）在处理政务大数据隐私风险时日益谨慎（朱光等，2016）。因此，在大数据时代，我们需要更深入地从技术层面推动政务大数据分级分类，从而更有效地应对数据在收集、开发、分析和使用等全生命期周期管理过程中可能存在的各类隐私风险。

由上述可知，不论是大数据时代政务大数据隐私风险加剧，不断拓宽并挑战政府对于隐私边界的认知，还是传统的隐私保护技术框架渐趋失灵，都使政府在隐私保护方面面临更复杂的治理情境。对于政府部门而言，隐私保护是数字政府能否顺利建设和运行的关键，解决政务大数据隐私风险问题已经刻不容缓（赵先星、王茜，2008），政府作为社会治理与公共服务的主体，需要在隐私风险日益复杂和扩大化的大数据时代发挥更重要的主体作用。另外，数据的价值也日益凸显并催生了新的经济增长模式，开始成为各国的基础性战略资源，并创造巨大的经济和社会发展动力（Maciejewski，2017）。面对大数据分析技术的迅猛发展，若想实现隐私保护与数据价值挖掘的共赢，就需要政府充分转变自身认知与理念，形成"数字思维"，充分运用多元化技术工具，采取政务大数据隐私保护的有效治理策略，以适应大数据时代的发展要求（范为，2016）。

3. 隐私风险及其应对的价值导向

在了解政府在复杂的治理环境下面临隐私保护的困境和应对的要求后，我们想进一步了解，政府为什么要应对数据治理过程中带来的尤其是公众隐私风险的问题。对于政府而言，现实中出现的公民隐私泄露事件凸显出大数据时代治理过程中的隐私风险正在日益加剧和更加复杂。而对于公民而言，这些隐私泄露事件也进一步引发了公民对自身时刻暴露在"第三只眼"之下的巨大担忧和恐惧（舍恩伯格，2014）。这些隐忧最终都可能进一步导致全面的隐私信任危机和政府合法性危机。由此，保护公民的数据隐私变得更加紧迫和重要，而这仍然是当前我国各级政府部门都共同面临的一个巨大挑战。

但究竟应该如何有效应对数据治理过程中的种种隐私风险，推动建立一个更具包容性的、健康的数字化社会（张成福、谢侃侃，2020）？应对隐私风险的价值导向是什么样的？对此，通过建立适应性的政府数据治理隐私风险应对体系来推动隐私保护政策的无缝隙执行，合理应对数字政府建设过程中隐私风险的可能性和影响性问题，对于建立公众信任、促进数字政府建设具有重要价值。具体而言，一方面，针对数字政府建设过程中的公众隐私风险感知进行提前监测和评估，以采取合理高效的预防和应对措施，可以更及时地回应公众关切，从而增强政府公信力，为自身开展公共管理与服务提供合法性与正当性守则，也可以减少政府行政成本，降低可能性风险的影响程度。另一方面，完善的政府数据治理隐私风险应对体系是一种促进政府官员、专家学者、企业以及公众之间进行开放交流、达成共识和提升政府透明度的持续性过程，同时可以将政府重视隐私保护的理念与行动传递给社会多元主体，从而提高公众、企业和其他社会组织在数字政府建设过程中的参与程度，建立更紧密的政府－企业－公众合作伙伴关系，提升政府治理的效率和民主化程度。同时，如果过度关注隐私保护而限制数据共享与开放的程度、范围和质量，则会影响数据开放带来的政府转型动力、公共收益及社会资源整合价值，包括政府职能转型、公共决策机制转变、公共服务优化供给、大数据产业发展和社会文化整合等。因此，合理界定政务大数据隐私风险并进行有效的隐私风险应对对于推动政府数据开放（Government Open Data，GOD）和全面推进数字治理有重要价值（邹东升，2018）。此外，大数据、云计算、移动互联网等技术的发展使得个体从摇篮到坟墓的生活过程得以被全程记录（张新宝，2015），只有保证个人私生活安宁和私人信息不被操控，人才能真正维护公民自身作为独立个体的人格尊严和自由价值，人与人之间的信任也会增强，从而促进社会的包容、稳定与和谐。

综上所述，在大数据技术环境下，日益增大的政府大数据隐私风险与有效的应对体系不足之间存在着巨大的张力，建立更具适应性的政府大数据隐私风险应对体系是当前极为重要且紧迫的政策议题，这不仅需要考虑技术可行性，还需要从认知和治理层面系统推动观念和机制的深层次变革，从而实现多方利益主体之间的有效平衡。

（二）公众隐私认知与应对能力现状

在治理的数字化转型背景下，越来越多的服务以数字化的方式提供，如市场推行电子支付，医院推出手机平台进行预约挂号缴费服务，政府也通过推出"互联网+政务服务"的数字化服务，让公众足不出户即可完成事项的办理。各类数字化政府便民服务缩短了公众办事的时间，也显著地提升了政府的治理效能。但随着加强网络安全保护的需要，使用各类数字化政务服务都需要进行实名认证，其中，包括但不限于上传身份证等照片、在线人脸识别与提供和个人特征相关的真实姓名、联系方式、家庭住址、过往病史等敏感的数字化信息。

使用数字化服务的重要前提是保护使用者所提供的个人电子化信息与隐私。但近年来，个人隐私与信息的泄露事件不时发生，如手机软件可以在后台窃取用户文字、语音、位置等信息。由此可知，公众隐私正面临着极大的泄露与被侵犯风险。在此情形下，公众在被收集其个人信息和遭遇隐私泄露与被侵犯事件时是否具备相应的基础隐私认知、风险认知与控制和保护自身隐私与信息的素养与能力？

为了解与调查公众的基础隐私认知、隐私风险认知情况以及在面对隐私泄露高风险的情况下公众自身的隐私素养及其相关的隐私控制与保护的能力如何，中山大学数字治理研究中心的公众隐私调查课题组研究设计并发布公众隐私认知调查问卷，选取全国范围内的公众作为调查对象，最终共收集1253份有效样本数据。样本基本特征分布情况如表3-4所示。本次问卷数据的性别结构占比较均衡，年龄层次涵盖范围较广，最高学历层次分布较为合理，户口分布涵盖较全面，等等。总体而言，本次问卷数据样本具有较好的代表性。下文将对收集的公众隐私认知问卷数据结果进行全景式的分析，从而挖掘出在高隐私泄露风险下公众隐私面临的问题与现状，并进行概括性研究总结（见图3-40）。

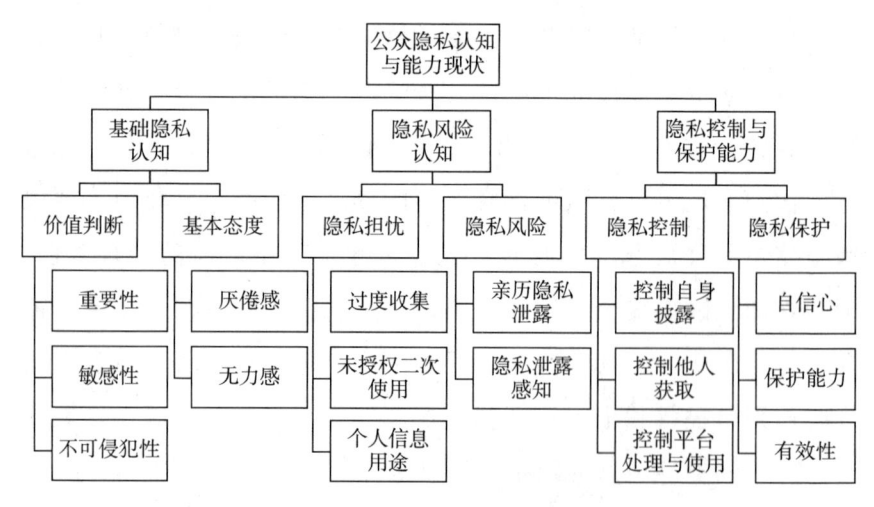

图3-40 研究框架

表3-4 样本基本特征情况

单位：人，%

基本信息	类别	频数	占比
性别	男性	639	51.00
	女性	614	49.00
年龄	18岁以下	23	1.84
	18~24岁	228	18.20
	25~34岁	557	44.45
	35~44岁	285	22.75
	45~54岁	134	10.69
	55~64岁	23	1.84
	65岁及以上	3	0.24
最高学历	初中及以下	32	2.55
	高中或中专	146	11.65
	本科或大专	959	76.54
	研究生及以上	116	9.26
户口	本地城镇	794	63.37
	本地农业	237	18.91
	外地农业	128	10.22
	外地城镇	94	7.50
月收入水平	3000元及以下	180	14.37
	3001~6000元	394	31.44
	6001~10000元	348	27.77
	10001~15000元	208	16.60
	15001~20000元	72	5.75
	20001元及以上	51	4.07
政治面貌	群众	649	51.80
	共青团员	324	25.86

续表

基本信息	类别	频数	占比
政治面貌	民主党派	13	1.04
	共产党员	267	21.31
职业	个体户	45	3.59
	自由职业者	98	7.82
	民营企业员工	529	42.22
	国企员工	161	12.85
	政府机关或事业单位工作人员	192	15.32
	非营利组织工作人员	5	0.40
	农林牧渔等劳动者	7	0.56
	离退休人员	5	0.40
	学生	116	9.26
	待业	14	1.12
	其他	81	6.46

1. 公众基础隐私认知情况

清晰且准确地界定隐私的概念是探究公众隐私基础认知的重要逻辑前提。隐私作为一个发展的概念，也会随着时代的变化而发展，不同学者也会对隐私进行新的定义。而对于政府而言，公众对隐私的基础认知是政府在数字化治理转型浪潮中把握前进方向的重要参考。在此基础上，本部分将通过公众对隐私的价值判断与基本态度来反映公众的基础隐私认知情况。其中，隐私价值判断主要基于公众对于隐私与信息保护的重要性、隐私的敏感性和不可侵犯性的认知，隐私基本态度则以公众主观的态度与在客观环境刺激后的态度为衡量指标。

（1）积极判断导向——公众普遍重视隐私信息保护

保护个人信息的重要性反映人们对于保护隐私的价值理解。

第三章 技术发展与服务创新的归属点

由图3-41可知，绝大多数人对于保护个人信息的重要性均表示高度的认同。其中，超过半数的人"非常认同"，占53.0%，"比较认同"的次之，占33.6%。而其余部分却不到15.0%。人们对保护个人信息较高比例的认同在一定程度上也体现出其对个人隐私风险的担忧，及泄露个人信息可能带来的不良后果的认知。

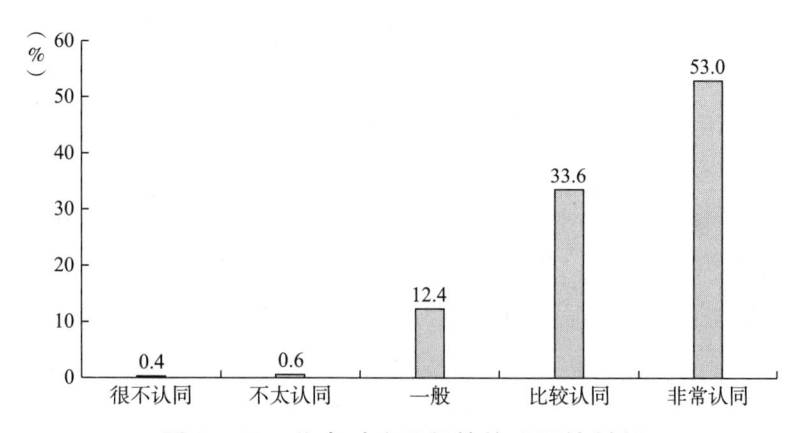

图3-41 公众对隐私保护的重要性判断

说明：来源于问卷第三部分，即你对"对我而言，保护个人信息是非常重要的"这一表述的认可程度。

由图3-42可知，超过2/3的公众认为自身比其他人对隐私与信息保护更加敏感和在意，其中，"非常认同"的占31.5%，"比较认同"的占37.8%。另外，有26.7%的公众表示"一般"。这也体现出公众对整体社会环境中个人信息保护、个人隐私被尊重的重视程度。

在隐私的不可侵犯性上，绝大多数公众对隐私权是个人不可被侵犯的基本权利表示强烈的认同。这也佐证了人们普遍具有隐私权利意识。过半数（55.3%）的人表示"非常认同"，而"比较认同"的比例为31.1%，其余观点不足15.0%（见图3-43）。比如，伴随着民众对数据隐私权的呼声和重视越来越高，2020年7月《深圳经济特区数据条例》公开征求意见为数据立法隐私加

公共治理的数字化转型

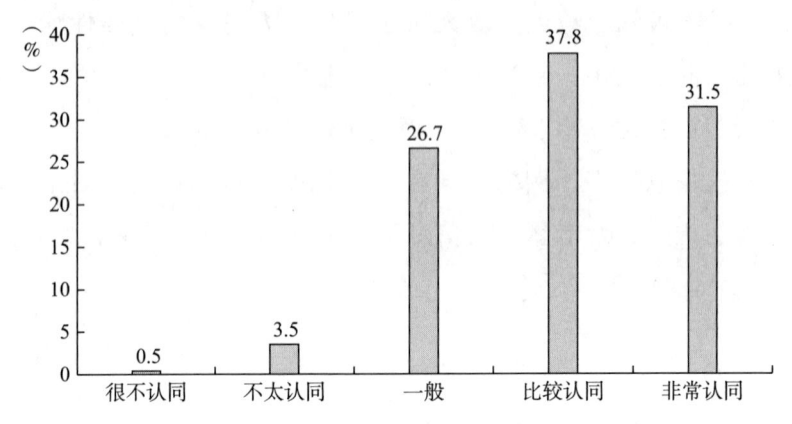

图 3-42 公众对隐私保护的敏感性判断

说明：来源于问卷第三部分，你对"跟其他人比起来，我对于个人信息保护这块可能会更敏感和在意"这一表述的认可程度。

密，经过两轮审议后，2021年6月29日经深圳市第七届人民代表大会常务委员会第二次会议通过，于7月6日公布，明确针对社会各界反映强烈的网络平台利用大数据"杀熟"问题给予重罚，同时建立数据领域公益诉讼制度，切实维护数据时代的个人隐私权。

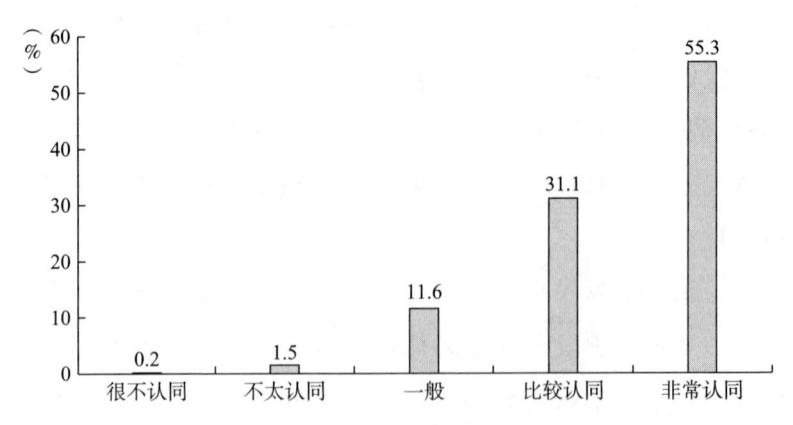

图 3-43 隐私权不可侵犯的认可程度

说明：来源于问卷第三部分，你对"我认为，隐私权是个人不可被侵犯的基本权利"的表述的认可程度。

总体而言,在隐私价值判断方面,绝大多数公众认为隐私与信息保护很重要,且对隐私信息保护十分在意与敏感,认为自身的隐私不可被侵犯等,这表明公众对隐私的价值判断呈现比较积极的导向。

(2)隐私厌倦感——公众在外界刺激中对保护自身隐私信息的无力

Pötzsch(2008)认为,意识是基于个人对物理和非物理对象的注意、感知和认知。一旦不再有任何刺激存在,意识到某事的状态就会消失,来自环境或他人的信息构成此种刺激。而公众对隐私问题的基本态度恰是其内心意识的感知与认知的表达。具体而言,公众对隐私的基本态度受到公众自身对于隐私的感知与认知的影响,也受到政府等外部主体的刺激作用的影响。

由图3-44可知,从主观能动性上,公众在回答对隐私问题厌倦感的设问时,持中立立场(选择"一般")的公众超过1/4,持"很不认同"和"不太认同"观点的公众仅比持"比较认同"和"非常认同"观点的公众高8.46个百分点(见图3-44)。这也佐证了公众对于隐私问题存在一定程度的厌倦感。厌倦感的产生可能来源于隐私风险案件偶发下公众无法得到有效反馈的无力感,以及公众虽然有较强的隐私价值判断,但实际上存在无法参与改变现状的无奈。

由图3-45可知,在询问"如果政府部门或他人想要获取或使用我的个人信息,我实际上没有任何办法"这一问题时,约七成的公众"比较认同"和"非常认同"此观点,说明公众在外界刺激后,对于保护自身隐私信息感到无能为力。

总体而言,在大数据发展的背景下,公众对于保护自身隐私仍有不小的厌倦感,尤其是在受外界等的刺激下,公众对于隐私

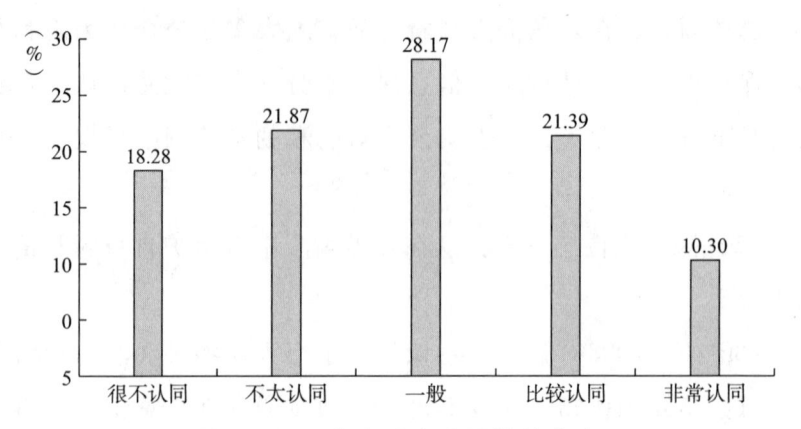

图 3-44 公众对隐私厌倦的态度

说明：来源于问卷第一部分，使用政务服务时，对"我觉得我可能有点厌倦了信息隐私问题"这一表述的认可程度。

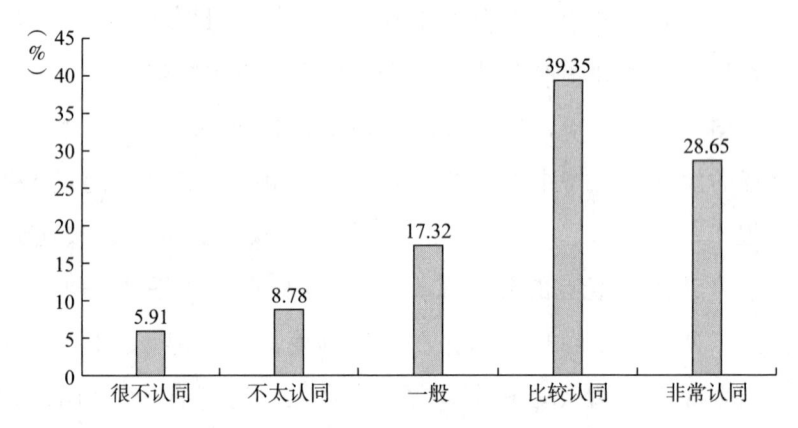

图 3-45 公众对隐私无力的态度

说明：来源于问卷第一部分，使用政务服务时，对"如果政府部门或他人想要获取或使用我的个人信息，我实际上没有任何办法"这一表述的认可程度。

的认知有一些无力感。

2. 公众隐私风险认知情况

风险认知指的是人们在追逐理想结果时对可能遭遇的潜在损失的认知（Featherman & Pavlou，2003）。隐私风险认知则是指个人对自己所表露的个人信息可能存在被侵犯或被盗窃的感知。公众对自身披露的个人信息存在被泄露的担忧,也面临着第三方实体受种种因素影响所导致的公民信息与隐私泄露所带来的风险与威胁。据此,本书以在使用数字化政务服务中公众对提供自身隐私信息的隐私担忧情况以及可能面临的隐私风险来衡量数字化时代的公众隐私风险认知情况。

(1) 隐私担忧情况——公众对被平台收集的隐私信息普遍感到忧心与存在顾虑

隐私担忧指对可能损失隐私信息而产生的担忧,反映出用户对隐私被侵犯的可能性和与隐私被侵犯相关的风险的感知(Smith, Milberg, & Burke, 1996)。其中,在收集与获取方面,主要指公众对平台过度收集与获取个人隐私信息的担忧。本书以刷脸政务服务中的隐私担忧收集问题为例进行调查,结果显示,绝大多数的公众对于个人信息被过度收集存在明显的担忧情况。其中,表示"非常认同"的公众占33.92%,表示"比较认同"的最多,占41.66%。而其他仅占1/4左右(见图3-46)。这种对于平台过度收集的普遍性担忧一定程度上反映了当前我国部分平台在隐私信息收集规范上的乱象,如不规范的隐私政策声明、不断获取不必要的用户授权等。同时,这也从侧面反映出公众对于个人隐私信息可能被他方过度收集的无力感,启示政府需要对平台收集隐私信息的行为进行严格规范,为公众提供保障。

在未经授权二次使用方面,大多数公众对自身个人信息在未经授权情况下,他人可以从服务平台拿到个人信息表示强烈的担忧,反映出公众对他人未经授权使用自身隐私信息的深度焦虑感。具体而言,表示"非常认同"的公众占比高达44.69%,表示"比较认同"的占比次之,为34.80%。而其他仅占1/5左右(见图3-47)。对未经授权的个人隐私信息被获取的担忧与现实

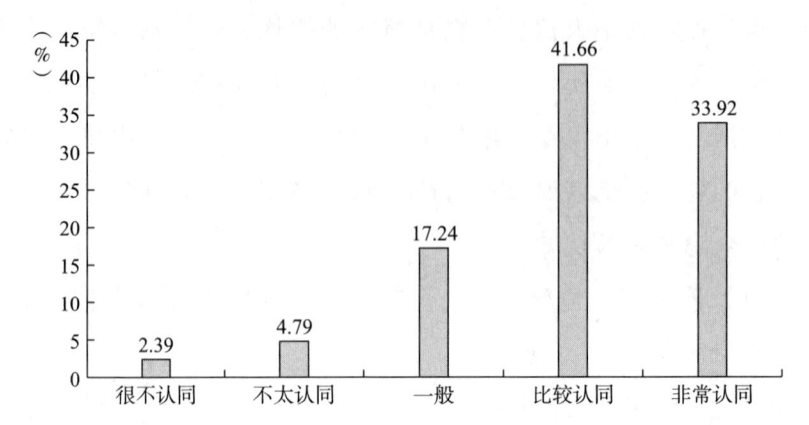

图 3-46 公众对过度收集隐私信息的担忧情况

说明：来源于问卷第一部分，使用政务服务的隐私担忧，公众对"我担心个人信息会被过度收集"这一表述的认可程度。

中出现的仅需花钱就可买隐私信息的一些现象密切相关。当前，大数据获利营运的商业模式让未经授权的信息获取更容易。

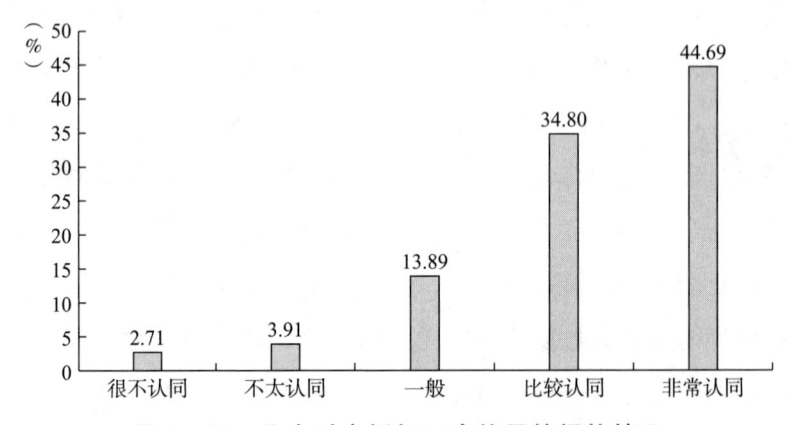

图 3-47 公众对未授权二次使用的担忧情况

说明：来源于问卷第一部分，使用政务服务的隐私担忧，公众对"我担心其他人在未经授权的情况下，也能从服务平台上拿到我的个人信息"这一表述认可的程度。

在不知道他人利用自身隐私信息的用途方面，绝大多数的公众对提供个人信息表示有很多顾虑。其中，表示"非常认同"和"比较认同"的所占比例最高，均为39.11%，而其他仅占1/5左右（见图3-48）。公众对不知道隐私信息用途的顾虑建立在对他人未经授权而获取隐私信息担忧的基础上，这也表明在个人信息授权和用途告知等方面亟待规范与整顿。

总体而言，绝大多数公众十分担忧隐私与个人信息问题，不仅反映在公众自身对于提供信息的顾虑和信息隐私被侵犯上，也体现在平台对于自身信息的过度收集和未经授权二次使用上。

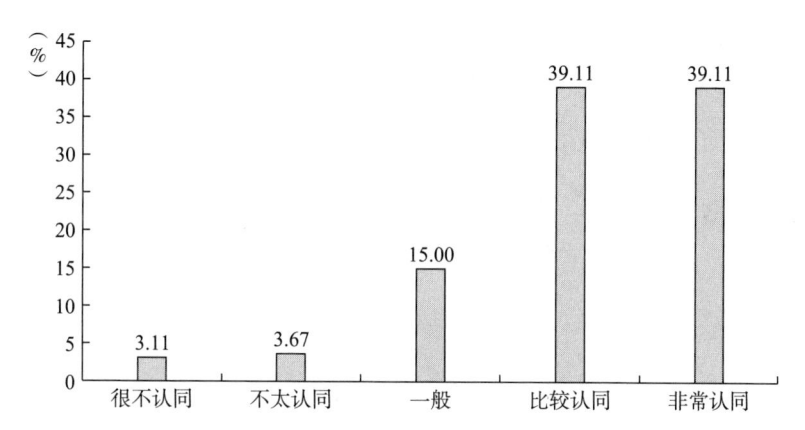

图 3-48　公众对个人信息用途的担忧情况

说明：来源于问卷第一部分，使用政务服务的隐私担忧，公众对"我对提供个人信息有顾虑，因为我不知道其他人可能会用这些信息做什么"这一表述的认可程度。

（2）隐私风险情况——公众信息遭泄露或被侵犯的形势严峻

当今社会信息化和网络化发展引发数据爆发式增长，数据和隐私信息安全保护形势越发严峻。大数据时代到来的同时也从侧面预示着隐私信息泄露的风险不断增大。政府作为最大的信息集成者，能够访问和收集大量的个人信息，因此，政府政务服务平台对公众隐私的保护就极为重要。

在过去三年内，与政府打交道的过程中，公众亲身经历过个人信息遭到泄露或侵犯的情况总体较为良好，但也存在不少公众表示自己的个人信息经常性甚至非常频繁地遭到泄露或侵犯。具体而言，有38.95%的公众认为"几乎没有"出现，有27.61%的公众认为"很少"出现，有21.31%的公众认为"有时"出现，有 9.58% 的公众认为"经常"出现，有 2.55% 的公众认为信息泄露已然达到"非常频繁"的程度（见图 3-49）。除此之外，在 2021 年 11 月 10 日，《中国消费者》杂志社联合中国标准化协会安全健康消费工作委员会等发布的《关于消费者个人信息保护的调查报告》显示，对于是否发生过个人信息泄露问题，有52.70% 的受访者明确表示曾发生过个人信息泄露，有 47.30% 的受访者表示未发生个人信息泄露或不清楚个人信息是否已经泄露。① 因此，不难发现，尽管与政府打交道时个人信息遭受泄露或侵犯的情况并不多，但现实中信息遭受泄露或侵犯的现象已然存在。

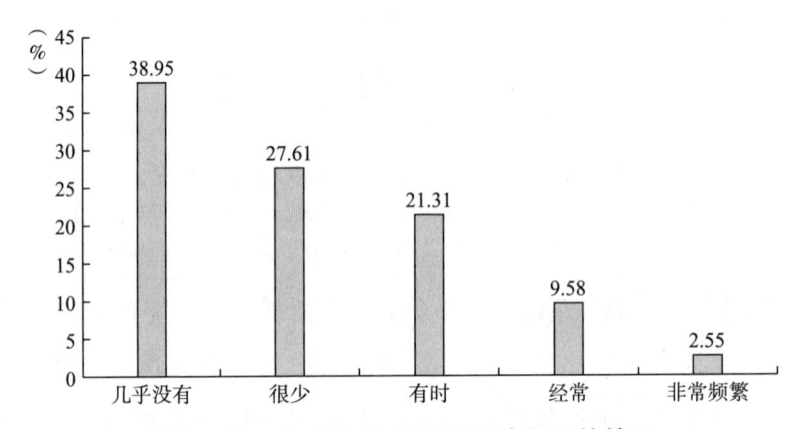

图 3-49 公众隐私被泄露和被侵犯的情况

说明：来源于问卷第三部分，隐私侵犯经历，公众对"过去三年内，在与政府打交道的过程中，我亲身经历过个人信息遭到泄露或侵犯的情况"这一表述的认可程度。

而在过去三年，公众听到或看到过个人信息在政府部门内被泄露或遭到侵犯的事件或新闻报道的形势相对较为严峻。如图 3-50所示，认为"非常频繁"地听到或看到过的公众占 4.79%，认为"经常"的占 15.80%，认为"有时"的占 31.52%，认为"很

---

① 《报告显示：过半受访者曾遭遇过个人信息泄露》，https://baijiahao.baidu.com/s?id=1716026690423767636&wfr=spider&for=pc，最后访问日期：2022 年 9 月 28 日。

少"的占24.90%,认为"几乎没有"的占22.98%。这说明尽管在数字政府已然建设得如火如荼的情况下,在政务服务过程中,由政府部门泄露或者侵犯公众的个人信息与隐私的问题已经存在。在提问中民众表示,由于看到有的地方的公众个人隐私泄露问题,自己同样十分担忧隐私风险的问题。不难发现,即使是与政府关联的隐私收集,民众也较多地表现出对隐私泄露风险的担忧和顾虑。因此,政府需要增强自身的隐私数据保护能力,有效避免因自身原因造成泄露或侵犯公众个人信息现象的发生,从而降低隐私泄露风险,切实保护公众的个人隐私信息。

总体而言,在隐私风险认知层面,不少公众对政府部门泄露或者侵犯个人信息有一定的所历、所闻和所见,表明政府部门需要在公众个人信息的保护上做出努力,最大限度地保护公众隐私信息。

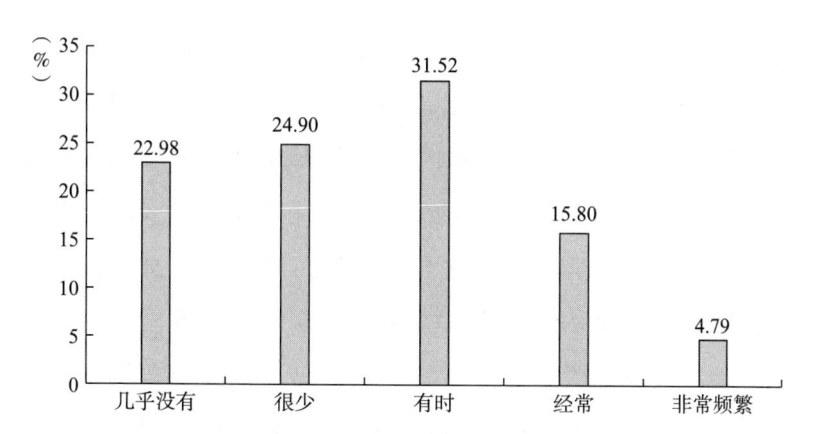

图3-50 公众对隐私被泄露和被侵犯的感知情况

说明:来源于问卷第三部分,隐私侵犯经历,公众对"过去三年内,我听到或看到过个人信息在政府部门内被泄露或遭到侵犯的事件或新闻报道"这一表述的认可程度。

3. 公众的隐私控制与保护能力情况

关于隐私控制与保护能力的测量,主要是反映个人对自己控制隐私信息能力的认知,与隐私保护行为密切关联。而隐私保护指的是人们在隐私信息可能遭受泄露风险时所采取的处理办法(Culnan & Bies,2003)。网络隐私保护行为主要有伪造、保护和抑制三类。其中,"保护"是通过技术等手段保护自己的信息隐私免受侵犯,隐私保护行为是隐私保护能力的重要反映。

(1)隐私控制能力——公众处于无法控制自身、他人与平台收集隐私信息的窘境

自身隐私控制能力是公众隐私信息保护应对能力的重要方面,本部分基于公众能否在隐私收集平台、平台使用者(他人)、提供隐私信息者(自身)三方面进行隐私控制作为衡量其隐私控制能力的指标。

在自身隐私控制能力方面,公众大多数并不认为自己能控制平台收集其隐私信息的数量。由图3-51可知,仅有约1/3的调查对象表示积极的认可。其中,仅有8.46%的公众表示"非常认同",有21.07%的表示"认同"。而表示"一般"的占29.45%,表示"不认同"的占28.25%,表示"非常不认同"的占12.77%。由此可知,在数字化服务下,大多数公众对隐私信息被收集的数量表示消极的控制态度,即认为自身不太具备控制隐私信息的能力。显然在数据时代,隐私信息不仅关系着公众的财产安全,更关系着人身安全、人格尊严等,但在大多数情况下,公众愈发认为隐私已经在难以掌控的范围内,如安装在手机的APP无时无刻不在记录着公众的地理位置信息,全面收集年龄、职业和偏好等信息,手机号码不断地被倒卖导致收到不间断的垃圾短信和营销电话,信息被迫"裸奔",隐私权逐渐变成"特权"。结合公众对隐私价值判断的结论,可以得出大多数公众在面对平台收集其隐私信息时,经常处于主观上可能想控制但无从限制的窘境。

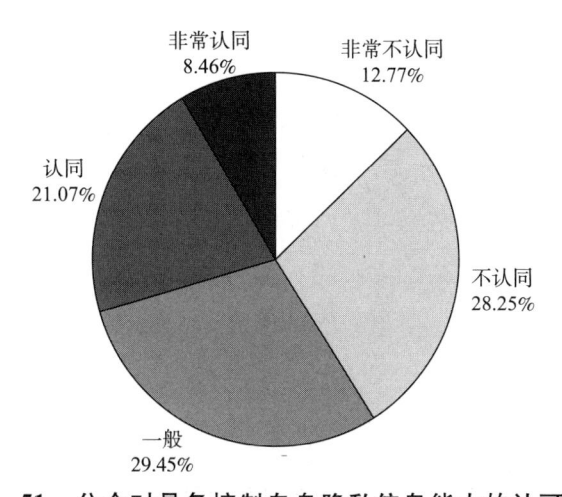

第三章 技术发展与服务创新的归属点

图3-51 公众对具备控制自身隐私信息能力的认可程度

说明：来源于问卷第三部分，对使用政府服务中隐私信息控制的感受，对"我相信我能控制平台收集我的个人隐私信息的数量"这一表述的认可程度。

在控制他人获取隐私信息方面，公众大多数并不认为自己能控制他人在平台上访问或获取其个人隐私信息，由图3-52可知，仅有约1/4的调查对象表示积极的认可，其中，仅有11.40%的公众表示"非常认同"，有17.30%的表示"认同"。而认可程度"一般"的占26.10%，"不认同"的占28.60%，"非常不认同"的占16.30%。因此，在他人获取自己隐私信息方面，大多数公众对隐私被收集表示消极的认可。究其背后的原因，可能是公众的隐私一旦被转让给第三方，其发生的交易与互换行为将隐藏在暗处，公众控制他人获取隐私信息近乎无计可施。

在个人对平台访问与获取信息的控制方面，公众大多数并不认为自己能控制平台访问、获取、处理和使用个人隐私信息的方式，由图3-53可知，仅有约1/4的调查对象表示积极的认可。其中，仅有9.40%的公众表示"非常认同"，有19.60%的表示"认同"。而认可程度"一般"的占28.70%，"不认同"的占27.10%，"非常不认同"的占14.80%。因此，在平台处理和使

· 199 ·

公共治理的数字化转型

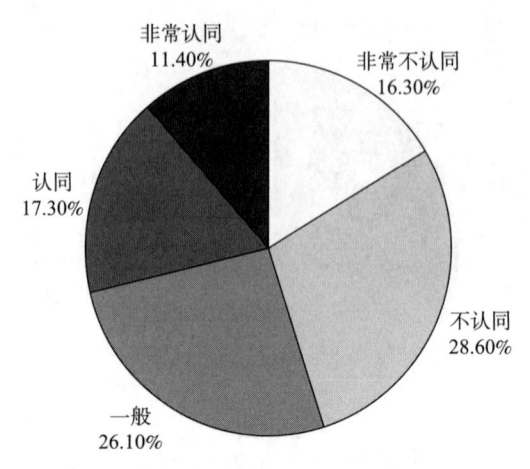

图 3-52 公众对控制他人获取自身隐私信息的能力的认可程度

说明：来源于问卷第三部分，对使用政府服务中隐私控制的感受，公众对"我相信我能控制谁可以在平台上访问或获取我的个人隐私信息"这一表述的认可程度。

用自己隐私信息方面，大多数公众表示消极的认可。

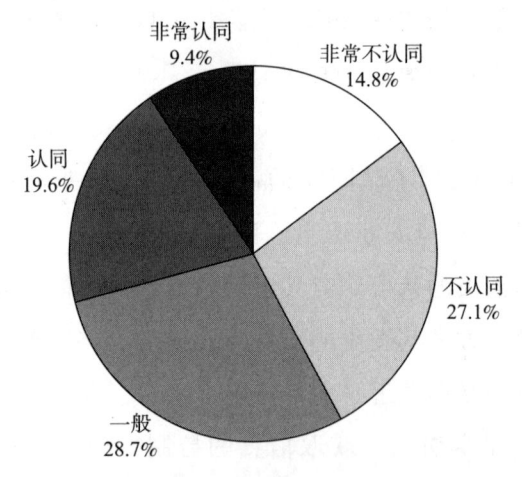

图 3-53 公众对具备控制平台处理和使用自身隐私信息能力的认可程度

说明：来源于问卷第三部分，对使用政府服务中隐私控制的感受，公众对"我相信我能控制平台处理和使用我的个人隐私信息的方式"这一表述的认可程度。

以中国消费者协会在 2018 年发布的 APP 个人信息收集与隐

私政策测评报告为例①，说明 APP 平台对用户的隐私信息收集情况。在收集个人信息方面：10 类 APP 普遍存在涉嫌过度收集个人信息的情况，59 款 APP 涉嫌过度收集"位置信息"，28 款 APP 涉嫌过度收集"通讯录信息"，23 款 APP 涉嫌过度收集"身份信息"，22 款 APP 涉嫌过度收集"手机号码"，等等。在隐私政策方面：47 款 APP 的隐私条款内容不达标，其中 34 款 APP 没有隐私条款。其主要问题是：未明确告知收集个人信息类型，且收集敏感信息时未明确告知用户信息的用途；未明确告知用户个人信息的保存期限和停止运营的情形；未明确告知用户个人信息使用方式；对外提供个人信息时不单独告知并征得用户同意；未明确告知用户如何更正个人信息和撤回同意；隐私条款未在明显位置公示，条款变更时未及时通知用户；隐私政策存在默认同意或未提示阅读等问题；存在"自行承担风险"等不合理免责条款。

由此可知，民众广泛使用的平台软件多数均有隐性利用信息收集同意和隐私政策声明漏洞以收集用户隐私信息的情况，这可能是公众并不认为自己能控制平台处理和使用个人隐私信息方式的原因之一。

总体而言，对于隐私控制能力方面，公众普遍认为自己难以控制平台收集自己隐私信息的数量，也难以控制他人访问或使用自己的隐私信息和控制平台使用和处理自己的隐私信息。

（2）隐私保护能力——公众对隐私信息保护的信心、技能与有效性均不足

隐私保护能力可以分为主观层面的感知和客观层面的行动两

---

① 《中消协在京发布〈100 款 App 个人信息收集与隐私政策测评报告〉》，https://www.creditchina.gov.cn/xinyongdongtai/redupaihangbang/201812/t20181203_132987.html，最后访问日期：2022 年 12 月 20 日。

方面，本部分将从公众对自身隐私信息保护的信心、能力和有效性层面进行分析。

在信心层面，公众对于"我对如何管理好自己的隐私信息有充分信心"这一表述持认可观点的不多。由图3-54可知，约1/3的调查对象表示积极的认可。其中，仅有9.8%的公众表示"非常认同"，有20.4%的表示"比较认同"。而认可程度"一般"的占35.8%，"不太认同"的占24.0%，"很不认同"的占9.8%。因此，在数字化服务面前，大多数公众表示没有足够的信心来保护隐私信息。

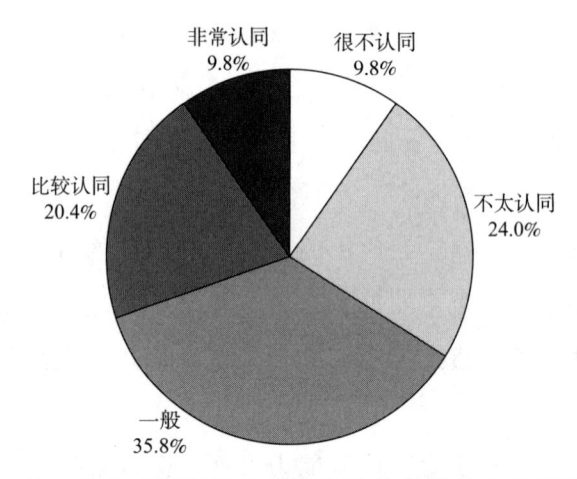

图3-54　公众对具有保护自身隐私信息的信心的认可程度

说明：来源于问卷第三部分，对使用政府服务中自我隐私效能的感受，公众对"我对如何管理好自己的隐私信息有充分的信心"这一表述的认可程度。

在实施隐私保护的能力方面，大多数公众认可有足够的能力来保护自己隐私信息的程度不高。由图3-55可知，约1/4的调查对象表示积极的认可。其中，仅有10.2%的公众表示"非常认同"，有16.7%的表示"比较认同"。而认可程度"一般"的占31.6%，"不太认同"的占28.3%，"很不认同"的占12.9%。随着信息技术的发展和大数据的广泛应用，对于大多数公众而言，使用相关功能时精准地了解与决定是否开启后台可访问信息的权限并非易事。此外，与各大程序与平台的技术水平相比，大多数公众在知识与技术层面在一定程度上相当于"弱势"群体。

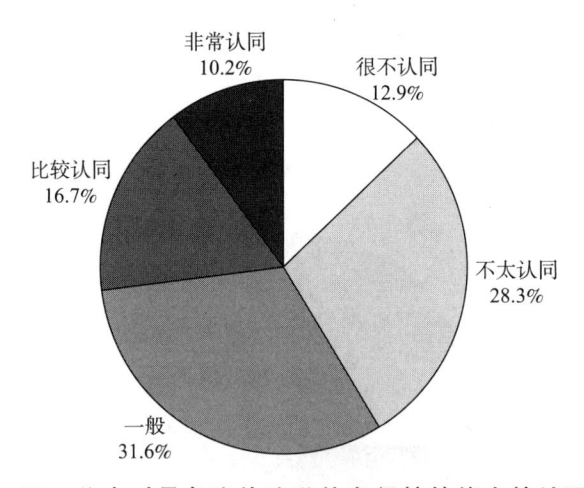

图 3-55　公众对具备实施隐私信息保护的能力的认可程度

说明：来源于问卷第三部分，对使用政府服务中自我隐私效能的感受，公众对"我已经有足够的能力或技能来保护自己的隐私信息"这一表述的认可程度。

例如，在 2022 年 2 月，有用户指出豆瓣应用在页面中嵌入难以察觉的水印，在用户不知道的情况下，如果用户在页面上截图，那么可以查出截图者的身份。而随后豆瓣回应称："该功能是新增的'小组内容防搬运功能'，可以选择开启或关闭'小组内容防搬运设置'，用户 ID 等信息将被加密后显示。"倘若公众并没有具备类似拒绝使用"防搬运"功能的能力，其隐私也会通过一张截图被轻松泄露。因此，在数字化服务面前，大多数公众保护信息隐私的能力和技能仍需进一步提升。

对于自身隐私保护的有效性认同度有利于公众从主观上判断自己的隐私信息保护能力的效果。整体而言，公众认为保护自己隐私信息容易的程度不高。由图 3-56 可知，约 1/3 的调查对象表示积极的认可。其中，仅有 8.8% 的公众表示"非常认同"，有

20.2%的表示"比较认同"。而认可程度"一般"的占32.9%，"不认同"的占28.3%，"很不认同"的占9.4%。因此，在数字化服务面前，大多数公众表示保护隐私信息并不容易。

总体而言，通过对公众对于自身隐私保护的信心、能力和有效性均不足，即大多数公众认为保护隐私信息并不容易，无充足的信心，也无足够的能力。

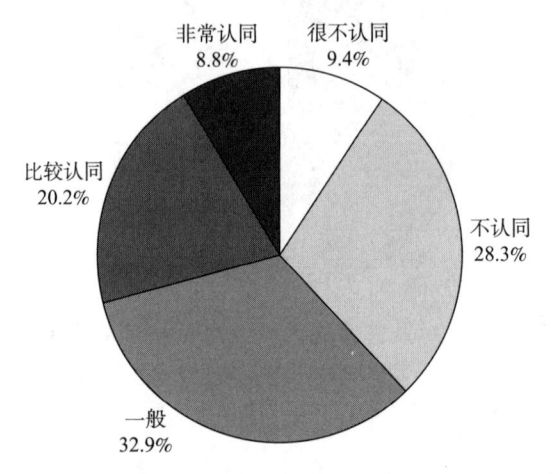

图3-56 公众对自身隐私信息保护有效性的认同程度

说明：来源于问卷第三部分，对使用政府服务中自我隐私效能的感受，公众对"保护自己的隐私信息对我来说是比较容易的"这一表述的认可程度。

综上所述，目前公众隐私信息认知现状可以概况为：在基础隐私信息认知方面，人们普遍重视隐私信息保护，具备隐私信息权利意识和具有良好的隐私信息保护态度。在隐私信息风险认知方面，人们对于隐私信息泄露有较多担忧和顾虑，并认为自身面临较高的隐私信息泄露风险。但在隐私信息控制与保护能力方面，人们对自身隐私信息保护缺乏有效性的认可，在能力上展示出一定的"心有余而力不足"的情况，从而造成隐私信息保护态度与行为能力的相悖。此种态度与行为二分的现象早已存在于隐私的研究当中（Yao，2011）。隐私信息保护对大多数网络用户而言是十分重要的问题,但他们往往在隐私保护行动方面很少做出努力。简言之,尽管人们非常担心隐私被侵犯,但许多公众很少保护自己的隐私信息,导致"隐私悖论"的出现(Barnes,2006)。

那么,在数字化数据遍布的时代,"隐私悖论"的存在可能导致公众并不能够及时对个人隐私信息予以必要保护,其隐私信息也可能被另作商业用途,这对信息被恶意披露或非法利用的个人的生活可能造成极大困扰。

(三)政府隐私信息风险应对

由前所述,公众一方面很担心自身的隐私信息,另一方面并没有足够的能力去实现对自身隐私信息的保护,长此以往可能会形成所谓的"隐私犬儒主义",即指一种对在线服务处理数据的不确定、无力、不信任和顺从的态度,从而使得隐私保护在主观上显得毫无用处,公众觉得无能为力所以虽然有意识但不采取行动。此时,作为个人信息的最大控制者的政府掌握了巨大的"信息权力",一旦其在数据治理过程中对个人信息收集、使用与公开,以及安全防护不当,就极易引发大规模的个人隐私泄露和数据被滥用风险,这将对公民自由、财产安全乃至国家安全造成严重威胁(范为,2016)。由此,政府理应承担起数据治理时代下的隐私风险应对职责,结合自身实际情况不断提升政务大数据的治理能力,并对第三方互联网平台数据隐私风险进行有效监管。

1. 政府数据治理隐私风险现状

(1)政务大数据隐私风险现状

近年来,随着我国政务大数据发展进程加快,从国家安全到个人信息保护,诸多领域都存在着巨大的隐私安全风险,数据泄露事故不断发生,这给国家治理、企业成长和公民权益都带来众多威胁。

从全球比较视野来看，政务大数据隐私风险问题在全球日益蔓延，并且变得更加复杂、多元。如美国五角大楼曾意外暴露了美国国防部的分类数据库，其中包含美国18亿用户的个人信息；英国政府扩大监控法案，修订监控法律，出台的《调查权力法案》将有可能威胁数以百万计公民的个人数据隐私。再比如，韩国政府发起的两项电子政务行动（包括电子证照一体化系统和线上教育信息系统）便因其涉及众多公民个人信息（包括身份证、驾驶证、信用卡、学校录取、健康状况等信息）的汇聚及潜在的泄露风险而遭到公民强烈反对。研究发现，政务大数据发展过程中伴随的日益严峻的隐私风险、信息安全和数据保护等问题，不仅涉及政府机构内部管理，还涉及医疗卫生、教育、交通物流等多个公共服务领域，并呈现技术滞后、管理制度缺位和隐私保护意识淡薄等显著特征，从而进一步增加了政府大数据治理的认知、技术和治理等系统性风险。

在政府内部，一些部门因为业务的特殊性，需要收集公众的大量个人信息，以便为公众提供更为精准的服务。然而，由于缺乏相适应的数据治理体系，大数据分析技术在为这些部门提高工作效率的同时，也让这些部门成为隐私风险泄露的"高危地带"。首先，从技术风险看，网络技术的发展日新月异，但政府和公共机构数据维护、加密防火墙等技术水平难以跟上发展步伐。如今，被匿名化的隐私数据在经过叠加后仍可以被重新识别，个人信息和身份可以被轻易追溯。不法分子可能会利用技术漏洞入侵系统，窃取公众的隐私数据，使得公众丧失安全感和对政府的初始信任。其次，对治理风险而言，政府部门或公共机构应对隐私泄露风险的管理制度不健全。在一些案例中，隐私数据的泄露是由于部门或机构处理数据的过程缺乏规范，管理人员缺乏大数据的专业素养，事后又缺乏监督和补救机制。在对公民个人敏感数据管理过程中不加特殊制度设计与限制，易被"有意泄密的人"乘虚而入，给公民个人以及政府公信力造成不可弥补的损失。

可见，技术能力的滞后和管理制度的缺位所带来的技术风险和治理风险共同反映出当前政府部门和公共机构隐私数据泄露的风险所在，即认知风险。有些政府部门和公共机构内部的工作人员没有充分意识到大数据时代隐私风险防范的重要性和紧迫性，在开放数据管理过程中易出现隐私泄露问题，使得公民个人敏感信息易被其他企业或组织滥用，直接给公民个人带来精神和物质方面的成本，间接给政府相关部门带来公信力方面的威胁，甚至给整个社会信任层面带来巨大挑战。随着大数据技术的不断发展，为了完善工作流程、提高工作效率，政府部门和公共机构的工作业务与大数据技术的结合必将不断深入，一旦信息泄露将会带来极大的政府数据治理风险问题（包倩宇，2018）。当前，大数据时代政务领域隐私泄露情形越来越多元化、复杂化。数据泄露事故不时发生，数字隐私问题成为数字经济时代的顶层问题（何治乐、黄道丽、孔华锋，2017），而建立完善的隐私风险应对与保护机制成为重要关切。

(2) 政府隐私数据风险监管现状

随着信息技术、通信技术的迅速发展，在以移动设备、智能终端以及传感器等网络技术的普及应用而产生的数据以几何级系数增长的时候，这些数据通过云平台的存储与挖掘会产生很多有价值的信息，对政府、企业的决策和发展起到至关重要的作用，也给人们的工作、生活带来了极大的便利（谷镇，2021）。与此同时，也产生了数据监控问题。海量的数据使得个人隐私几乎被全方位窥视，科技的异化使个人隐私泄露风险加大，更威胁着公共安全。以控制为主的平台治理思路将会进一步增大个人隐私数据泄露的风险,一旦社会公众因隐私数据泄露而处于恐慌之中,社会稳定运行的基础将被瓦解。

自互联网在我国快速发展以来,国家便针对其影响公民隐私的方面出台了法规,但这些法规大部分是有关网络安全、个人信息收集、整理、使用等管理以及侵害个人信息所承担的法律责任等方面的内容,并没有对侵害个人隐私的违法行为的处罚标准、定性等阐述(谷镇,2021)。在公民数据隐私频频泄露的风险下,国家互联网信息办公室《网络数据安全管理条例(征求意见稿)》第43条明确提出"互联网平台运营者应当建立与数据相关的平台规则、隐私政策和算法策略披露制度"。这体现了政府对第三方平台进行数据监管的制度安排。与此同时,联合监督执法行动也在不断开展。2017年7月,中央网信办、工信部、公安部、国家标准委四部门联合开展了隐私条款专项工作,对微信、淘宝等10款网络产品和服务的隐私条款进行了评审;2019年1月,中央网信办、工信部、公安部、国家市场监管总局等联合开展了APP违法违规收集使用个人信息专项治理行动;等等。而在执法活动中,监管的重点大多是对互联网平台的隐私政策进行合规性评估、审查,当发现违规违法时,通过公开曝光、督促整改、责令下架等措施,来规范互联网平台收集使用个人信息的行为,维护个人信息主体的合法权益。研究发现,第三方平台泄露隐私数据的案件仍然不时发生。随着大数据技术的发展,数据将成为重要商业资源,而隐私权也将随之上升为现代社会生活的一项重要人格权利(刘筱娟,2017)。

由此看来,政府进行数据监管的工作仍需推进。个人银行账户信息、通信记录、购物记录、聊天记录、快递信息,可能被分析为数据画像,商家根据用户偏好进行精准推送,对个人决策隐私产生侵犯。更为危险的是，记录这些数据的互联网第三方平台服务器易被黑客入侵，造成数据泄露，危害公共安全，扰乱社会秩序，也带来了对政府公信力的影响。如果不加强对第三方互联网平台数据利用与保护的监管，个人敏感信息很可能成为"数据权力享有者"用于侵害他人的强大武器。

目前来看，政府对第三方互联网平台数据安全的规制仍存在滞后性。互联网发展日新月异，而立法流程却相对较长，很难实现及时有效的规范约束。专项行动虽然具有较好的实效性、针对性，却难以实现长久稳定的监督规范。而在用户使用 APP 时，虽然有相关隐私条款约定及权限设置，但因其条文冗长与用户希望使用软件的迫切心理，用户往往忽略阅读而直接选择同意。这也说明用户的隐私保护意识较为薄弱，第三方平台对于保护公民的隐私权利意识有待提高。从合同规制上看与我国现行法律要求相一致，但实际上为"霸王条款"，未能从根源上实现对用户数据隐私的保护。而在此方面，政府的干预也存在困境。同时，从风险发生案例的趋势上看，更多的是第三方平台对用户数据的保护不力：大数据和人工智能技术的高速发展，处理海量信息的难度和成本正不断降低的同时也面临着黑客技术入侵的风险，而第三方平台在数据维护、加密防火墙等方面的技术水平仍需提高。

2. 我国政府数据治理中的隐私风险应对实践

我国在政务数据个人隐私保护的实践与探索方面取得了明显进步，尤其是在应对大数据时代的隐私风险方面呈现"中央统筹发展"与"地方先试先行"的特征，但也存在诸多"棘手问题"（wicked problem）亟待解决。

首先，在法律与政策层面，自 1982 年《宪法》规定"公民的人格尊严不受侵犯""公民住宅不受侵犯""国家尊重和保障人权"等，我国逐步建立起散见于宪法、民法、刑法、行政法等基本法律的个人隐私权利保护法律框架（类延村、徐洁涵，2021）。然而，尽管立法实践总体起步较早，基本符合"前信息时代"对个人隐私的可识别性界定和以知情同意为核心的个人隐私权利保护原则设定等基本要求（常宇豪，2019），但这一时期尚未厘清个人隐私信息的内涵与外延，大多关注物理隐私保护而疏于对信息隐私的保护，缺乏维护数据安全集中统一领导的组织架构以及专门性的技术标准等。而在大数据技术快速发展和政府数字化转型的背景下，个体隐私的边界逐步由物理隐私拓宽为更具泛在性的信息隐私，政府数据治理中的隐私风险应对也不应仅关注个体隐私权利的实现，而是迫切需要在数据与信息的创新利用和个体隐私权利保护之间寻求有效平衡（王秀哲，2018）。

近些年来，为应对政府数字化转型下隐私风险应对的时代要求，中央层面陆续出台的《网络安全法》、《电子商务法》、《消费者权益保护法》）（修订稿）及《民法典》等基本法律和《信息安全技术 个人信息安全规范（GB/T 35273-2017)》、《信息安全技术 个人信息安全影响评估指南》及《信息安全技术 数据出境安全评估指南》等一系列国家标准，开始对信息隐私予以重点关注，并为数据利用与隐私权利平衡提供了探索性的补充解释和路径思考。地方通用性的政府数据管理办法、数据分级分类标准和行业数据管理规范相继出台，为政府大数据中涉及个人隐私的数据收集、存储、利用与开放共享提供了初步的政策指引。各地按照当地政务数据利用特点而颁布的具体数据利用实践指南，也为数据管理提供了切实的技术指引，并对涉及各关键行业与领域的政务数据制定相应的数据管理标准与技术实施方案。可见，传统以知情同意为核心的个人隐私权利保护框架难以应对大数据时代下多元场景中的隐私风险（范为，2016）。

我国个人隐私权利保护法律体系日臻完善，但当前我国在应对数据治理中的隐私风险时仍面临三重挑战。其一，当前国家层面出台的《个人信息保护法》仍旧遵循着基于"知情－同意"架构的以个人为中心的私法逻辑，该法尚未对个人信息数据的财产收益权及利用规则给予明晰要求，从而使得对个人信息保护的原则性规定过多、政府主体监管和管理责任权属较为模糊、具体应用场景下个人信息利用规则不完善等。其二，地方缺乏兼容性的数据管理标准和技术解决方案，容易造成地方间、行业间数据治理与隐私信息保护的新型壁垒，在数据治理的整体性、科学性和可操作性上仍显不足。这种分散式立法模式，面临着体系化和操作化欠缺、权利救济和监管措施不到位的困境，需借鉴地方实践经验，从全国高位阶法律层面予以统一规制。其三，数据权属建立在私有性基础上，忽视了数据的公共性特质，政府对数据治理的公共性与公民隐私权的私人控制性二者之间的边界认知不清，难以调和日益增长的数据利用与个体隐私权利保护间的矛盾。

其次，在管理机制方面，经过多次组织架构调整与重组改革后，我国目前将个人信息保护工作归工业和信息化部，尚缺乏应对政府大数据隐私风险的专门性的全国政务数据管理机构以及数据开发主管部门，仍未建立起"纵向到底、横向到边"的联动协调机制，部门间缺乏明确定位和权限容易造成职能不清的交叉监管现象（张新宝，2015），从而难以有效应对全国范围内数据治理潜在的隐私风险。为积极响应中央推动"互联网＋政务服务"的要求并应对大数据快速发展的治理需求，各级地方政府先后建立起专门的地方性数据治理机构（黄璜、孙学智，2018），并逐步配套具有网络安全与信息技术专业知识的人力资源，为建立公共部门网络安全框架提供了部分管理机制与资源支撑（Micro，2015；Wirtz & Weyerer，2016）。但目前地方性数据治理机构大都隶属于政府直属或部门管理机构，在组建模式与职能界定上仅作为在现有基础上对分散职能进行重新整合的信息化部门，缺乏职能的有机融合，从而容易导致专门性的数据治理机构与各职能部门之间权责模糊、相互推诿等问题。与此同时，地方性数据治理机构仍缺乏既懂技术又深谙政府管理逻辑的复合型人才，在应对日益增多的政府大数据隐私风险与平衡多元利益的过程中显得力不从心，导致各级地方政府在应对政府大数据隐私风险时出现严重缺位现象（黄如花、刘龙，2017）。

总体而言，我国在个人隐私保护的实践与探索方面取得了明显进步，尤其是在应对大数据时代的隐私风险方面呈现地方迅速响应的先行特征，但仍然面临着日益严峻的隐私风险及挑战。在顶层设计层面，个人隐私权利保护法律体系日臻完善，但仍需对个人隐私的认知及其隐私利益衡量构建更加明确的法理界限和判定标准，且地方性法规不兼容性问题凸显。在管理机制层面，缺乏应对政府大数据隐私风险的全国性的、专门的政务数据管理机构，而地方政务数据管理机构主体性地位缺失、职责泛化、技术与人力资源不足等问题日益突出。这些都导致各级政府在应对政府大数据隐私风险时出现严重缺位（黄如花、刘龙，2017）。未来，亟须从理论和实践上探索建立更加立体化的、全面的政府大数据隐私风险应对框架，以期在保护个体与组织信息隐私权利的基础上最大化释放政府大数据的价值。

3. 未来我国政府数据治理中的隐私风险应对建议

（1）认知维度

从风险认知层面出发，目前在政务数据开放与第三方平台监管进程中，我国政府部门及其工作人员对于数据风险感知、政府效能感知以及隐私风险治理感知存在认知程度不高问题。相关政策法规不完善、对公民数据隐私权认知不足、数据技术体系不健全、行政组织体系权责不清等问题亟须解决。

①完善并出台统一的政策法规，明确隐私关键概念及其边界

由于我国尚未对隐私泄露与保护的范围、规模等出台统一的法律文本，对于隐私风险的概念尚援引于其他法律法规等规范性文件，政府部门及其工作人员对其认知仍处于模糊不清状态，从而导致数据权属和隐私权问题依然存在争议。因此，为提高政府及其工作人员对于政务大数据隐私风险的感知程度，首先，亟须进一步明确个人信息、个人数据、个人隐私三者界限，避免混淆使用造成一系列衍生的风险问题的存在。其次，在政务数据的发布阶段需针对数据权利保护明确做出说明，以及应当在用户同意且授权基础上进行数据的创建和采集。最后，在数据管理和利用阶段，进一步细化对个人信息的保护，提升政府及其工作人员法治意识，加大违法成本承担以及惩戒力度。而在对互联网第三方平台的规范方面，要对其用户隐私条款做出限制，避免冗长烦琐等现实问题，更要解决好权限与用户使用挂钩问题，从源头上促成隐私保护。

②加强公职人员业务素质培训，提升隐私风险认知水平

利益相关主体的数据安全素养是影响政府数据开放安全与隐私的重要因素（丁红发等，2019）。一方面，政府及其公共部门工作人员需根据自身情况，通过业务培训，从认知观念上提升对数据隐私风险的敏感度，并具备相应的数据安全、隐私保护意识和相关技能，在参与政府数据开放的过程中坚守职业操守和职业道德，切实保护好数据安全，避免数据隐私泄露事件的发生。另

一方面，政府及其相关部门应当做好相关数据安全和隐私保护的宣传和教育工作，重点推进数据安全和数据隐私权利社会化。鼓励社会公众参与隐私管理与监督，引导社会组织表达利益诉求。加强对掌管公共数据的第三方平台的教育，从观念上明确数据隐私保护的重要性，推动其相关数据安全保护技能的提升。只有教育培训与舆论监督多管齐下，社会上下一体，形成良好的数据安全、隐私保护意识和隐私风险认知氛围，才能切实应对各类数据隐私的认知风险。

③提高政府对隐私数据处理技术的认知能力，提升数据治理水平

政务大数据开放进程的加快相应带来了对政府数据处理能力的深层次考验，政府亟须增强其自身对于数据开放过程中出现的数据碎片、数据割据及数据孤岛三个方向性问题的认知能力，并切实提升其数据治理水平。政府部门在运作过程中积累了海量的政务大数据。首先，这需要其对各类数据涉及的隐私标准和范围设定统一规则，并促成数据采集和存储"格式化"。其次，创建或采集涉及国家安全、商业秘密和个人隐私的数据需授权给指定的机构，或拥有特定数据处理资格的公职人员，避免数据越权创建、非法采集等问题的出现。再次，政府需打通纵、横向业务系统，改变政府部门条形化、层级化的数据管理模式，避免数据保护主义衍生发展。最后，政府需严厉打击政务大数据建设过程中的"信息二次交易市场"与对个人信息非法利用的灰色利益链条。

（2）技术维度

从技术维度看如今我国数据安全维护现状可以发现，存在相关技术规范标准与规范不完善、数据安全防护体系不健全等问题

亟待解决，由此，本研究提出基于技术维度的相关政策建议。

①加快完善一系列针对政务数据隐私风险评估的技术标准与规范

面对政务大数据发展所带来的新变化与新挑战，亟须从信息数据技术实践操作角度出发，完善一系列针对政务数据隐私风险的标准与规范，中央为数据安全防护提供整体的隐私风险安全防护意见指导，各地方政府则在统一指导的基础上自主制定更适应当地政务业务发展需要的标准与规范，从而推动进一步出台和完善数据分级分类的规范指南、完善对基础设施与政务软件系统等数据风险防护的评估指标与规范。为此，建议各级政府加快出台相关"数据分级分类标准指南"。现在，我国各地政务数据管理工作都受到重视，各省区市的大数据发展规划中均有提及并强调对数据的分级分类管理。同时，在政务数据管理上各省区市相关的政务信息资源目录编制工作也都正在推进，但是目前在具体的政务数据分级分类指南的编制上还存在空白与滞后等不足，亟须各级地方政府出台符合当地政务需求的"数据分级分类标准指南"。

②建设政务大数据（技术）安全防护体系

在大数据时代，数据呈现规模庞大、类型多样化、更新速度极快等特点，传统隐私风险防范技术日益失效，大数据的出现对政务数据的传统安全控制提出了巨大挑战。为应对大数据时代政务数据风险，需要通过大数据生命周期，建设政务大数据安全防护体系，从大数据平台自身安全、系统内部安全以及系统外部安全，从硬件环境、软件开发等多角度、全方位提供防护实施指南。同时，推动技术部门开展进一步的大数据安全防护技术研发、安全部署实现、安全测评支持，为政务大数据隐私风险主动监测、主动防护、动态化安全防护提供技术支持（张滨，2018），为政务大数据隐私风险建设情境式、动态化风险管理防护体系。为此，建议组建政务数据安全防护专业技术团队。随着电子政务的发展，信息系统技术架构越来越复杂，政务数据隐私风险威胁日益严峻，在用户对政务数据安全性、可靠性需求不断增多的形势下，技术人员在数据安全维护工作上所需要的专业技术要求也越来越高。同时，在政务数据的敏感性特点下也并不支持将数据安全防护工作完全交由专业数据保护的第三方来做，因此，组建政务数据安全防护专业技术团队成为当务之急。另外，建议加强政务系统支撑平台硬件环境建设与完善软件开发体系。系统规划建设政务系统支撑平台，从硬件环境与软件系统开发角度加强对政务数据系统的体系化建设，对现有IT资源进行资源整合与统一管理，避免基础设施的重复建设及片面追求高性能、高配置等问题，有规划地建设体系化政务数据服务系统，并完善其维护和管理机制。

③着力研发有效保障数据隐私安全的前沿技术

推动大数据时代和云计算体系下隐私保护前沿技术的发展是现今数据隐私保护工作的当务之急，包括雾计算、数据沙箱、区块链、数据加密与分布式访问控制等网络环境保护技术。从数据安全角度出发，雾计算意味着将数据、数据相关处理与应用程序都集中在网络边缘的设备中并在局域网、区域网环境下进行。相较于在云计算背景下几乎全部保存在云端，这种将更多数据与控制权力下放到地方的行为可以有效地分散数据隐私泄露风险，完善远程关键应用程序中信息传输过程，大大提升了数据隐私安全与系统的安全性。

数据沙箱指的是一个封闭式的虚拟系统程序，这个程序允许在沙箱环境中运行浏览器或其他程序，其运行后变化可删除。在网络安全中，沙箱是一种按照安全策略限制程序行为的执行环境，在沙箱的隔离环境中测试不受信任的文件或应用程序。在政府政务数据共享交换平台上，数据沙箱为数据传输数据共享过程提供安全的环境以保证数据隐私安全。

区块链技术具有可追溯、不可篡改和时间戳等特征。探索区块链技术在数字政府中的运用有利于确保政务数据完整、可信、确权、安全、隐私保护以及共治共享。区块链内在蕴含的哈希函数和非对称加密等算法可以加强对政务数据的隐私保护与对涉密数据加密，以确保数据传输过程的完整性以及其数据安全性。区块链技术在数字政府领域的运用有利于确保政务数据安全性与隐私性。同时，利用区块链技术可以实现用户身份的匿名和认证，只有监管机构才有权追踪到其身份，从而保障公众在第三方平台上的数据隐私安全。

数据加密是计算机系统对信息进行保护的一种最可靠的办法。它利用密码技术对信息进行加密，实现信息隐蔽，从而起到保护信息安全的作用。具体操作是通过加密算法和加密密钥将明文转变为密文，而解密则是通过解密算法和解密密钥将密文恢复为明文。通过在第三方平台收集信息时应用数据加密技术，可以有利于加强对用户数据安全的保护。分布式系统广泛应用于网络领域，如何确保系统的安全性、确保信息在通信过程中不被人窃取和破坏已成为重要的课题。不同于集中式访问对资源保护的难以控制，分布式访问控制可以实现对特定资源访问的控制与限制，利于维护第三方平台中用户的数据隐私安全。

（3）治理维度

本研究认为政府可以从顶层设计、管理体制和资源投入三大维度出发，建立多层次的、动态的数据隐私风险治理体系，最终使得隐私保护的理念渗透到政府推动数据治理工作的方方面面。

①完善隐私保护基本法，构建配套的隐私保护法律政策体系

目前，我国对个人信息、数据和隐私的概念界定较模糊，并散见于法律及部门规章，完善隐私保护基本法和构建配套政策体系成为当务之急。我国亟须借鉴全球经验来进一步完善隐私保护顶层设计。一方面，传统的"知情-同意"模式已无法满足目前隐私保护的紧迫诉求，政府应尽快补充大数据时代个人隐私相关的专门性法律，明确"个人隐私"的法律概念及其边界，厘清特定目的和使用场景中的数据控制者、管理者的数据权利和保护义务。另一方面，地方政府需完善地方性法规、政策条例与规范标准，明确政府隐私保护要求，提供数据共享与开放的政策依据与个人隐私保护相关的实践指南。

②设立隐私保护的专门管理机构，创新数据隐私保护管理机制

大数据时代，国家治理与大数据技术的发展息息相关。传统的政府管理机制容易使隐私保护工作出现目标分散、内容重复交叉、沟通合作困难等问题。在这一过程中，为维护公众信息权益、平衡数据开放和个人隐私保护，一方面，政府应依情况逐步设立隐私保护的专门性管理机构，并赋予该机构以下职能：负责登记每个处理个人信息的机构，规范企业数据处理的行为；推广和解释相关法律法规、宣传个人隐私保护的相关知识以及协助公众进行索赔；整合市场监管、网信办、公安局等部门数据执法相关职能的同时，保证监管机构的独立性、透明性、合法性等，从而履行隐私保护法定职责，并对隐私保护成效进行系统评估。另一方面，各政府部门需要严格执行隐私保护流程，加强数据协调管理。此外，政府还应积极引入外部监督，成立第三方隐私保护

评审机构，以更好地应对隐私风险。

③提高管理者的隐私保护意识，构建专业的人才体系

一支具备专业素养的管理者队伍是实施隐私保护工作的关键。在开展隐私保护工作的过程中，诸如首席数据官、隐私评估专家、隐私专员等职务都要求具备一定的隐私保护的专业知识和技能。但是，政府部门在筛选工作人员时往往强调对一般、通用知识技能的掌握。为此，政府应当加大对专业隐私保护人才的培养，选拔交叉型人才并配以相应的权责，同时增强政府工作人员的隐私保护意识，开展以隐私风险应对为目的的培训、短期轮岗和数据扫盲等针对性活动，提升应对政务数据隐私风险的系统能力。既要构建专业的人才体系，又要将隐私保护理念渗透到政府工作的方方面面。

④加强国际交流，借鉴其他国家的先进经验

目前，我国在隐私保护方面的实践较少，现有的制度设计与大数据技术的发展存在差距。2018年，欧盟修订《通用数据保护条例》，为其成员国立法保护个人隐私建立更适应大数据时代的通用标准。2020年，美国第一项全面隐私保护法律《加利福尼亚州消费者隐私法案》（CCPA）生效，为其消费者隐私保护提供法律保障。为此，我国可以通过举办国际论坛、派遣人员到其他国家学习等方式，加强国际交流与合作，借鉴美国、澳大利亚、新西兰、英国及欧盟国家和国际组织的隐私保护经验。

（四）总结与讨论

随着大数据技术在收集和分析个人数据行为中的广泛运用，如何兼顾数据利用和隐私风险应对成为各国政府面临的重大问题。在此背景下，全球各国大多强化了隐私保护的手段，制定的

法律法规越来越丰富，对领域的划分越来越细，制约数据使用者行为的措施也愈发严格，惩罚力度也不断增大。然而，日益深入的全球化趋势和发展迅速的大数据技术还是对传统的隐私保护机制提出了新的挑战，并与日益复杂多元的隐私风险之间形成了结构性紧张。大数据时代，数据的二次利用可以创造巨大的价值，海量的数据成为企业竞争的核心资产。面对大数据技术，公众难以控制自身信息被何者持有和利用，个人信息被主动或被动地收集，个人的隐私数据极易被挖掘，严重地威胁着公众隐私。与此同时，在数据利用的场景越来越复杂的情况下，政府作为隐私保护的主导者，面临着处理多重隐私风险及多个主体间关系的困境。在公共部门领域，如何处理数据开放和个人隐私保护的问题？在私营部门领域，又如何引导企业制定并遵守隐私保护的相关规定？

在治理数字化转型的当下，公众隐私正面临着极大的被泄露与被侵犯的风险。在此情形下，本书在全国范围内发放调查问卷并进行数据分析，调查公众在其个人信息被收集和遭遇隐私信息泄露与侵犯事件时是否具备相应的认知水平与应对能力。通过对公众隐私认知相关数据的研究与分析，结果显示，公众对其面临的隐私信息风险存在较多的担忧，但是同时存在着很大的张力和矛盾，即其保护自身隐私信息的信心与能力不足，存在着认知和行为二者悖论下生成的"隐私犬儒主义"现象。在隐私担忧方面，大多数的公众对于个人信息被过度收集普遍感觉担忧，普遍对在未经授权情况下能从服务平台拿到个人信息表示强烈的认同及对提供个人信息表示较强的顾虑。在隐私风险方面，不少公众对泄露或者侵犯个人信息有一定的所历、所闻和所见。多数公众表示自己的个人信息经常性甚至非常频繁地遭到泄露或侵犯。而在过去三年，公众听到或看到过个人信息被泄露或遭到侵犯的事件或新闻报道的情况较多。

但绝大多数公众在隐私与信息控制和保护方面表示能力不足。在隐私控制方面，公众普遍认为自己难以控制平台收集隐私信息的数量，也难以控制他人访问或使用自己的隐私信息以及控制平台使用和处理自己的隐私信息。在隐私保护能力方面，绝大多数公众对如何管理好自己的隐私信息没有充分信心，不认可有足够的实施隐私保护的能力及自身隐私保护的有效性。由此可知，公众在较多的隐私风险担忧和隐私保护之间存在较大的张力和矛盾。隐私保护能力的不足导致认知和行为的相悖，形成某种程度上的"隐私悖论"。此时，可能公众并不能够及时对个人隐私信息进行必要保护，其隐私信息也可能被另作商业用途，对个体、社会乃至国家安全造成极大威胁。隐私认知现状既已如此，公众未来又如何应对"信息与隐私风险"？

作为个人信息的最大控制者，政府掌握了巨大的"信息权力"，由此理应承担起数据治理时代下的隐私风险应对职责，结合自身实际情况不断提升政务大数据的治理能力，及其对第三方互联网平台数据隐私风险的有效监管水平。本研究认为，大数据时代政府提升自身应对隐私风险的能力亟须从认知、技术和治理等方面发力。首先，政府数据治理中的隐私风险应对，需要塑造以数据隐私认知和政府效能认知为核心要素的隐私认知，这是应对政府数据治理中的隐私风险的价值导向。由此，政府需要厘清隐私概念与类型，提升隐私风险识别水平和主体效能意识，重点完善自身应对隐私风险的责任态度与能力体系。其次，基于数据分类、风险分级、数据分步的数据科学和包含硬件建设和软件开发的互联网技术是应对政府数据治理中的隐私风险问题的重要治理工具。具体来说，政府应进一步加强制定政府大数据隐私风险评估的技术标准和规范，推动出台统一的数据分级分类标准指南；着力构建并完善政府大数据隐私保护技术应对体系，针对数据全生命周期不同环节的隐私风险嵌入特定的隐私保护技术，包括数据存储与发布阶段的原始数据保护技术、数据分析与使用阶段的访问控制保护技术以及数据稽核技术。最后，以顶层设计、管理机制与资源投入为核心要素的治理体系是应对政府数据治理中的隐私风险的体制机制保障。基于此，政府应推动构建完备的隐私保护法律体系和配套的制度安排与政策指引，加快推进隐私保护的专门性立法工作，推动建立目标统一、职责明确、沟通顺畅的政府隐私保护管理机制，依情况逐步设立专门性的隐私保护管理机构与专业性的人才队伍等。由此，认知、技术、治理三重维度依照不同的组织目标及风险场景，建构了相互贯通的、整体性的政府数据治理隐私风险应对思路，可促进政府数据权力和公民个体隐私权利平衡，更有效地释放数据价值。

第四章 结论

一 技术发展与治理转型：需求导向下的服务创新

技术发展是治理转型的重要依托。在过去 30 余年的时间里，随着技术的突飞猛进发展，电子政务逐步从早期的电子化和信息化、网络化阶段走向了目前的数字化和智能化阶段。在数字化和智能化的当下，移动互联网、大数据和人工智能等新技术的发展，为政府治理提供了新的技术工具，带来了新的可能性，推动着政府服务便捷性和治理精准性的提升，助力政府治理模式向数字化治理转型。

放眼这三个主要时期，电子化和信息化阶段的两个关键特征是"办公自动化"和"部门信息化"，在这一阶段，政府主要关注信息技术如何提高内部办公的效率；网络化阶段的关键词则是"政府上网"和"PC端"，重心是基于政府网站的单向信息发布。而在数字化和智能化阶段，政府的核心关注点则更聚焦于如何利用多样的数字化技术，更大程度上实现服务的便捷化和治理的精准化。在这一时期，更强调技术对于政府服务和治理的赋能，更加重视双向互动、公民视角和需求导向。

具体而言，无论是在电子化、信息化阶段还是在网络化阶段，政府更多是立足于自身，站在供给侧视角，关注信息技术如何有效赋能政府自身，更加注重的是以政府为主体的信息单向发布。而在数字化和智能化的当下，利用信息技术增加公共服务供给则成为政府的重要目标。无论是政府还是公众都愈发认识到，政府服务创新是否取得真正意义上的突破，不是单凭政府自己就可以判定的，其根本上要取决于公众的需求是否得到真正满足，要依赖于公众的认知和评价，因此，需求导向和公众视角成为政府的重要关切。在这一阶段，政府需要思考的重要问题是：在治理数字化转型的大背景下，政府的服务创新是否能够很好地回应和满足公众的需求，是否取得了真正意义上的创新和突破。

基于此，本书立足当下，以服务为核心主题，以需求导向为基本视角，以技术的发展和变迁作为时间脉络，以数字化和智能化作为现阶段的技术背景，对以上问题进行了探讨，并给出了一定的回应。

二 需求导向下的政务服务数字化建设：成效显著，仍待提升

在第二章，本研究基于需求导向的视角，系统梳理了政务服务数字化发展的现状与问题。本研究指出，在现阶段，我国政务服务逐步形成依托"政府网站、移动政务、政务热线"三大渠道纵深发展，以"政务服务智能化"为数字化转型方向的发展格局，政务服务数字化建设整体不断拓展与优化，在便捷性、高效性、规范性等方面取得了很大成就。

具体的，以需求导向为视角，当前各类政务服务数字化服务

渠道能够较好地满足公众的政务服务需求，并在不同的政务服务场景中发挥渠道优势，提升了政务服务办理效能。其中，我国政府网站的渠道建设已经实现了从政府网站基本覆盖到线上政务服务供给的高质量飞跃，在信息公开、线上办事服务、公众参与交流等方面发挥了重要作用；移动政务服务渠道进入了3.0阶段，形成了移动政务客户端APP和第三方平台小程序两种服务形态，公众可以根据自身需要随时随地获取"轻服务"，服务获取的主动性得到了增强，整体体验也得到了改善；政务热线实现了规范化、标准化，并开始向数字化和智能化转型，逐步转型为数据采集、管理、分析和应用的数据中心，真正发挥数据效能，推动重要民生和企业诉求的快速响应。同时，在此基础上，以智能问答为代表的政务服务智能化建设已在省、市级政府网页端和移动端得到广泛应用，许多政府已开始探索智能化建设。智能化技术的进一步嵌入应用，在一定程度上推动了政务服务数字化建设向智能化方向转型，创新了政务服务的供给方式。

然而，从需求侧来看，当前政务服务数字化建设应用成效仍有较大的提升空间，不同渠道的网络化发展格局有待形成，难以高效灵活地满足不同群体的多样化需求。这具体表现在，当前整体政务服务体系中不同数字化服务渠道没有形成有效协同，政务服务数字化建设呈现碎片化、割裂性的特征；各类数字化服务渠道建设相对忽视公众和企业的需求，仍存在服务供给不足、功能较为单一、服务效率偏低等问题，整体应用效果不一。此外，在需求难以满足的基础上，技术与服务场景深入融合不足，用户整体使用体验不佳。

这背后反映出政府在推动政务服务数字化和智能化转型过程中仍缺乏系统性的思考与规划。具体体现在，顶层设计不完善，缺乏以用户需求为中心的建设思路，难以有效指导各渠道建设；管理机制有待完善，部门合作协同水平有待提升，跨层级、跨部门数据共享不足；政府的数据治理能力有待进一步提升，且现有的资金、人才、技术等资源投入难以有效支撑政务服务数字化建设，技术与数据效能有待释放等。

三 回归公众需求：公众对数字政府的认知、评价与隐私担忧

事实上，数字政府的重点不仅在于技术，更需要的是，在政府数字化转型的过程中，如何在利用多重迭代的数字技术为社会和公众创造公共价值的同时，真正回归数字政府建设与创新的归属点，回应公众的实际关切与期待。因此，本书第三章重新回到了技术发展与服务创新的真正归属点——公众关切，关注公众对于数字政府建设的认知与评价，关心公众对于隐私风险等的核心担忧，切实回应公众关切。

在公众对于数字政府建设的认知与评价方面，本研究指出，数字政府需求侧建设仍处于初步阶段，形成了沿海城市领跑、内地城市紧追发展的格局，城市经济优势为公众数字政府使用和建设效果提质增效，不断激发各城市数字政府发展潜力。与此同时，公众对数字政府建设将推动政府更开放、更廉洁有着更多期待，并在实际使用过程中逐渐凸显出年龄为界、学历赋能的特征。由此可知，未来需更适应多样化人群，重视数字政府的包容性和大众化。总的来说，数字政府建设已得到公众的普遍认可，但在信息获取与生活性服务使用率较高、整体质量评价较好的同时，认知程度不高，忽视主动性电子参与，公众自身隐私风险担

忧程度也在逐步提升。

当前，公众普遍具备良好的隐私权利意识和保护态度，但对其面临的隐私信息风险存在较多的担忧，并认为自身面临着较高的隐私信息泄露风险。同时，由于自身隐私信息保护的信心与能力不足，存在着认知和行为二者悖论下生成的"隐私犬儒主义"现象。隐私认知现状既已如此，公众是否终将沦为大数据中的数字"棋子"，未来又如何避免陷入这一数据信息与隐私风险的窠臼？此时，政府作为社会信息资源的最大控制者，掌握了巨大的"信息权力"，一旦其在数据治理过程中对个人信息收集、使用与公开过程中安全防范应对不当，就极易引发大规模的个人隐私信息泄露和数据滥用风险，这将对公民自由、财产安全乃至国家安全造成严重威胁。

由此，政府理应主动承担起数据治理时代下的隐私风险应对职责，厘清当前对政务大数据及互联网平台数据监管的现状，结合当前政府隐私风险应对实践，从认知、技术、治理三个维度出发，不断提升政务大数据的治理能力，提升对第三方互联网平台数据隐私风险的有效监管水平。从而，建构起相互贯通的、整体性的政府数据治理隐私风险应对思路，促进政府数据权力和公民个体隐私权利平衡，为未来更有效地释放数据价值奠定基础。

四 展望未来：从关注技术到重视管理和数据

总结来看，尽管相关平台和渠道的建设日益丰富和完善，从需求侧视角来看，仍存在着服务碎片化、实际应用效果不佳、不同服务渠道优势有待发挥等问题，这些问题阻碍着公众满意度的提升。此外，从公众视角来看，目前数字政府的建设发展已得到了公众的普遍认可，公众对于信息获取与生活服务的使用率较高。但与此同时，公众对于数字政府的认知程度仍不高，主动性电子参与较为缺乏；此外，不容忽视的是，随着数字技术的进步和数字政府的建设，公众对于自身隐私风险的担忧程度正逐步加剧。以上都是接下来政府亟须面对和解决的重要问题。

然而，无论是渠道的拓展还是平台的建设，本质上都属于政府在技术层面的探索。毋庸置疑的是，新技术的发展为新问题的解决以及政府服务治理和效能的提升提供了新的工具和可能性。但技术不是万能的，一方面，技术的发展同时会带来新的问题和挑战，需要相关制度、规则和管理的约束和规范；另一方面，在数字化和大数据时代，技术的效能得以发挥更离不开背后数据的驱动。基于此，笔者也将进一步关注更深层次的数据层面，聚焦制度和管理的变革，依靠数据的驱动、通过制度管理的变革进一步助力公共治理数字化转型。

参考文献

包倩宇，2018，《大数据视阈下西方政府开放数据与个人隐私保护研究》，硕士学位论文，西南政法大学。

常宇豪，2019，《我国个人信息保护的法律实践与检视》，《征信》第5期，第30~35页。

陈朝兵、郝文强，2020，《作为政府工具的隐私影响评估：缘起、价值、实施与启示》，《中国行政管理》第2期，第144~151页。

陈建功、李晓东，2014，《中国互联网发展的历史阶段划分》，《互联网天地》第3期，第6~14页。

陈水生，2017，《公共服务需求管理：服务型政府建设的新议程》，《江苏行政学院学报》第1期，第109~115页。

丁红发、孟秋晴、王祥、蒋合领，2019，《面向数据生命周期的政府数据开放的数据安全与隐私保护对策分析》，《情报杂志》第38卷第7期，第151~159页。

范为，2016，《大数据时代个人信息保护的路径重构》，《环球法律评论》第5期，第92~115页，doi：CNKI：SUN：WGFY.0.2016-05-007。

谷镇，2021，《大数据环境下个人信息安全问题研究》，《情报科学》第12期，第93~97页，doi：10.13833/j.issn.1007-7634.

2021.12.014。

郭俊华，2020，《区块链技术如何赋能"互联网+政务服务"》，《人民论坛·学术前沿》第21期，第97~103页。

何治乐、黄道丽、孔华锋，《2017，《大数据时代美国个人数据保护立法借鉴》，《计算机应用与软件》第7期，第314~318页，doi：CNKI：SUN：JYRJ.0.2017-07-058。

黄璜、孙学智，2018，《中国地方政府数据治理机构的初步研究：现状与模式》，《中国行政管理》第12期，第31~36页，doi：10.19735/j.issn.1006-0863.2018.12.06。

黄璜，2020，《中国"数字政府"的政策演变——兼论"数字政府"与"电子政务"的关系》，《行政论坛》第27卷第3期，第47~55页。

黄如花 & 刘龙，2017，《我国政府数据开放中的个人隐私保护问题与对策》，《图书馆》第10期，第1~5页。

蒋敏娟、翟云，2022，《数字化转型背景下的公民数字素养：框架、挑战与应对方略》，《电子政务》第1期，第54~65页。

类延村、徐洁涵，2021，《个人信息法律保护的权利基础与实践逻辑》，《图书馆建设》第1期，第84~92页，doi：10.19764/j.cnki.tsgjs.20201240。

李健、张锐昕，2017，《政府电子公共服务供给共性问题分析——基于33个省级政府门户网站的调研结果》，《电子政务》第12期，第32~45页。

李莉、吴江，2019，《公务员如何看待大数据：基于技术认知视角的实证研究》，《电子政务》第6期，第9页。

刘佩，2019，《我国政府网站建设与发展的历史进程与规律特征》，《中国管理信息化》第17期，第167~170页。

刘晓洋，2019，《人工智能重塑政务服务流程的认知逻辑与技术路径》，《电子政务》第 11 期，第 104~111 页。

刘筱娟，2017，《大数据监管的政府责任——以隐私权保护为中心》，《中国行政管理》第 7 期，第 56~60 页。

马亮、杨媛，2019，《公众参与如何影响公众满意度？——面向中国地级市政府绩效评估的实证研究》，《行政论坛》第 2 期，第 86~94 页。

孟天广、黄种滨、张小劲，2021，《政务热线驱动的超大城市社会治理创新——以北京市"接诉即办"改革为例》，《公共管理学报》第 2 期，第 1~12、164 页。

孟小峰、张啸剑，2015，《大数据隐私管理》，《计算机研究与发展》第 52 卷第 2 期，第 265~281 页。

石亚军、程广鑫，2020，《区块链+政务服务：以数据共享优化政务服务的技术赋能》，《北京行政学院学报》第 6 期，第 50~56 页。

涂子沛，2012，《大数据：正在到来的数据革命》，广西师范大学出版社。

王秀哲，2018，《大数据时代个人信息法律保护制度之重构》，《法学论坛》第 6 期，第 115~125 页。

王益民，2020，《数字政府整体架构与评估体系》，《中国领导科学》第 1 期，第 65~70 页。

翟云，2018，《改革开放 40 年来中国电子政务发展的理论演化与实践探索：从业务上网到服务上网》，《电子政务》第 12 期，第 80~89 页。

张滨，2018，《人工智能在安全领域的应用》，《电信工程技术与标准化》第 12 期，第 1~6 页，doi：10.13992/j.cnki.tetas.2018.

12.001。

张成福、谢侃侃，2020，《数字化时代的政府转型与数字政府》，《行政论坛》第6期，第，第34~41页，doi：10.16637/j.cnki.23-1360/d.20201221.013。

张成福、谢侃侃，2020，《数字化时代的政府转型与数字政府》，《行政论坛》第6期，第34~41页。

张聪丛，郱颖颖，赵畅，& 杜洪涛．(2018，《开放政府数据共享与使用中的隐私保护问题研究——基于开放政府数据生命周期理论》，《电子政务》第189卷第9期，第32~44页。

张建光、朱建明、尚进，2014，《电子政务安全与隐私保护研究综述——基于cnki数据的计量分析》，《电子政务》第11期。

张新宝，2015，《从隐私到个人信息：利益再衡量的理论与制度安排》，《中国法学》第3期，第39~60页。

张燕、邱泽奇，2009，《技术与组织关系的三个视角》，《社会学研究》第2期，第16页。

赵建青，2007，《我国政府网站建设的现状与路径探析》，《中国行政管理》第6期，第51~53页。

赵金旭、王宁、孟天广，2021，《链接市民与城市：超大城市治理中的热线问政与政府回应——基于北京市12345政务热线大数据分析》，《电子政务》第2期，第2~14页。

赵先星、王茜，2008，《借鉴国际经验，完善我国电子政务信息安全立法》，《信息网络安全》第9期，第55~59页。

郑跃平、Hindy L. Schachter，2014，《电子政务到数字治理的转型：政治、行政与全球化——评 Digital Governance: New Technologies for Improving Public Service and Participation》，《公共行政评论》第1期，第170~177页

参考文献

朱光、丰米宁、陈叶、杨嘉韵,2016,《大数据环境下社交网络隐私风险的模糊评估研究》,《情报科学》第 34 卷第 9 期,第 94~98 页。

邹东升,2018,《政府开放数据和个人隐私保护:加拿大的例证》,《中国行政管理》第 6 期,第 75~82 页,doi:CNKI:SUN:ZXGL.0.2018-06-014。

邹东升,2018,《政府开放数据和个人隐私保护:加拿大的例证》,《中国行政管理》第 6 期,第 75~82 页,doi:CNKI:SUN:ZXGL.0.2018-06-014。

Alawneh, A., Al-Refai, H., & Batiha, K. 2013. "Measuring User Satisfaction from E-government Services: Lessons from Jordan." *Government Information Quarterly*, 30 (3), pp.277-288.

Barnes, S. B. 2006. "A Privacy Paradox: Social Networking in the United States." *First Monday*, 11 (9), np-np. https://doi.org/10.5210/fm.v11i9.1394.

Bertot, J. C., Gorham, U., Jaeger, P. T., Sarin, L. C., & Choi, H. (2014). "Big Data, Open Government and E-government: Issues, Policies and Recommendations." *Information Polity*, 19 (1, 2), pp.5-16.

Buckley, J. 2003. "E-service Quality and the Public Sector." *Managing Service Quality: An International Journal*.

Culnan, M. J&Bies, R. J. 2003. "Consumer Privacy: Balancing Economic and Justice Considerations." *Journal of Social Issues*, 59 (2), pp.323-342.

Dimitrova, D. V., & Chen, Y. 2006. "Profiling the Adopters of E-government Information and Services: The Influence of Psychological

Characteristics, Civic Mindedness, and Information Channels." *Social Science Computer Review*, 24 (2), pp. 171 – 188.

Featherman, M. S., & Pavlou, P. A. 2003. "Predicting E-services Adoption: a Perceived Risk Facets Perspective." *International Journal of Human-Computer Studies*, 59 (4), pp. 451 – 474.

Ferro, E., Helbig, N. C., & Gil-Garcia, J. R. 2011. "The Role of IT Literacy in Defining Digital Divide Policy Needs." *Government Information Quarterly*, 28 (1), pp. 3 – 10.

Harrison, T. M., Guerrero, S., Burke, G. B., Cook, M., Cresswell, A., Helbig, N., ... & Pardo, T. 2012. "Open Government and E-government: Democratic Challenges from a Public Value Perspective." *Information Polity*, 17 (2), pp. 83 – 97.

Huai, J. 2011. Quality Evaluation of E-government Public Service. In 2011 International Conference on Management and Service Science (pp. 1 – 4). IEEE.

Jaeger, P. T. 2003. "The Endless Wire: E-government as Global Phenomenon." *Government Information Quarterly*, 20 (4), pp. 323 – 331.

Lee, J., & Kim, S. 2014. "Active Citizen E-participation in Local Governance: Do Individual Social Capital and E-participation Management Matter?" In 2014 47th Hawaii International Conference on System Sciences (pp. 2044 – 2053). IEEE.

Lee, J., & Kim, S. 2018. "Citizens' e-participation on Agenda Setting in Local Governance: Do Individual Social Capital and E-participation Management Matter?" *Public Management Review*, 20 (6), pp. 873 – 895.

Maciejewski, M. 2017. "To do more, better, faster and more cheaply: Using big data in public administration." *International Review of Administrative Sciences*, 83 (1_suppl), pp. 120 – 135.

Macintosh, A. 2004. "Characterizing E-participation in Policy-Making." In 37th Annual Hawaii International Conference on System Sciences, 2004. Proceedings of the (pp. 10 – pp). IEEE.

Macintosh, A. 2004. "Characterizing E-participation in Policy-Making." In 37th Annual Hawaii International Conference on System Sciences, 2004. Proceedings of the (pp. 10 – pp). IEEE.

Marchionini, G., Samet, H. and Brandt, L. 2003. "Digital Government", *Communications of the ACM*, Vol. 46 No. 1, pp. 25-7.

Martensen, A., Kristensen, K., & Gronholdt, L. 2000. "Customer Satisfaction Measurement at Post Denmark: Results of Application of the European Customer Satisfaction Index methodology." *Total Quality Management*, 11 (7), pp. 1007 – 101

Mayer-Schönberger, V., & Cukier, K. 2014. *Big data: A revolution That will Transform How We Live, Work, and Think* (First Mariner Books ed.). Mariner Books, Houghton Mifflin Harcourt.

Micro, T. 2015. "Report on Cybersecurity and Critical Infrastructure in the Mericas." *Retrieved January 26*, from http://www.trendmicro.com/cloud-content/us/pdfs/security-intelligence/reports/critical-infrastructureswest-hemisphere.pdf.

Milakovich, M. E. 2012. "Digital Governance: New Technologies for Improving Public Service and Participation." *International Review of Public Administration*, 17 (2), pp. 175 – 178.

Nam, T. 2014. "Determining the Type of E-government Use." *Gov-*

ernment Information Quarterly, 31 (2), pp. 211 – 220.

Oliver, R. 1999. "Whence Consumer Loyalty?" *Journal of Marketing*, 63, pp. 33 – 44.

Parasuraman, A., Zeithaml, V. A., & Berry, L. L. 1988. "Servqual: a Multiple-item Scale for Measuring Consumer Perceptions of Service Quality." *Journal of Retailing*, 64 (1), 12 – 40.

Porumbescu, G. 2017. "Linking Transparency to Trust in Government and Voice." The *American Review of Public Administration*, 47 (5), pp. 520 – 537.

Pötzsch, S. 2008. *Privacy Awareness: A Means to Solve the Privacy Paradox?*. In *IFIP Summer School on the Future of Identity in the Information Society* (pp. 226 – 236). Springer, Berlin, Heidelberg.

Pötzsch, S. 2008. "Privacy Awareness: A Means to Solve the Privacy Paradox?" In *IFIP Summer School on the Future of Identity in the Information Society* (pp. 226 – 236). Springer, Berlin, Heidelberg.

Shin, D. H. 2009. "Ubiquitous city: Urban Technologies, Urban Infrastructure and Urban Informatics." *Journal of Information Science*, 35 (5), pp. 515 – 526.

Smith, H. J., Milberg, S. J., & Burke, S. J. 1996. "Information Privacy: Measuring Individuals' Concerns about Organizational Practices." *MIS Quarterly*,, 20, pp. 167 – 196.

Welch, E. W., Hinnant, C. C., & Moon, M. J. (2005). "Linking Citizen Satisfaction with E-government and Trust in Government." *Journal of Public Administration Research and Theory*, 15

(3), pp. 371 –391.

West, D. M. 2005. *Digital Government: Technology and Public Sector Performance. Princeton*, N. J. : Princeton University Press.

Wirtz, B. W. , & Weyerer, J. C. 2016. "Cyberterrorism and Cyber Attacks in the Public Sector: How Public Administration Copes with Digital Threats. " *International Journal of Public Administration*, 40 (13), pp. 1 –16.

Yao, M. Z. . (2011) . " Self-protection of Online Privacy: a Behavioral Approach. " *Privacy Online*, pp111 –125.

图书在版编目(CIP)数据

公共治理的数字化转型：需求导向的服务创新 / 郑跃平等著. -- 北京：社会科学文献出版社，2022.12（2023.8 重印）
　ISBN 978 - 7 - 5228 - 0918 - 2

　Ⅰ.①公… Ⅱ.①郑… Ⅲ.①电子政务 - 研究 - 中国 Ⅳ.①D63 - 39

　中国版本图书馆 CIP 数据核字（2022）第 194094 号

公共治理的数字化转型
——需求导向的服务创新

著　　者 / 郑跃平 等

出 版 人 / 冀祥德
责任编辑 / 胡庆英
责任印制 / 王京美

出　　版 / 社会科学文献出版社·群学出版分社（010）59367002
　　　　　 地址：北京市北三环中路甲 29 号院华龙大厦　邮编：100029
　　　　　 网址：www.ssap.com.cn

发　　行 / 社会科学文献出版社（010）59367028
印　　装 / 唐山玺诚印务有限公司

规　　格 / 开　本：787mm × 1092mm　1/16
　　　　　 印　张：15　字　数：182 千字
版　　次 / 2022 年 12 月第 1 版　2023 年 8 月第 2 次印刷
书　　号 / ISBN 978 - 7 - 5228 - 0918 - 2
定　　价 / 89.00 元

读者服务电话：4008918866

版权所有 翻印必究